新时代大学生就业指导与心理健康教育探究

郝伊明　昝昊搏　刘　冰　著

中国纺织出版社有限公司

图书在版编目（CIP）数据

新时代大学生就业指导与心理健康教育探究 / 郝伊明，昝昊搏，刘冰著 . -- 北京：中国纺织出版社有限公司，2024.3
ISBN 978-7-5229-1536-4

Ⅰ. ①新… Ⅱ. ①郝… ②昝… ③刘… Ⅲ. ①大学生—就业—高等学校—教材②大学生—心理健康—健康教育—高等学校—教材 Ⅳ. ① G647.38 ② G444

中国国家版本馆 CIP 数据核字（2024）第 061070 号

责任编辑：邢雅鑫　　责任校对：高　涵　　责任印制：储志伟

中国纺织出版社有限公司出版发行
地址：北京市朝阳区百子湾东里 A407 号楼　邮政编码：100124
销售电话：010—67004422　　传真：010—87155801
http://www.c-textilep.com
中国纺织出版社天猫旗舰店
官方微博 http://weibo.com/2119887771
天津千鹤文化传播有限公司印刷　各地新华书店经销
2024 年 3 月第 1 版第 1 次印刷
开本：710×1000　1/16　印张：19
字数：380 千字　定价：99.90 元

凡购本书，如有缺页、倒页、脱页，由本社图书营销中心调换

前言

随着高等教育规模的逐步扩大，越来越多的年轻人迈进了梦寐以求的大学校门。然而，他们到毕业时发现，即将面临一个异常严峻的就业市场。此外，在这样一个思想文化激荡、价值观念多元、新闻舆论冲击、社会瞬息万变的时代，面对如此纷繁复杂的世界，优良的心理素质对大学生全面素质的提高起着举足轻重的作用，它必将对 21 世纪人才的质量产生积极而又深远的影响。因此，如何指导大学生有针对性地进行职业生涯规划，如何通过全面系统的训练来提升大学生的综合素质和职业技能，如何加强大学生心理素质的教育与培养来全面提高人才质量，就成为所有高等院校必须要正视和解决的问题。

就业指导是一种高质量、高水平的就业服务，是做好整个毕业生就业工作的关键环节。通过就业指导，可以帮助大学生树立正确的择业观、就业观、价值观、人生观，合理规划职业生涯，增强就业能力和职场适应能力。因此，加强对大学生的就业指导和职业教育，提升他们的职业意识和规划能力，就成为当前研究的热点问题。

想要实现高质量的就业，单纯对大学生进行就业指导还远远不够，大学生还要具备良好的心理健康状态，以此来应对高校学习和生活中面对的各种问题，以健康的情绪和饱满的热情投入未来的工作和学习。对于大学生而言，每个人都会遇到自我认知、情绪、人际关系、人格成长、恋爱、择业等人生课题。关注心理健康、寻求心灵自由、追求人生意义等生命课题越来越引起大学生的积极关注。健康的心理是一个人全面发展必须具备的条件和基础，培养合格的新时代人才需要不断加强对大学生的意志力、创造力以及自信心等心理素质的培养与提升，引导他们科学地走出自我认识的误区，更新观念，超越自我，走向成熟，真正参与到国际人才竞争之列。

本书正是基于上述背景，针对当前大学生的就业和心理健康问题，展开了有针对性地研究，以期全面提高大学生应对心理问题的调节能力，养成良好的心理素质，以最佳的状态走进职场，实现成功就业。

本书共分为十一章。其中第一至第五章主要针对大学生就业指导问题进行了研究，内容包括大学生自我认知及职业发展探索、大学生职业生涯规划科学探索、大学生就业准备与求职技巧、大学生就业心理准备及调适方法、大学生就业素质能力提升及角色转换；第六至第十一章则对大学生学习和生活中遇到的多种心理问题和困境进行了分析和阐述，并给出了有针对性的调节方法，确保大学生可以始终保持良好的心理健康状况，具体内容包括，大学生心理健康及心理健康教育的科学认知、大学生自我意识与人格健康教育、大学生学习的心理问题及健康调节、大学生人际交往的心理问题及健康调节、大学生应对压力与挫折的健康教育、大学生心理健康教育的实践探索。

本书由唐山职业技术学院郝伊明、昝昊搏与刘冰共同编写，其中郝伊明负责编写第四至第八章共计16万字符，昝昊搏负责编写第一至第三章共计11万字符，刘冰负责编写第九至第十一章共计11万字符，全书由郝伊明统稿。

本书在写作过程中参考了众多专家学者的研究成果，在此表示诚挚的感谢！由于时间和精力的限制，本书内容难免有疏漏之处，恳请广大读者予以批评指正，以便后期修改完善。

作者
2023 年 9 月

目 录

第一章 大学生自我认知及职业发展探索 …… 1
- 第一节 大学生的自我认知、定位及管理 …… 1
- 第二节 大学生职业发展的自我探索 …… 9

第二章 大学生职业生涯规划科学探究 …… 37
- 第一节 大学生职业生涯规划的内涵及影响因素 …… 37
- 第二节 大学生职业生涯规划的步骤和内容 …… 45
- 第三节 大学生职业生涯规划的方法探究 …… 53

第三章 大学生就业准备与求职技巧 …… 59
- 第一节 大学生就业前的求职准备 …… 59
- 第二节 大学生就业信息的搜集、分析及择业技巧 …… 66
- 第三节 大学生就业求职过程中的礼仪知识 …… 73
- 第四节 大学生求职时的面试与笔试 …… 78

第四章 大学生就业心理准备及调适方法 …… 83
- 第一节 大学生就业心理问题及心理准备 …… 83
- 第二节 大学生就业心理调适技巧 …… 89
- 第三节 解读大学生就业权益保障 …… 98

第五章 大学生就业素质能力提升及角色转换 …… 109
- 第一节 培养大学生良好的职业素质 …… 109
- 第二节 全面提升大学生的职业能力 …… 114
- 第三节 新入职大学生的角色转换 …… 126
- 第四节 新入职大学生的职业适应及培养路径 …… 134

第六章 大学生心理健康及心理健康教育的科学认知 … 141

- 第一节 大学生心理发展特点及影响因素分析 … 141
- 第二节 大学生心理健康的标准设定 … 147
- 第三节 大学生心理健康教育的目标、原则及方法 … 149
- 第四节 大学生心理健康教育的任务及发展特征 … 157

第七章 大学生自我意识与人格健康教育 … 161

- 第一节 大学生自我意识与人格的一般规律 … 161
- 第二节 大学生常见的自我意识与人格心理问题 … 171
- 第三节 大学生健康自我意识与人格的塑造 … 176

第八章 大学生学习的心理问题及健康调节 … 189

- 第一节 大学生学习心理的一般规律 … 189
- 第二节 大学生常见的学习心理问题 … 198
- 第三节 大学生学习心理问题的健康调节 … 203

第九章 大学生人际交往的心理问题及健康调节 … 209

- 第一节 大学生人际交往的认知与发展 … 209
- 第二节 大学生常见的人际交往心理问题 … 223
- 第三节 大学生人际交往问题的健康调节 … 228

第十章 大学生应对压力与挫折的健康教育 … 235

- 第一节 压力与挫折相关理论分析 … 235
- 第二节 大学生常见的压力与挫折问题分析 … 248
- 第三节 大学生应对压力与挫折的正确方法 … 253

第十一章 大学生心理健康教育的实践探索 … 259

- 第一节 大学生心理健康教育课程与活动设定 … 259
- 第二节 大学生心理咨询与辅导员团队建设探究 … 280

参考文献 … 295

第一章　大学生自我认知及职业发展探索

随着社会的发展和经济的全球化，职业发展已经成为人们越来越关注和关心的问题。而大学生自我认知的高低程度，对于他们的职业发展有着重要的影响。本章将探讨大学生自我认知对职业发展的影响。

第一节　大学生的自我认知、定位及管理

多数刚刚步入大学的高校大学生对自我没有一个准确且清晰的认知，而准确的自我认知是设计和制订职业生涯规划的基础和重要环节。自我认知指的是个人对自己的洞察和理解，包括对自己的感知、思维和意向等内容的察觉和洞悉，以及对自己的想法和期望、行为和性格的判断及评估，这些都是自我认知的核心内容。具体可以从以下三个层面进行。

一、大学生自我认知

自我认知就是通过自我主观的意识，对自身进行客观的认识，属于一种对自己身心特征的认识，正确地进行自我认识将会对自身的心理和行为产生极大影响，利于心理的健康成长。

高校大学生从高中阶段进入大学阶段，因为学习模式、生活模式的巨大改变，很多人对自我的认识会产生转变，尤其是对自我的评价会有极大转变。这容易使大学生的自我认知呈现出两个极端：当遇到挫折时会产生不稳定的自卑心理，从此一蹶不振；当取得一点成就时会出现不稳定的自负心理，从而目中无人。这都是自我认知不准确，又无法及时进行自我调整造成的。

正确的自我认识，可以从以下三个方面着手。

（一）通过类比法客观认识自我

客观认识自我可以采用类比法，将自己和条件类似的他人进行类比，有助于正确挖掘自己真实的状貌。通常情况下，大学生认识自我会较为片面。

例如，仅看到了自身的优势和能力，却忽略了自身的劣势和缺点，这样就容易出现取得成绩就自满的现象；而仅看到了自身的劣势和缺点，却没有看到自身的优势和能力，这样就容易在遇到问题和挫折时不知所措，从而产生自卑心理。

类比法能够推动大学生通过观察条件类似的人，客观认识自身的优势和劣势，从而更加客观地对自己产生正确评价。例如，遇到问题后，将解决过程中遭遇的各种情况和他人类比，若类似于自己的人遭遇的情况和自身相仿，那说明遭遇此情况并非由固有能力差造成的，而是由经验不足、年龄阅历不够等造成的，可以通过分析将造成问题的因素找出，努力改善，从而改变现状。

客观认识自我需要站在旁观者的角度对自己进行剖析，可以从以下三个方面进行自我认识的训练。

其一，认识自己的身体特征和生理状况，包括身高、体重、力量、耐性、健康程度等，即从能够观察到的表象来认识自己。

其二，认识自己在集体中的地位和作用，这时需要采用类比法来逐步提高自我评价能力，借助于别人的评价和自身对他人的评价来评价自己。

其三，认识自己的心理活动和心理特征，包括心理感受、自信心程度、情绪变化等。

正确的自我评价需要在实践中进行，同时，运用类比法可以更加全面、辩证地对自己进行评价。

实践中的自我评价属于直接自我评价，即先对自身固有的条件进行认识和了解，不仅包括前文提到的身体特征和生理状况，还包括心理活动、心理特征、情感特点、爱好兴趣、知识水准、专业特长、智力情况、能力特点等，可以运用对应的测评工具来测定自身的气质类型、性格类型、智商水准等作为参考。之后则是通过自己在不同领域的实践成就，将自身的优势和劣势提炼出来，如大学生可以通过对各科目的学习时长、投入精力、最终取得的成绩，比较其在哪方面具有实践优势。

通过类比法进行自我评价属于间接的自我评价，就是通过和他人对照，客观认识自身的真实情况。可以将社会中与自身条件类似的人做比较，还可以通过他人对自身的态度来进行自我评价，以及通过自己实践活动产生的社会效应来进行自我评价。

认识内心的心理活动、心理特征：可以运用自我体验的方法，培养主观自我对客观自我持有的态度，如自卑、自尊、自满、内疚、羞耻、尴尬、自信等，通过自我体验等训练来感受到自尊感、自信感和自豪感，从而做到不自卑、不自傲、不自满。

（二）及时反省，正视优劣

在对自我有了基本的认识后，就需要通过自我反省来正视自身的优势和劣势，即运用自我观察、自我分析和自我报告的方法，对自我进行客观评价。可以通过观察自身的言行举止、心理活动，来分析自身的具体情况，从而使自我评价更加独立、客观。

拥有了客观的自我评价后，需要接受客观的自我，明晰自身的长处、短处，以平稳的情绪来尽量发挥自身优势，通过努力来弥补自身劣势，从而做到及时适应现实，保持好情绪应对问题。

（三）将理想我和现实我联系

上述对客观自我的认识，看到的是优势和劣势共同存在的现实我，而通常，个体内心深处会有一个理想中的自我，包括期望达到的理想标准、希望他人对自己的理想看法等，这个自我就是理想我。

在大学阶段，理想我和现实我会具有一定的差距，认识到差距后就能够在一定程度上促进个体的发展。但是过程中需要注意两种情况：一种是理想我与现实我的差距过大，即理想我的要求太高，就很容易令个体产生巨大心理落差，从而丧失信心；另一种是理想我与现实我的差距过小，即个体对自我的认识依旧不够完善，或者理想我的要求过低，这容易令个体失去前进和提高的动力。

针对上述情况，大学生在建立理想我的过程中，要将其与现实我联系，要在现实我的基础上构建理想我。一方面可以带给自身足够的动力去改变现实我，逐步靠近理想我；另一方面可以逐步构建更高要求的理想我，来推动自身的持续提高。

二、大学生自我定位

大学生涯是大学生步入社会前的铺垫期，也是未来职业发展的准备期，但很多大学生在步入大学之前对自身认识不足，且对自己选择的专业性质、培养目标、教学内容等均不太了解。因此，大学生在拥有一定的自我认识后，需要及时进行自我定位，可以从以下两个方面着手。

（一）了解大学的专业

了解大学的专业就是需要大学生询问自己：所选专业是否适合自己？若再有一次机会是否还会选择现在的专业？之所以从了解专业着手，是因为专业的选择会对未来职业发展方向产生一定的影响。一方面好的专业和对口的专业，能够极大地调动大学生的学习热情，影响后期对职业目标的决策；另一方面择业的过程和社会职业的发展也在反向推动着对专业的选择，如社会中某些职业已经退出"舞台"，大学中与其相关的专业自然也会逐渐退出。

大学生可以从专业的性质、内容和培养方向等深入认识。另外，大学生还应该结合社会的发展来认识专业，因为现今社会发展迅速，人才的竞争也更加激烈，单一专业型人才已经没有明显的竞争力，这就要求大学生能够拥有更为广阔的知识面，或者更加细化的专业技能。在了解专业的过程中，需要结合社会需求去分析。

在进行自我定位的过程中，不能将眼光局限于大学的专业，因为在很大程度上，大学的学习和生活会对大学生的各方面能力进行培养，包括完善自我意识、验证心理特征、形成正确价值观等，专业技能仅是大学阶段很小的一部分学习内容，所以大学生应该学会用科学的方法和积极的心态去认识大学和专业。例如，可以积极接触各个学科领域来全方位地学习，从而培养自身的综合素质，同时积极参与各种活动，提高解决问题的能力和锤炼心理素质。

（二）明确提升方向

了解了大学的专业，大学生下一步需要做的就是明确自身在大学阶段的提升方向，其中最基础的就是知识的积累。大学生进入大学后选择的专业，多数会是进入社会后积累工作经验的职业方向，因此作为大学生必须明确自己的基础任务就是学习和掌握对应的专业知识,以便为未来进入职业生涯打下坚实的基础。

在积累知识的过程中,还需要提升自身各方面的能力,其中较为基础的有三项能力,分别是时间管理能力、独立思考能力、合理利用大学资源的能力,其均属于自我管理的范畴。

三、大学生自我管理

大学生在对自我拥有深刻的认知,并有清晰的定位之后,就需要以自我认知和自我定位为基础,进行科学合理的自我管理,也就是有意识地培养上面所提到的 3 项较为基础的能力,这些能力不仅可以加强大学生的自我认知程度,而且能够促使个体形成优良的管理习惯,从而为后期的职业生涯发展奠定基础。

(一)时间管理

进入大学校园后,多数大学生拥有了一个几乎完全属于自己的生活空间,也拥有了自主支配时间的自由,这种自主支配时间的自由很容易使其过分放松,从而浪费大量时间。

大学的数年时光极为宝贵,只有在大学阶段合理运用有限的时间为未来职业发展做准备,才能够令职业生涯发展得更加顺畅。

想达到此目的,就需要学会时间管理,即树立时间观念、养成良好的利用时间的习惯、合理规划学业生涯等。时间管理的关键并非管理时间,而是从时间的角度进行合理的自我管理,具体可以从以下三个方面着手学习时间管理。

1. 改变看待时间的态度

大学生首先需要做的就是积极改变看待时间的态度,虽然作为大学生还很年轻,处于人生最得意,也是最惬意的阶段,但需要明白时间一去不复返,对任何阶段的个体而言,时间都是极为珍贵的。有效利用时间,不仅能够提高大学生涯的充实度,而且可以提高生活质量、体现自我价值、塑造更好的形象及实现自我管理,最终可以形成良好的习惯,帮助个体实现人生的理想和价值。

2. 树立时间管理意识

改变了对时间的态度,下一步就需要树立时间管理意识,这是更好管理时间的前提。每个人的行为都是由自我意识支配,对时间进行管理同样如此,大学的时间仅仅数年,在这有限的时间中个体需要在完成学业的基础上,培养出完善的价值观、良好的习惯、健康的心理和体魄、更加全面的综合能力等，若想实现这些目标，必须要拥有极为强烈的时间管理欲望。

可以根据自我认识和自我定位来明确自身的需求，制订出有效的阶段性目标，然后实行合理的规划，就能够合理分配有限的时间，从而提高效率，确保时间被充分利用。

3. 运用合理的时间管理方式

树立了时间管理意识，还需要合理地运用时间，毕竟时间对于任何人都是绝对公平的，只有合理地分配和使用时间，才能够确保在有限的时间中高效达成目标。

时间管理需要从每一天的每一件事着手，但通常个体在每天都需要完成很多件事，如何合理运用时间才能保证高效地完成每日重要的事件呢？最有效的方式就是对事件进行梳理，列出时间清单，设定事件的优先顺序，之后根据事件的优先顺序依次处理，这样才能有条不紊且高效高质地完成。具体的时间管理顺序和事件优先顺序如图1-1所示。

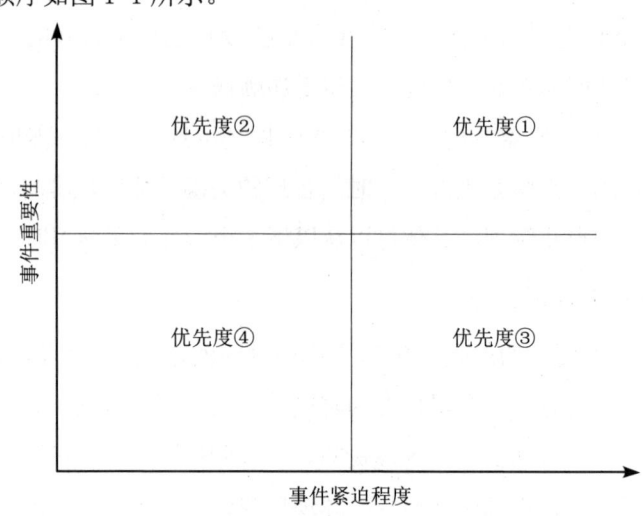

图1-1　时间管理顺序和事件优先顺序

（二）独立思考

运用智慧进行独立思考是人类得以长久延续和快速发展的基础，只有能够独立思考、拥有独立思想的人，才算是人格意义上的独立，最终才能够实现自我价值。独立思考并非幻想，而是基于实际和行动的反思和分析，对通过实践和行动获得的反馈进行科学合理的分析，从而在实践中思考，在思考中实践，最终实现提升。要学会独立思考可以从以下五个角度着手。

1. 提出问题

思考是思维的一种探索活动，前提是大脑不断运行，而让大脑不断运行的最佳方式就是多提出问题。通过大脑对各种现象进行挖掘、对知识进行理解、对事件进行分析，最终才能发现问题。提出问题有助于促进脑细胞新陈代谢，起到锻炼大脑、提高思考能力和记忆力的效果。

2. 筛选信息

现今是互联网时代，在万物互联的背景下，每个人接收到的信息都数不胜数，虽然人类的大脑能够储存上千万亿的信息量，但如此之多的信息若不经过筛选，就会成为巨大的干扰，令大脑无法顺畅地记忆、分析和运行。

这就需要学会对信息进行有效的筛选，可以运用与事件的优先顺序类似的方式来对信息进行解析分类，避免彼此产生干扰，既有利于大脑的运转，也有利于锻炼分析能力。当然，筛选信息的过程中也需要有张有弛，避免思考和分析同一问题的时间过长，适当给予大脑新鲜信息和内容，能够令脑神经放松，更具活力，可有效提高思考效率。

3. 明确目标

做任何事情都需要避免思维的过分发散，应该明确目标并将其铭记，从而促使大脑将注意力集中在目标上，即通过提升专注度来解决问题。在解决问题的过程中，也要全方位思考，做到任何细节都不遗漏、不忽视，这样才能最大化地发挥大脑的思考能力。

4. 保持客观

思考的过程中，需要客观认识周围的事物，时刻保持客观的态度，灵活运用思维能力，避免陷入思维困境。

5. 创新思维

在思考过程中，最容易影响效果和效率的就是固有的思维模式。当遇到问题却百思不得其解时，可以放松大脑任其自由发挥，以便突破固有的思维定式，拓展思路，从而提高创新思维能力。可以有针对性地突破传统思维，放心大胆地去设想、尝试，也许会拥有一个全新的思维模式。创新思维并非一蹴而就，而是需要在思考过程中不断锻炼，这样才能激发大脑的潜力，促使思绪更加灵活多变。

（三）合理利用大学资源

进入大学阶段后，支配时间更加自由，眼界会更加开阔，所以在自我管理的过程中，要学会从多角度认知事件，其中最能提升自身能力和综合水平的就是大学中的各种社团、组织等，要合理利用这些大学资源，为自身的提高和自我的管理创造机会。例如，积极参加大学的各种组织，担任组织中的干部，不仅能够锤炼自身的沟通能力、协调能力、社交能力，还可以促进个体维系及调控学习和工作的关系，为未来的职业生涯发展打下基础。需要注意的是，在处理学习和工作的关系时，要将学习放在首位，工作放在从位，协调好二者之间耗费的精力和时间，还需要不断提高学习和工作效率，做到学习时集中注意力学习，工作时专注于工作。又如，寻找适合自身的学校组织和社团是参加活动的前提，思考自身擅长做的和喜欢做的事情。寻找与自身相匹配的社团，不仅可以令自身的兴趣得以发挥和释放，还可以在此过程中培养与兴趣相关的能力，为未来的职业生涯发展开拓路径。

另外，在参加社团时，虽然兴趣是首要思考条件，但是选择时一定要深入考虑，可以在了解社团的内容、活动和模式后慎重选择。同时还需要避免选择过多的社团，活动繁杂易影响自身的发展及学业。一旦做出选择某社团的决定，一定要做好进入社团后的每一项工作。个体应该清楚知道在社团能够得到什么和应该付出什么，即明确进入社团的目标。拥有清晰的目标后努力做到最好，但切不可将社团中的职位、发展等放在过于重要的位置上，毕竟进入社团的目标是得到锻炼，只要能够有所收获，并实现加入社团的目标即可。

除了大学的社团资源外，还要注意抓住大学期间走出校门进行社会实践的重要机会。走出校门进行社会实践是大学生接触社会和了解社会的重要途径，在社会实践的过程中，一定要仔细观察、放低自身，寻找自己与社会上所需人才的差距，从而明确后续努力的目标和方向，及时对目标进行调整和完善，才能够不断弥补自身的不足，得到更多的经验和锻炼。

第二节 大学生职业发展的自我探索

职业发展的探索需要从四个层面来逐步分析自身特质，分别是自身的职业性格、职业兴趣、职业价值观和职业能力。个体的职业性格和职业兴趣通过内在因素对职业选择和职业生涯规划产生影响，通常这种影响会贯穿个体职业生涯。除此之外，个体进行职业选择和职业生涯规划，还受到职业价值观和职业能力的影响。其中，职业价值观会影响个体对职业的认识程度和认知态度，以及对未来职业目标的确定和追求；而职业能力则会对职业选择后的工作效率和职业发展速度产生巨大影响。

一、职业性格探索

职业性格就是人在长期、特定的职业生涯中，形成的与职业联系紧密且较为稳定的一种心理特征，是个体性格在特定职业生涯中的延伸和体现。从此角度来看，职业性格其实就是个体性格的职业化拓展，因此进行职业性格探索，最根本的就是对性格进行探索。

（一）性格的内涵

性格指的是表现在人对现实的态度和相应的行为方式中的比较稳定的、具有核心意义的个性心理特征，是一种与社会联系最密切的人格特征，其表现了个体对周围世界的态度并将其展示在行为举止中。

1. 性格的形成和特点

性格对于人的职业选择、职业发展等都具有直接的影响，即不同性格的人适合不同的职业，不同的职业也需要不同性格特征的人来从事和完成。性格和能力都对职业生涯产生影响，相对而言，能力的培养不需要很长时间，而性格的培养和形成则需要长久的积累和沉淀。从这个角度来看，性格对职业生涯的影响比能力的影响更大。

性格的形成源于态度，态度决定了外在的行为方式，当较为稳定的态度与此态度影响下的行为方式逐渐转化为习惯后，就会自然而然表现为性格。这是个体在长久的社会生活之中，依托其对现实的态度所逐步培养出来的，通常情况下已经形成的性格会潜移默化地影响个体的行为方式。例如，一个习惯助人为乐的个体，其性格特征就是善良且乐于助人，当遇到他人有困难，就会毫不犹豫提供帮助。

也就是说，性格是在生活实践之中逐渐形成的，且形成之后就会比较稳定地维系下去，性格的特征也会在个体的生活、工作、学习、行动中表现出来。不过虽然性格形成后会比较稳定，但也并非一成不变，而是能够进行塑造的。例如，原本已经形成的性格在个体的生活环境发生了巨大变化，或者遭遇了巨大事件后，其性格特征就容易出现极为显著的变化，这就是性格的重塑。

2. 性格的组成结构

从性格的各个方面来看，性格的组成结构可以分为静态结构和动态结构两个部分。

（1）性格的静态结构组成。性格的静态结构可以分解为四个组成部分，分别是态度特征、意志特征、情绪特征和理智特征。

态度特征指的是个体在处理社会各方面关系时所表现的性格特征，即个体在对待自己、他人、工作、劳动、社会、集体等方面时的态度。好的态度特征表现为正直诚恳、乐于助人、关心他人、认真负责、谦虚谨慎、热爱集体、忠于祖国、文明礼貌等；不好的态度特征表现为自私自利、狡猾奸诈、懒惰挥霍、敷衍不负责、损人利己、对他人漠不关心、无民族气节、蛮横粗暴等。

意志特征指的是个体自觉地调整和调节自身行为中存在的问题的性格特征。良好的意志特征表现为拥有长远目光、独立自主、理想远大、行动有计划、坚韧不拔、自制力强、果断勇敢且有毅力等；不良的意志特征则表现为优柔寡断、放任自流、盲目性强、鼠目寸光、怯懦，或者任性、固执己见等。

情绪特征指的是个体的情绪对自身行为和活动产生影响的程度，以及个体控制自身情绪的能力。良好的情绪特征表现为能够及时调整心理状态，可以长时间处于积极乐观、拼搏向上的状态；不良的情绪特征则表现为遭遇事件时，不论大小均容易引发情绪反应，但又无法快速调整，使情绪稳定下来，即控制情绪的意志力较薄弱，导致情绪波动大，心境易受影响，从而消极悲观，多变的情绪对身体健康、工作状态、生活的影响都较大。

理智特征指的是个体在各种认知活动中的性格表现。例如，认知活动中独立性较强的个体，能够根据自身的情况、兴趣、任务等主动进行观察和思考，以适合自身的方式解决问题和完成任务；而依存性较强的个体则容易受到无关因素的干扰，习惯依靠他人或现成的答案来解决问题。例如，有些个体的想象力强，则在认知活动中擅长想象；有些个体的现实感很强，在认知活动中就易基于现实进行理解。又如，有些个体思维活动的精确性高，遇到问题时能够深思熟虑，看待问题较为全面，可自主调整并快速灵活地解决问题；有些个体则缺乏主见，思维活动易受他人影响或易钻牛角尖，从而陷入困境。

（2）性格的动态结构组成。性格是由态度特征、意志特征、情绪特征、理智特征等组成，并非相互分割的内容，而是相互制约、相互关联的，任何一项特征都会对其他特征产生影响，从而促使各项内容不断产生变化，最终形成了性格的动态结构。

通常情况下，性格的核心是态度特征，因为其会直接表现出个体对事件、事物、问题等所持有的倾向，所以在一定程度上会影响和决定性格的其他特征。例如，个体性格的态度特征是对社会和集体高度负责，那么其在对待工作和学习时，也必然会认真负责。从这一点可以看出，当分析个体的性格时抓住其主要特征，尤其是态度特征，能够在一定程度上预见性格的其他特征。

组成性格的各个特征并非一成不变的，而是会因为外界环境、遭遇事件、不同场合等出现一定的变化，这也是性格动态结构的外在表现，个体对这些因素的不同反应会显露出其性格的不同侧面，会出现动态化的性格表现。例如，性格的态度特征是忠于祖国、关爱他人，并对自身及他人极为负责，那么在遇到他人抹黑祖国时，必然会据理力争、不卑不亢，而在和他人共同处理问题或合作完成任务时，则会谦虚谨慎、兢兢业业。

（二）性格的类型

不同的个体拥有不同的性格特征，这种不同会在个体的行为中展现出来，从而形成与性格特征相匹配的行为模式，这种行为倾向和运用心智的倾向，就是性格类型。

性格类型最初是于1921年由瑞士心理学家卡尔·古斯塔夫·荣格在出版的《心理学类型》一书中提出，荣格将个体性格分为种维度、八种类型。

在20世纪中叶，凯恩琳·布里格斯和她的女儿伊莎贝尔·布里格斯·迈尔斯在荣格的心理学类型理论基础上提出了一套性格分类法，提出时的主要目的是协助女性寻找工作，并填补男性参与"二战"之后的职位空缺。

该理论模型是以母女的名字命名，被称为迈尔斯·布里格斯性格分类法，也称为迈尔斯-布里格斯类型指标（MBTI），是一种能够对个体的性格进行判断和分析，从而匹配性格特征的分类方法。此理论模型从极为纷繁的个性特征中归纳提炼出了四个关键要素，并架构了四个维度框架、八种行为风格，最终分为十六种性格类型。

四个关键要素分别是动力来源、信息收集、决策方式和生活方式。这四个关键要素构建了职业性格的四个维度框架，每一个维度又分为两种行为风格。

动力来源根据个体专注于外界的角度不同分为外向型（E）和内向型（I）；信息收集根据个体认识外界和收集信息的方式分为感觉型（实感型，S）和直觉型（N）；决策方式根据个体做决定和下结论的方式分为思考型（T）和情感型（F）；生活方式根据个体处理事情的态度分为判断型（计划型，J）和知觉型（随性型，P）。

外向型的人倾向于将精力专注于外界的活动、互动、经验等，从而获取动力；内向型的人则倾向于将精力专注于自身内在的情绪、记忆和意念等，从而获取动力。感觉型的人较为注重具体的、事实的、实际的看法，从而获取信息；直觉型的人则较为注重个体对事件的感觉、可能性、整体性的关系等，从而获取信息。思考型的人注重对公平、逻辑和客观的分析判断，通常会较为理性地做出决策；情感型则注重通过人际关系、价值体现等感官刺激来进行判断，通常会较为感性地做出决策。判断型的人做事喜欢规划和计划，通常会根据计划按步骤处理事件；知觉型的人做事则颇具弹性，喜欢依靠突发的灵感，随性处理事件。

根据四个关键要素的不同行为风格的匹配，能够形成十六种性格类型，具体的性格类型、匹配的典型职业、特征如表1-1所示。

表1-1 性格类型、职业、特征

性格类型	典型性格特征	典型职业	行为特征
外向、感觉、思考、判断（ESTJ）	喜欢组织和经营事业、活动，对自身没有实际利益的事不会关心，但也会花费精力处理这些事，是天生的机械专家和商人	政治家、警务人员、军人、法律工作者	积极做事和组织事件的务实专家，极为实际，时间观念强且规律

续表

性格类型	典型性格特征	典型职业	行为特征
外向、感觉、思考、知觉（ESTP）	喜欢机械与运动，享受解决问题过程中的乐趣，较为率直，喜欢真实感，不喜欢冗长的解释，善于和喜欢处理有关拆解、重组等事件	实业家、演艺工作者、管理者、仲裁者、辩护律师	各事务之间的快速适应者，行为难以预料且易冲动，善于准确评估他人动机
外向、感觉、情感、判断（ESFJ）	喜欢做能够直接影响人生活的事情，若为他人做好事，需要他人的鼓励和赞赏。喜欢和谐和创造和谐氛围，热心肠且受欢迎，喜欢积极参与各种事件	推销员、教师、教练、私人秘书、接待人员	极为务实的领导者，社交能力极强，工作对象是人，很在意他人对自己的看法
外向、感觉、情感、知觉（ESFP）	喜欢运动和制作物品。偏急躁，想快速知道发生的事情及结果。随和友善，易于满足，享受拥有的一切，喜欢将事情摆弄得更加有趣，在需要实际操作能力的场合会相得益彰	教导员、政府官员、演说家、小说家、影视编剧、剧作家、记者	人际交往过程中的快速适应者，善于运用环境资源，人际交往能力强且适应力强
外向、直觉、思考、判断（ENTJ）	善于吸收知识并喜欢增加自身知识面，有信心，热心且善于钻研，能够条理分明且机智地进行交谈和演讲	高级管理人员、陆军将领、演说家	直觉强且创意高的领导者，做事必须有结果，做事高效且不会重复犯错，对配偶期望高
外向、直觉、思考、知觉（ENTP）	直率而活泼，精通很多事情，可以机智地解决新问题和富有挑战性的问题，但易于忽略例行工作，兴趣容易转变	教师、创新事业	极易改变计划的创新者，会尝试各种可能，喜欢用分析能力解决复杂的问题
外向、直觉、情感、判断（ENFJ）	喜欢气氛活跃的组织，能够真诚地关心他人的想法和需要，处理事情时也会顾虑他人感受，内心极为丰富且对他人感受敏感，可以轻松挑起话题和活跃气氛，也会用心提升自身	临床医学家、教育家、基础护理医师、大众传播	想象力丰富的调控者，天生的杰出领导者，愿意与他人合作并信任他人，易投入情感
外向、直觉、情感、知觉（ENFP）	应变能力极强，可以迅速解决问题和困难，热心肠，会随时帮助他人解决问题，亲切而聪明，精力旺盛且富有想象力，能够做任何感兴趣的事	政府官员、演说家、小说家、剧作家、影视编剧、新闻记者、教导者	极易改变计划的热心肠，观察力强且认为任何事都有意义，能够做多种感兴趣的工作
内向、感觉、思考、判断（ISTJ）	喜欢有组织、有规划的事情，做事认真负责，能够集中注意力并安静地做事，做事寻根究底，比较实际且有秩序，只要答应做到的事就会下决心完成。不会抗议，也不听劝阻	审计员、银行核查员、会计、牙科医生、法律研究员、教师	善于分析的事务管理者，责任心极强，工作中最可靠的人，不喜欢被批评，从而给人以冷血感

续表

性格类型	典型性格特征	典型职业	行为特征
内向、感觉、思考、知觉（ISTP）	对现象级事件较感兴趣，尤其是与人无关的内容，包括因果关系、机器运转、硬科技等，好奇心极强，会以好奇心观察和分析人生，专注于自认为有必要花心思的事，其他事都是浪费时间和精力	商人、工艺者、驾驶员、外科医生、运动员、美术家、音乐家	务实且善于分析的行动者，喜欢寻找刺激，情绪极为稳定，胆量足且喜欢摆弄各种工具
内向、感觉、情感、判断（ISFJ）	喜欢周密且精细地完成工作，专注细节，并能够尽义务，安静且友善，负责任且能够体谅他人、在乎他人感受	中层管理人员、医生、保险代理、监护人、图书馆馆员	同情心极强的事务管理者，言出必行且忠于规则，喜欢有保障的工作且完成工作才会放松
内向、感觉、情感、知觉（ISFP）	喜欢享受当下，也喜欢轻松地完成工作，内心幽默，安静且友善，敏感而孤独，不期望突出，不会强迫他人接受自身意见和价值观，虽不喜欢领导但会遵从管理，不喜欢匆忙的工作，喜欢有条不紊	时尚设计师、小说家、诗人、作曲家、剧作家、雕刻师、画家、林业家、园艺家、厨师、导演、护士	善于观察且忠心的辅助者，行动力强但不擅与人交流，做事会立即行动，不会拖延
内向、直觉、思考、判断（INTJ）	非常独立，较为固执，习惯以怀疑和批评的眼光看待事物。对喜欢的工作能够坚守初心，不论是否有人支持都会有组织地完成，但容易因为过分固执而浪费精力	教师、数学家、科学家、技术专家、逻辑专家	果敢的逻辑大师，自我察觉能力强，做事目标性强且立场坚定，易给人冷酷感，有长远的计划且做事逻辑性极强
内向、直觉、思考、知觉（INTP）	善于极为精细的推论，主要的兴趣是确定的理想，不善交际，也不喜交际，通常会安静而谨慎地沉浸于自己的世界	科学研究人员、经营主管人员	善于分析的独立行动者，直觉很准确，却易看不起人，执著于自身原则
内向、直觉、情感、判断（INFJ）	内心沉静踏实，极为忠实，习惯为他人着想，喜欢被人尊重，坚韧不拔，能够不屈不挠地完成任务，遵循他人认定为好的事物，拥有一定的创意	临床心理学家、精神病医学家、特殊领域教师及作家、临床医生	注重人际关系的协作者，喜欢和他人共同工作，内心敏感但很难表露情绪，根据价值做出决策，处世靠直觉
内向、直觉、情感、知觉（INFP）	责任心极强，无论有多少困难，都会完成事情，热心且忠实，但不喜表达，通常在认清他人后才会交心，喜欢独立计划和完成事情，因为过于重视人际关系，所以对地位和环境不在意	社会工作者、人文学科教育家、幼儿咨询师、政府工作人员	独立且想象力丰富的辅助者，通常是理想主义者，敏感，喜欢真实，可以快速接受新思想和新事物，获取知识靠感性，易洞悉象征意义

（三）职业与性格的关系

性格是个体在社会生活中逐渐形成的行为特征，其对职业生涯发展极为重要，所以了解自身性格并把握其变化规律，不仅有利于进行职业选择，而且有利于职业生涯的发展。可以将职业选择视为个体性格的延伸，性格同时会影响个体对职业的适应性，二者之间是相互适应、相互影响的关系。

当职业和性格较为匹配时，二者就会相互促进，从而使个体良性发展，但有时性格和职业会出现错位，尤其是对于刚走出校门的大学生而言更是如此，可以从以下三个方面来解决错位问题。

1. 以性格为核心制订职业生涯规划

若怀疑自身的职业和性格出现错位，可以先进行自我审视，评估、测试性格，并深入了解后，以性格为核心来制订职业生涯规划，以此来寻找职业发展方向和最契合自身性格的职业。这是一个较长的过程，不能盲目、急切地追求结果，要不断地调整方法和反馈评估。

2. 通过调整性格来适应职业

若发现自身性格与职业的匹配度不高，可先对性格和职业进行分析，确定自身性格中与职业不匹配的因素，通过个人的努力来弥补性格的不足，即性格并非一成不变，可以通过实践活动和个人努力来调整和完善。这种方法的前提是个体真心期望弥补不足，且渴望在该职业方向发展，或者对未来职业生涯发展有帮助。

3. 根据个人需求适当调整职业

在职场中，个人性格和职业需求不匹配的现象比较普遍，也比较正常，如果所在的职业对未来职业生涯发展益处较小，且在该职业发展中无法获取真正的心理满足和快乐，虽然极为努力地适应了职业却身心疲惫，最好能够及时根据个人需求和发展方向放弃该职业，去寻找和选择更有利于自身发展和施展的职业。

二、职业兴趣探索

职业兴趣是个体在职业方向的兴趣体现，属于在个体兴趣基础上融入职业特性后表现出来的一种特征，因此探索个体的职业兴趣需要从个体的兴趣着手。

兴趣是个体希望或渴求认识某种事物或从事某种活动的心理倾向，是一种以认识和探索事物的需求为基础的心理感受，也是推动人类认识世界、认识事物的重要动机。兴趣能够充分调动个体的潜能，从而有效提高学习、工作的效率，并可以使个体发挥自己的才能，最终推动个体不断进步。

（一）兴趣的种类和品质

个体的心理需求和心理倾向不同，造就了各种各样的兴趣，综合来分析众多的兴趣会发现兴趣可以分为三大类，且兴趣拥有其内在的品质。

1. 兴趣的种类

兴趣可以具体分为三大类，分别是兴趣方向类别，即物质兴趣和精神兴趣；兴趣获取类别，即直接兴趣和间接兴趣；兴趣范畴类别，即个人兴趣和社会兴趣。

物质兴趣就是个体对舒适和丰盛的物质生活的追求，包括基本物质生活的衣食住行等方面；精神兴趣则是个体对满足和丰富自身精神的追求，主要包括对知识、研究、文学、艺术、创作等方面的追求。大学生的价值观和世界观尚未完善，因此对兴趣方向需要积极地引导，避免个体向纯粹的物质兴趣畸形发展或在精神兴趣方面消极发展。

直接兴趣指的是参与活动过程中产生的兴趣和满足，如通常大学生的想象力丰富且具有很强的创造性，所以对制作模型极为感兴趣，这就是直接兴趣；间接兴趣则是对活动过程中的附带内容或结果产生的兴趣和满足。

通常直接兴趣和间接兴趣是相互联系和相互促进的，没有直接兴趣的活动过程会枯燥而乏味，而没有间接兴趣就容易失去目标和过程中产生的成就感，从而无法将活动持续下去。所以只有将直接兴趣和间接兴趣结合，才能充分发挥积极性和创造性，从而挖掘个体的潜力。

个人兴趣指的就是个体对特定的事物、事件、方向产生具有很强倾向性和选择性的态度，主要是基于个体而言；社会兴趣指的是处于社会之中的成员对某一领域的普遍兴趣，或者是社会的发展对社会成员的普遍要求，如随着互联网的发展，数据开始遍布各个领域，对于数据的分析能力和筛选能力已经逐渐成为社会普遍需要的能力，随着社会的发展，这就有可能成为一种社会兴趣。

2. 兴趣的品质

不管是哪个种类的兴趣，在个体产生后就会形成无形的动力，从而推动个体投入精力和时间。通常个体会优先注意和积极探索其感兴趣的事物，并主动完善对该兴趣方向的认识和了解。例如，对美术评鉴感兴趣的人，会对画展、美展，甚至是摄影展都很关注，并会认真观赏并点评，收藏、模仿自己感兴趣的作品；对古币感兴趣的人会想尽办法收集、珍藏、寻找和了解古今中外的古钱币，并深入研究。

兴趣并非只对事物浅层次的关心和关注，而是使个体产生满足感。无论是体验，还是情绪（包括获取此方面的知识或参与此类活动等），都能够令个体获得满足感，从而对兴趣相关的事物乐此不疲。兴趣的品质主要表现在以下四个方面，同时也体现了不同个体兴趣的差异。

一是兴趣的倾向性品质，指的是兴趣所指向的内容的品质，如兴趣是指向物质方向，还是精神方向，以及指向的内容是高尚的，还是卑劣的。

二是兴趣的范围品质，指的是兴趣涉及内容的范围的大小。若兴趣涉及内容的范围广泛，则能够促进个体获取更多的知识；若兴趣涉及内容的范围狭窄，个体获取的知识量也会偏少。

三是兴趣的稳定品质，指的是对某一方向或某些对象感兴趣的时间的长短，保持的时间越长，稳定性越好，个体才能在广泛兴趣背景下形成中心兴趣并深入了解兴趣。

四是兴趣的效能品质，指的是兴趣对活动产生作用的大小，对活动产生作用大的兴趣则效能作用高，反之则效能作用低。

（二）兴趣与爱好的关系

兴趣通常建立在个体对某项事物深刻认识的基础上，对该项事物产生了情感后，才会逐步形成探索和从事的欲望，最终成为兴趣。对该项事物的认识越深刻，产生的情感越丰富，兴趣也就会越深厚。

爱好是兴趣的发展和行动，兴趣是爱好的前提条件。爱好和兴趣的不同之处为不仅会优先注意该事物，对该事物或从事该工作产生的向往心情，而且会付诸行动。

兴趣和爱好通常会受到社会性制约和遗传环境影响。例如，不同文化层次、不同职业、不同环境影响下的人，兴趣和爱好通常会有较大的差距，这些影响因素就是社会性制约；父母的兴趣和爱好、时代的变化等，也会对个体的兴趣和爱好产生影响，尤其是不同年龄阶段的特性对兴趣和爱好的影响极大（通常少儿时期的人会对绘画、歌舞等充满兴趣，而青年时期容易对文学和艺术等产生兴趣，成年后则会对某种工作或某类职业产生兴趣）。

从这一点来看，兴趣和爱好会随着年龄的增长、知识的积累、阅历的丰富而转移，同时时代变迁和社会发展下形成的不同物质条件和文化条件也会对个体的兴趣产生影响。兴趣和爱好的变化，通常是以个体的需求为前提。

（三）兴趣的培养

激发出的兴趣大部分为直接兴趣，即个体对某项事物产生想要了解的欲望。培养直接兴趣比较困难，能够培养的多数是间接兴趣，可以采用以下四种方式。

1. 提升知识储备

对事物的深刻认识是形成兴趣的前提和基础，即提升对应的知识储备。可以说知识越丰富，兴趣也会越广泛，所以提升知识储备会对兴趣的培养产生极大的益处。

2. 通过活动激发兴趣

虽然很难培养直接兴趣，但是可以通过各种方式激发，其中最为有效的方法就是开展有趣的活动来提升个体对事物或活动的渴望程度，从而激发出对该事物或活动的直接兴趣。

通常活动需要拥有丰富有趣的形式，这样不仅能使个体被新鲜事物或内容吸引，也能够令个体在参与的过程中产生情感上的满足，从而产生深入了解该事物和活动的渴望和参与的欲望，从而激发出兴趣和热情。

3. 明确兴趣目标

激发直接兴趣可以使个体更加深入地了解某项事物或内容，当直接兴趣被激发后，就可以通过明确认识该事物或内容的意义，培养个体的间接兴趣。

培养间接兴趣的目的是通过对兴趣目标的明确，认识到兴趣活动的意义和价值，推动个体付诸行动，具有很强的指向性和持久的定向性，保证个体的兴趣不会因为遇到问题和挫折轻易改变。

4. 根据兴趣特点培养优良品质

不同的个体因为成长环境、生活方式、所受教育、主体条件的不同，产生的兴趣也会有非常明显的个性化特征，因此可以通过自身兴趣的特点，逐步培养优良的兴趣品质。

若个体的兴趣过于广泛，即处于泛而无中心的状态，就需要加强中心兴趣的培养；若个体的兴趣过于单一，所涉及的知识面过窄，则需要使兴趣具有广泛性；若个体的兴趣易于变化，则应该增强兴趣的稳定性等。高品质兴趣的培养过程，其实是对高尚人格和高品质性格的培养，二者属于相互促进的作用和关系。

（四）职业兴趣理论

1. 兴趣与职业生涯的关系

兴趣与职业之间的关系极为密切，兴趣对个体的职业生涯有非常明显的影响，主要体现在以下三个层面。

首先，兴趣是职业选择的重要依据。个体倾向于从事或参与感兴趣的活动，就职业而言，其同样倾向于寻找与兴趣相关联的职业活动或类型，尤其是当外界环境的限制不明显时，这一点体现得更加清晰。因此，对个体的兴趣类型有了较为清晰和准确的判断，就能够在一定程度上帮助个体进行职业生涯的选择。

其次，兴趣能够提高职业生涯的适应性。当个体参与或从事感兴趣的活动或事件时，其心理状态会更加积极，有利于个体能力的展现，当兴趣和能力结合时，可以有效提高工作效率。个体从事自己感兴趣的职业，不仅其能力会发挥得更加顺畅，而且会通过不断提升自身能力来高效地完成工作，自然就可以提高工作效率，且能够长时间保持较高的效率而不会感到疲惫。

最后，兴趣可以提高个体对职业的认可度和稳定性。当个体对从事的职业感兴趣，那么从事该职业就更容易使其获得满足感和成就感，若不考虑经济因素，很多时候兴趣对个体的工作满意度和稳定性起到决定性作用；个体对工作的认可度也在一定程度上与兴趣有关，若个体对某职业感兴趣，那么就更容易对该职业的活动持肯定态度，甚至会积极思考和探索，从而再次提高个体对该职业的认可度。

2. 职业兴趣理论

职业兴趣为个体的兴趣在职业方向上的外在表现，即个体对某种职业活动产生的较为稳定且持久的心理倾向，优先注意且对其有较高关注度，并期望从事该职业。

职业兴趣通常直接影响个体在未来从事职业时的态度和成就，而兴趣向职业兴趣的转化，最关键的制约因素就是个体能力，毕竟个体没有与之相匹配的能力，就无法胜任工作；除了个体能力外，职业兴趣还要求个体拥有责任意识，即需要个体承担职业责任。也就是说，职业兴趣其实是兴趣融合能力、责任意识的综合体。

对职业兴趣的研究中，比较知名的是约翰·霍兰德的职业兴趣理论。霍兰德是美国著名职业指导专家，于1959年提出了职业兴趣理论，带来了较为广泛的社会影响。

霍兰德认为个体的人格类型及兴趣与职业相关性较高，兴趣是个体进行活动的巨大动力，若个体对某职业有极大兴趣，将明显提高个体从事该职业的积极性和舒畅度；职业选择则是人格的延伸和表现，人格的特质在职业上就表现为职业兴趣，不同的个体会拥有不同的职业兴趣，而不同的职业兴趣则会从事不同的职业。

霍兰德将人格分为六种类型，分别是实际型（实用型，R）、调研型（研究型，I）、艺术型（A）、社会型（S）、企业型（E）和常规型（事务型，C）。工作环境同样也可以分为六种类型，与上述人格类型的分类一致。霍兰德认为，个体的人格类型与工作环境之间的适配，会对个体的工作满意度、职业稳定性、职业成就感等产生很大的影响。

霍兰德的职业兴趣理论是由4个假设组成，人格类型和工作环境类型就是其中2个假设。第三个假设是个体尽量寻找符合自身职业兴趣且令能力充分发挥的职业；第四个假设是个体的行为表现是兴趣和环境相互作用的结果。根据以上4个假设，若个体能够清晰界定自身的人格类型，以及敏锐地辨识环境类型，那么其就能较为精准地预测最适宜自身的职业选择和社会行为等。基于霍兰德的职业兴趣理论，职业兴趣类型与典型匹配职业如表1-2所示。

表1-2 职业兴趣类型与典型匹配职业

兴趣类型	对应人格特点	典型匹配职业
职业实际型（R）	喜欢运用工具，以及操作性工作，动手能力极强且动作协调，社交能力较差，喜欢独立做事。通常喜欢较为具体的任务或工作，处理与人相关的事务，较为保守，而且做任何事均比较谦虚	典型匹配职业是技术性职业或技能性职业，要求具备机械能力，对与机械、工具、器材、动物、植物等相关的职业感兴趣。典型职业包括摄影师、制图员、机械装配、计算机硬件等技术职业，技工、厨师、修理、木匠、农业及一般劳动等技能职业
调研型（I）	喜欢思考但不喜欢动手，特点是抽象思维能力较强，通常知识渊博且有学识，喜欢独立且富有创造性的工作，不善于领导他人，考虑问题比较理性且求知欲强，通常会运用逻辑分析和推理来探索未知领域	典型匹配职业是科研类职业，对要求分析能力、智力、抽象力的定向研究类职业感兴趣。典型职业包括科学研究员、教师、医生、系统分析、数据分析、编程人员、工程师等

续表

兴趣类型	对应人格特点	典型匹配职业
艺术型（A）	追求完美，有很强的创造力，个性明显且渴望通过表现来实现自我价值，做事比较理想化却不注重实际，善于表达且内心丰富，敏感度较高，通常拥有艺术才能	典型匹配职业是艺术类职业，对语言、审美、细微感受能力，以及对行为、颜色、声音、形式审美要求较高的职业感兴趣。典型职业包括演员、导演、雕刻、建筑、摄影、广告、设计等艺术类职业，歌唱家、作曲家、乐队等音乐类职业，小说、编剧、诗人等文学类职业等
社会型（S）	喜欢与人交往，关心社会热点，善于言谈，喜欢教导他人，渴望改变社会问题，并看重社会义务和社会道德，希望拥有极为广泛的人际关系	典型匹配职业是社会工作和教育工作，对要求拥有启迪力、教育力，以及帮助他人的职业感兴趣。典型职业包括教师、教育行政等教育类职业，咨询师、公关人员等社会类职业
企业型（E）	喜欢竞争、追求物质财富和权威，具有较强的领导才能，有野心且敢于冒险，习惯以利益得失或权力地位来衡量做事价值，为人较为务实，做事的目的性较强	典型匹配职业是领导类职业，对要求具备管理、劝服、监督、领导才能，实现社会目标的职业感兴趣。典型职业包括项目经理、销售人员、营销管理、企业领导等组织管理类职业，政府官员、法官、律师等社会类职业
常规型（C）	喜欢接受他人的领导和指挥，做事喜欢按计划和规章进行，不喜欢冒险和竞争，但极为注重细节，做事条理性强，比较保守和谨慎，缺乏一定的创新性和创造力	典型匹配职业是辅助类职业，对要求注重细节、条理性、系统性、精确性，需要根据特定程序或要求进行的职业感兴趣。典型职业包括会计、秘书、办公室人员、投资分析、行政助理、图书馆管理员、出纳等

以上所说的人格类型和职业兴趣类型是理想状态下的单一模式，现实中大多数人并非仅有其中一种特性，而是同时有多种类型的特性。霍兰德认为，个体属于的人格类型中，特性越相似则相容性越强，在选择职业时就会存在较少的内在冲突，从而减少犹豫，更准确和清晰地选择恰当的职业。

某些人格类型和职业兴趣类型的特性的相似度较高，具有较强的相容性；某些则相似度较低，甚至处于相对状态。针对这种特性，霍兰德建立了职业兴趣六角形模型，以便分析多类型个体的职业兴趣和性向。其建议将六种人格分别置于六角形的一角，以便表示六种人格相邻、相隔、相对的关系，具体如图1-2所示。

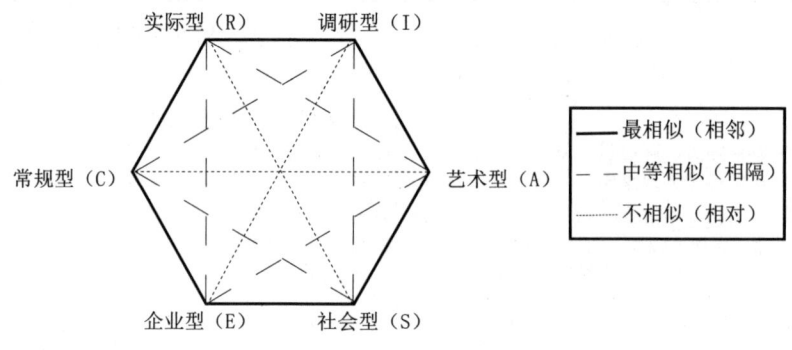

图 1-2 霍兰德的职业兴趣六角形

可以看出，任何一种类型都会和其他类型产生不同程度的关系。相邻属于共同点较多且较易相容的关系；相隔属于共同点较少且不易相容的关系；相对则属于无共同点且无法相容的关系。通常情况下很少有个体同时对处于相对关系的两类职业感兴趣。

霍兰德的职业兴趣理论为职业生涯的辅导提供了一个重要的理念，即将个体的特质与带有这类特质的职业结合，通过对自身能力和兴趣的探索，提高对同特质工作的探索，从而拉近自身与职业的距离，快速完成职业探索和尝试。

该理论指出，匹配职业通常是一大类内容有关联且与个体兴趣相近的职业，可以在潜移默化中引导个体积极主动地对职业进行探索并选择。个体本身就是一个具有多种兴趣类型的综合体，因此在通过该理论评价和匹配职业类型时，可以将位居前 3 的类型按高低分数依次排序，构成最终的兴趣组型后，再去匹配对应的职业类型。另外，影响职业选择的不仅是兴趣类型，还有社会对职业的需求和获得对应职业的可能性，最终通过对相邻职业环境的选择，寻找更容易获得的职业方向。个体则需要在选择职业后，适应职业环境等。

三、职业价值观探索

职业价值观是价值观的职业化延伸，属于价值观在职业方面的表现，因此探索职业价值观需要先了解价值观。

（一）价值观概述

价值观就是个体对接触到的客观存在，包括人、事件、事物等，以及对自身行为的意义、作用、效果、重要性等进行总体评价，属于区别好坏、明辨是非、划分重要性的主观心理倾向。从价值观的含义可以看出其是推动和指引个体采取行动、进行决策的内心标准和原则，是个体心理成熟的核心元素之一。

通俗来说，个体可以通过对世界的认识，挖掘客观存在对自身的意义，从而对人生进行设计，确立目标并为之奋斗，这些均由价值观支配。受到价值观影响，个体会对外界事物和行为产生主观评价，包括学习、劳动、享受、成就等，并按好坏、轻重排序，最终形成认知体系，即价值观体系，其是决定个体行为和态度的基础。

1. 价值观的类型

个体价值观的架构和形成受制于人生观和世界观。个体出生后，在家庭环境和社会环境的影响下，受不同的社会生产方式、经济地位、家庭教育模式的影响，逐步形成价值观。

不同的生活、教育经历，使个体的价值观多种多样。通过对生活模式、行为态度、认知体系的分析，德国教育学家、心理学家爱德华·斯普朗格将价值观分为了六种类型。

第一种是经济型，比较强调学以致用且重视实用价值，拥有很强的现实主义倾向和实用主义倾向，习惯以行为带来的经济效益为依据来判断其价值。

第二种是理论型，习惯用理论理解和解释事物，通常会将现实事件纳入理论体系，对真理和抽象事物的探索兴趣较大，且厌恶不合乎道理的事物。

第三种是审美型，比较重视自身形象，厌恶现实中争名夺利的行径，认为只有令自身美的体验才是有价值的，甚至为了避免卷入纷争而事物较为冷漠。

第四种是政治型，通常会将整个社会关系简单看成支配与被支配的关系，认为支配、领导他人的行为最有价值，习惯将人生看作斗争平台，甚至为了提升人生地位不择手段。

第五种是社会型，属于与经济型、政治型相对的价值观，认为关爱他人和被他人关爱，彼此互相帮助才是最有价值的，其人际关系通常极为真诚且纯粹。

第六种是宗教型，认为较为神秘的体验是最有价值的事物。此类型价值观有数种偏向：有些偏重尊重现实，有些偏重寻求超越现实，有些则处于二者之间。

以上六种类型是理论分类，个体通常不会只有单一类型的价值观，而是由

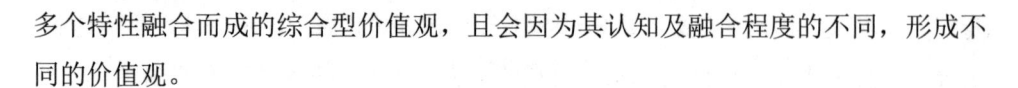

多个特性融合而成的综合型价值观，且会因为其认知及融合程度的不同，形成不同的价值观。

2. 价值观的特性

个体形成的价值观主要有以下三个特性。

首先，价值观带有很强的主观性。因为不同个体的先天条件不同，后天生长环境、经历也有所不同，所以对个体价值观的形成有不同的影响，最终根据个体的理解和认知，形成带有极强主观特色的价值观。这就造成在同样客观条件下，拥有不同价值观的个体的动机模式、行为模式也会有差异。

其次，价值观具有相对稳定性和相对持久性。价值观属于个体思想认知的深层基础，主要由其世界观和人生观决定，并随着个体认知能力的发展和在外界的影响下逐步形成，一旦形成，就具有相对稳定性和相对持久性。例如，特定的时间、地点和条件下，个体对某些事物的看法和评价在外界条件不发生巨大变化的情况下，不会产生巨大的变动。

最后，价值观具有一定的历史性和选择性。因为个体的价值观是从出生开始就受到个体认知、家庭环境、社会环境、人生经历等的影响，所以其所处环境的情况会对价值观的形成起决定性作用。通常所说的"三年一代沟"，就是时代特征塑造出的个体价值观的巨大差异。从这个角度来看，价值观也会随着环境改变、经验积累、认知程度的变化而变化。

3. 价值观的作用

个体的价值观对自身行为和认知调节起很重要的作用，尤其是对自我认知方面起决定性作用，其能够直接影响个体的信念、生活目标、理想和发展方向等。价值观的主要作用体现在以下两个方面。

一是对个体的行为动机产生导向作用。同样的客观条件下，拥有不同价值观的个体会产生不同的动机、行为模式，其主要由个体价值观支配，只有经过其价值观体系判断后认为是可取的目的，才会最终转化为行为动机，并发展为个体行为。

二是会反映个体对客观世界及事物、行为结果等的看法和评价。价值观属于认知信念和标准，代表了个体对事件和行为的好坏、对错、喜恶的评判意见。这种评判意见会成为个体进行选择的标准。

4. 价值观与职业的关系

不同的职业在劳动的性质、强度、难度、条件、待遇上，都会有不同的区别，且职业的所有制形式、稳定性、发展趋势、经济性、社会性等方面都有差别，这就形成了各种差异化很大的职业体系。

个体对各种职业会产生极为不同的主观评价，这一方面是由个体的价值观决定，另一方面则是由职业差异决定，还有一方面是受传统思想观念影响，即不同职业在民众心中的声望和地位有高低之分，这些评价都会在一定程度上影响个体的职业价值观，甚至影响个体的职业方向和岗位的选择。

从此角度来看，价值观和职业的选择、职业生涯的规划息息相关，如个体的价值观影响了最初其对某职业的评价和认识，这种评价和认识虽然会随着个体对此职业的了解发生一定的改变，但最初的评价和认识非常容易占据绝对地位，并影响个体对职业的选择。

（二）职业价值观的类型划分

个体的理想、信念、期望及动力对职业的影响集中体现在职业价值观上。通俗来说，"人各有志"中的"志"表现在职业发展和选择方面就是职业价值观，即个体在职业生涯中表现出来的一种价值取向。通常个体的择业标准、职业评价就能够清晰地体现其职业价值观。

最为常见的十二类职业价值观，具体内容如下。

1. 兴趣特长类

拥有此类职业价值观通常是个体将自身兴趣和特长作为选择职业的最主要因素，并且可以在选择从事的工作中得到成就感和乐趣，甚至会为了从工作中获得成就感和乐趣，拒绝做不喜欢和不擅长的工作。

2. 收入财富类

拥有此类职业价值观的个体通常将薪酬作为选择工作的重要依据和因素，选择职业的目的或动力也主要源自对收入和财富的追求，希望通过薪酬提高生活质量，并彰显地位和身份。

3. 自由独立类

拥有此类职业价值观的个体通常渴望高自由度，充分掌握属于自己的时间

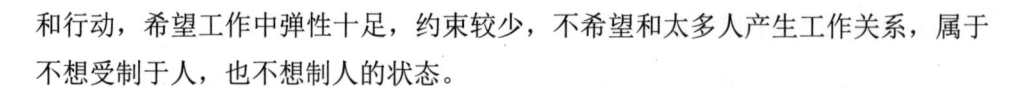

和行动,希望工作中弹性十足,约束较少,不希望和太多人产生工作关系,属于不想受制于人,也不想制人的状态。

4. 权力地位类

拥有此类职业价值观的个体渴望拥有较高的权力,并希望通过影响或控制他人,实现自身意志,同时会认为拥有较高的权力和地位才能够受人尊重,在获取权力和地位的过程中获得成就感和满足感。

5. 自我实现类

拥有此类职业价值观的个人在选择职业时,通常期望其能够为自身提供更多的平台和机会,以便使自身能力、技术等得到全面运用和施展。在运用自身能力、技术时,会得到满足感和成就感,从而感受到自我价值。

6. 自我成长类

此类职业价值观选择职业的最主要目标是给予其锻炼和培训的机会,能够丰富个人经验、阅历,提高能力,在获得更多经验的过程中得到满足。

7. 人际关系类

拥有此类职业价值观的个人会将工作过程中的人际关系看得极为重要,渴望创造一个和谐、友好且彼此关爱的工作环境,同样也希望能够在这样的工作环境中实现自身价值。

8. 环境舒适类

拥有此类职业价值观的个人将工作环境看得极为重要,只有在工作环境舒适宜人的情况下,才会感到舒心和宁静。

9. 身心健康类

拥有此类职业价值观的个人将自身身体、心理健康看得极为重要,无论选择哪种职业都会避免过度劳累、危险,同时也会避免工作中处于紧张、恐惧和焦虑的状态,身心健康就是其获得的最大成就。

10. 社会需求类

拥有此类职业价值观的个人通常会具有很强的社会意识,期望通过职业为集体和社会做出贡献,并响应组织和社会的号召。在做出贡献时,会获得极大的成就感。

11. 工作稳定类

拥有此类职业价值观的个人渴望较为稳定的工作，不希望遭遇由时代发展造成的职业变动或组织变化，追求的是职业稳定平安、避免奔波寻找机会等，能够稳定在某职业就会获得极大的成就感。

12. 追求新意类

拥有此类职业价值观的个人渴望更加丰富多彩的工作和生活，喜欢变化和创新，甚至希望工作内容经常出现变化。当长时间进行同一类工作内容时会感到单调枯燥，但新鲜的工作内容出现后就会极富激情。

（三）影响职业价值观的因素

影响个体职业价值观的因素主要有三个方面，分别是发展因素、保健因素和声望因素。

发展因素主要指的是和个人发展相关的各种职业要素，包括发挥才能、工作自主性、工作机会、竞争模式、工作挑战性、培训学习机会、晋升机会、专业方向、发展空间、产业趋势、与兴趣爱好的匹配度等，这些职业要素都和个人的提升、发展有巨大关系。

保健因素主要指的是与个人生活、福利待遇等相关的职业要素，包括工资待遇、福利待遇、保险待遇、职业发展稳定性、工作环境舒适度、交通条件、生活便利度、工作时长等，这些职业要素都和个人的生活保障相关，因此被称为保健因素。

声望因素主要指的是与个人职业声望或社会声望相关的职业要素，包括产业知名度、产业发展趋势、企业知名度、企业规模、产业社会地位、行政级别等，这些职业要素都和个人的职业或社会声望有关。

以上三个方面都会对个体的职业价值观产生影响，从而在其职业选择和职业衡量时产生影响，不过不同因素对职业价值观的影响程度有所不同，如有些个体对工作环境舒适度、交通条件的关注度极高，那么对应的职业条件就会成为个体是否选择该职业的决定性因素。

（四）大学生职业价值观的确立

不同的时代和社会发展背景下，个体的职业价值观、择业取向会有很大的差异。对大学生而言,不同的大学生拥有不同的生活阅历、家庭环境和思想观念,其生活的地域习惯和风俗也不同,同时每个大学生都有独特的兴趣爱好,因此最终的择业价值取向也会有很大的差距。

1. 大学生择业价值取向特征

大学生择业价值取向有以下几个特征。首先,大学生在职业追求方面更加注重职业是否能够实现个人价值,也就是说其会考虑职业对自身的影响较多,考虑职业的社会价值较少,即该职业能够为社会和国家产生何种价值。这其实是价值取向的失衡,在考虑职业对个人价值影响的基础上,还需要考虑到职业对社会和国家价值的影响。

其次,大学生在择业时会将经济收入和福利因素(经济利益)放在首位,这种择业价值取向会影响其对职业生涯方向的认知,甚至影响其职业生涯规划。相对而言,择业过程中,职业为个体带来的各个方面的影响都应该考虑在内,包括经济收入、未来发展、专业和能力的发挥、社会需求等,而不是将经济利益放在首位。

再次,大学生择业时,普遍向往发达地区,这在个人角度来看无可厚非,但对整个社会的发展存在极大弊端,很容易影响边远、贫困地区的发展和蜕变。

最后,大学生对职业方向的选择,可能会因为个体价值观的差异,而在学与用、生活目标与长远发展、物质享受与精神理想之间产生一定的冲突,从而将学习期间获得的知识与经历简单看作技能的获取,从而缺失在择业时应该具备的精神素质和文化底蕴。

2. 树立职业价值观的注意事项

大学生的高校学习生涯是进入社会职场前非常重要的准备阶段,在树立职业价值观的过程中,需要注意以下几方面的内容,从而为后续合理的职业生涯规划打下坚实的基础。

第一,要注意处理好职业报酬和职业价值观的关系。职业报酬是确立职业价值观时首要面对的内容,对于大学生而言,若家庭经济条件不好且生活中经济需求较大,那么将高职业报酬作为初期职业发展的主要需求并无过错,但部分刚毕业的大学生,其知识、能力、经验等无法匹配高报酬职业,所以进行职业选择时一定要避免"一夜暴富"的心理,前期需要理性降低对报酬的期望值,将眼光放长远，在满足基本经济需求的条件下，尽可能树立促进自我成长和自我实现的职业目标。

第二，要注意处理好兴趣爱好、特长与职业价值观的关系。个体的兴趣爱好、特长是职业生涯发展中的重要参考因素，作为大学生同样如此。因此，确定职业价值观时要慎重考虑是否与自身的兴趣爱好、特长适应和匹配，若选择与自身兴趣爱好、特长匹配的职业，能够充分调动个体潜能，形成职业发展原动力。

第三，要注意处理好职业价值观的排序和取舍。个体的职业价值观并非唯一，其会随着个体的发展、社会需求、目标追求、能力的提高等条件的变化而变动，也会因个体的欲望而多种多样。在进行职业选择时，个体不可能通过一个职业发展方向将所有目标和期望都实现，所以在选择过程中一定要懂得取舍。可以先将职业价值观按重要、次要、可有可无等排序，从而在进行职业选择时，目标更加清晰。

第四，要注意处理好个体与社会之间的依存关系。任何个体都无法离开社会独立存在，所以在进行职业选择时要将职业对社会的贡献和价值纳入职业价值观中，即在考虑个人需求和个人因素时，也要考虑到社会责任，从而推动个体选择更适合其发展，并且有助于社会发展的职业。

第五，要注意处理好个体名利的得失关系。追逐名和利是个体的基本欲望之一，尤其是职业发展中，追名逐利无可厚非，但必须要处理好名利得失的关系，不能一味追名逐利，却有损他人或社会发展，只有合理、合法、公正、公平地追名逐利，才能够在促进个体生活水平提高、精神满足的基础上，对社会产生益处。

四、职业能力探索

个体只有对自身能力拥有正确且较为客观的认识后，才能够在设计职业生涯规划、选择职业方向、确定职业发展目标和制订职业发展计划等方面得心应手，错误估计自身能力可能会令个体对自身的职业定位产生偏差，从而无法在职业生涯中更好地发展与成长。若对自身能力预估过高，且对自身能力的特点认识不准确，那么职业定位时就可能出现与自身不匹配的现象，在职业活动中就很难达到预期，最终陷入自我挫败感之中；若对自身能力预估过低，且对自身能力特点认识不准确，就容易浪费自身才能，无法得到更好的发展，从而难以获得成就感。

（一）认识个体能力

能力指的是个体顺利完成某项活动所需要的主观条件和水平，是个体在完成某个任务或目标过程中体现出来的素质。从其含义就可以看出，能力通常会和实践活动紧密联系，若离开实践活动就无法表现出个体的能力，也就无法使个体的能力得到提升。

1. 个体能力体系

个体能力是一个多能力融合的综合体系，每个人具备的能力都不仅有一种，而是多个方面，甚至是多个层面的内容，包括观察能力、组织能力、沟通能力、领导能力、创造能力、适应能力、联想能力、想象能力、记忆能力、号召能力、学习能力等。

如今是知识经济时代，新鲜的事物、知识层出不穷，因此学习能力是最重要的能力之一，只有不断学习才能够跟得上时代前进的步伐。

个体的能力体系中，通常会包含相对较强的能力，也包含一般的能力和较差的能力，最终这些能力以特定的结构结合，形成了个体能力。不同个体的能力结构也会有所不同，形成了具有极大差异的个体能力。

因为个体能力的差异，所以在各种实践活动中处理的方式方法也各不相同，也就出现了完成同类任务活动，但有不同的过程或结果的现象。例如，两个人都能够很好地完成同一团队的管理，但管理方式却有极大的差距。一人可能会通过个人的沟通能力、技术能力、教导能力等完成管理；另一人可能会通过信息收集和调查能力、分析能力、精准决策能力等来完成管理。

2. 提升个体能力的方式

可以通过以下三个步骤来提升个体的能力。

首先，需要了解自身能力的优劣，找到最突出的能力，并通过活动，分析其最需要的能力。将需要的能力分解，找到个体能力体系中最欠缺的部分，通过对欠缺能力和自身的分析，确定能力提升的目标。可以通过列表的方式来逐一寻找，这样需要提升的目标就会一目了然，努力的方向也就极为清晰。

其次，需要在罗列的目标的基础上，结合自身情况制订出提升对应能力的行动计划。制订计划时需要注意两个内容。一是剖析自身的知识结构和能力架构，从合理优化知识结构的角度来制订计划，因为知识结构和能力架构属于个体能力的核心基础，只有建立和完善合理、科学的知识结构和能力架构，才能有效提升自身能力。二是要尽可能发挥自身优势能力，使优势能力结合需求弥补对应的短板，令优势更优，呈现出压倒性特征，完善能力架构；若任务活动确实需要自身不擅长的某种能力，那就必须通过努力将该短板补齐，在满足任务需求的同时完善自身；若在努力后发现自身性格和习惯无法将短板补齐，那么就需要考虑转换职业道路。

最后，行动计划制订后，最重要的一步就是要将计划付诸行动，通过行动来锤炼自身。能力的形成虽然是基于知识的掌握和积累，但有了知识仅仅是纸上谈兵，还需要结合实践和行动才能将知识转化为最终的能力。需要注意的是，行动过程中，要将自己学到的知识、方法、工具等运用到实践中，并及时根据实践的反馈来完善知识结构，最终将其发展为能力。

（二）大学生的职业能力

职业能力是个体在顺利完成职业的各种活动时表现出来的较为稳定的心理特征和素质水平。大学生需要在了解职业能力构成的基础上，通过能力倾向测验来增加对自身能力体系的了解，从而在职业生涯规划和职业选择时能有所参考，并能根据职业现状来明确能力体系的改善方向，加强自身职业适应能力和职业应变能力。

1. 职业能力的构成

职业能力通常包含以下三大基本要素：步入职场后表现的职业素质，主要表现为基础职业能力；为胜任某职业必须具备的能力，主要表现为任职资格或专业能力；开始职业生涯后需要具备的职业生涯规划和管理能力，主要表现为职业能力。

（1）基础职业能力。基础职业能力指的是任何职业均需要具备的几种基本能力，包括表达能力、人际交往能力、实践能力、适应能力、创造能力、心理调控能力、管理能力、终身学习能力等。

表达能力可以细分为文字运用能力、语言运用能力、数学运用能力等。人际交往能力可以细分为团队协作能力、汇报能力、总结能力、基础沟通能力等。实践能力主要表现为行动能力，包括手眼协调能力、形体知觉能力、颜色分辨能力等。适应能力表现为环境适应能力、应变能力、危机化解能力等。创造能力主要表现为创新思维和行动,包括观察能力、洞察能力、探索能力、研究能力、分析、判断、最终解决问题的逻辑思维能力等。心理调控能力表现为遭遇挫折时良好的心理承受能力、快速调整心态的能力等。管理能力主要分两个部分:一是自我管理能力,即规划自身、制订计划、实施计划等能力;二是组织管理能力或团队领导能力,即运用管理知识影响组织或团队的活动,从而达成最佳工作目标的能力。终身学习能力指的是不断获得新知识的能力,这也是永远居于时代浪尖不被淘汰的重要能力,包括信息收集、信息处理、信息分析、信息转化等。

(2)任职资格或专业能力。任职资格或专业能力主要体现在不同职业的需求方面,这是求职者胜任岗位必须具备的工作能力,也是供职方对求职者较为硬性的要求。例如,应聘教师岗位,需要具备基本的教学能力,通常以教师资格证(任职资格)作为标准。对大学生而言,最基本的专业能力就是对应专业的任职资格证书和高校毕业证书等。

不同的职业通常需要不同的专业能力,因此大学生在进行职业生涯规划时,需要有针对性地匹配职业和专业能力,从而有计划地提升自身的专业能力,确保能够满足职业的专业需求。

(3)职业能力。职业能力综合了个体各方面的能力元素,在当前知识经济时代越来越受到关注,其主要包括以下四个方面。

首先是个体的职业道德,属于个人能力层面。随着中国社会和经济的快速发展,个体的诚信、社会责任心、品德等越来越受重视,个体拥有完善、正向的职业道德,很容易发展出爱岗敬业、工作负责的态度特征,属于影响其整个职业生涯发展的核心关键能力。

其次是个体的社会能力,属于行为准则层面,包括个体的沟通能力、协作能力、自律能力、公正的判断力、谦虚宽容的处世能力等,这些社会能力是个体胜任岗位,并在工作中不断提高、快速发展的重要条件。

再次是个体的方法能力,属于个人规划和行动层面,主要包括以下三个方面的内容:一是收集、筛选信息的能力;二是制订计划、独立决策和行动实施的能力;三是自我评价和自我反思的能力。这是个体实现终身学习,以及与职业生涯发展相匹配的基础条件。

最后是个体的跨界发展能力,属于个人开拓层面,是其在不同职业和岗位之间跨越的延伸条件。通俗来讲就是个体要拥有能满足多种职业需求的基础能力,如运用外语解决技术问题、进行交流的能力,应用计算机专业软件的能力等。

作为大学生,在毕业之前就应该具备一定的职业能力,以便适应步入社会之后的职业需求,职业能力分类及大学生应具备的职业能力如表1-3所示。

表1-3 职业能力分类及大学生应具备的职业能力

	三大基本要素	职业能力分类	对应的能力	大学生是否必备
职业能力分类	基础职业能力	表达能力	文字运用能力	是
			语言运用能力	
			数学运用能力	
		人际交往能力	团队协作能力	是
			汇报能力	否
			总结能力	否
			基础沟通能力	是
		实践能力	手眼协调能力	是
			形体知觉能力	
			颜色分辨能力	
		适应能力	环境适应能力	是
			应变能力	
			危机化解能力	
		创造能力	观察能力	是
			洞察能力	否
			探索能力	否
			研究能力	否
			逻辑思维能力	是
		心理调控能力	心理承受能力	是
			心态调整能力	—
		管理能力	自我管理能力	是
			组织管理能力或团队领导能力	—
		终身学习能力	信息收集能力	是
			信息处理能力	—
			信息分析能力	—
			信息转化能力	—
	任职资格或专业能力	职业需求的能力	各专业性能力(不同专业大学生所学的专业知识和技能转化)	是
		职业道德	基本诚信	是
			社会责任心	—
			品德	—
		社会能力	沟通	是
			协作能力	是
			自律能力	否
			公正的判断能力	是
			谦虚宽容的处世能力	否
	职业综合能力或关键能力	方法能力	收集、筛选信息的能力	是
			制订计划、独立决策和行动实施的能力	否
			准确自我评价和自我反思能力	否
		跨界发展能力	多职业基础能力	否

一定的职业能力是胜任某岗位的必备条件，高校大学生了解自身的职业能力，可以明确努力方向，这也是职业能力发展的前提和基础。大学生可以根据上表罗列的相关能力分析，有针对性地补齐短板，从而为职业生涯规划和未来职业生涯发展创造便利。

2. 大学生职业能力的培养

作为高校大学生，可以充分运用高校资源，有针对性地培养、提高职业能力。

（1）通过专业知识，学习、培养专业能力。通常大学生所学专业都对应特定的行业或职业，学习的专业理论、专业技术等是对应职业的核心内容。

专业知识的学习和强化需要从以下三个层面入手。首先是通过努力学习专业课程，能够更快地学习和掌握相关专业知识，即使步入社会后从事与该专业不相关的职业，广阔的知识结构也能够令其获得更多机会。

其次是加强理论研究能力，尤其是专业理论的学习，不能仅仅停留在课程学习层面，而是要结合实践来丰富专业理论架构，构建起完善的专业理论框架，从而以学校的理论学习为基础，在后续工作中继续学习更高深的专业知识。

最后是需要通过学校的社会实践和培训等，逐步将专业知识向专业能力转化。这需要大学生能够结合能力体系，在实践中积累经验，并运用专业知识，将之转化为专业能力，同时需要及时反思和查漏补缺，促进专业知识体系的完善和专业能力的形成。

（2）通过学习通识知识，开拓基础职业能力。大学阶段的通识知识通常是大学生在工作、学习、生活中必须具备的基本知识，也是其能够开展职业工作的前提。通识知识普遍具有广阔的适用范围，可以有效提高大学生的组织管理能力、适应能力、沟通协调能力、创新能力等，是大学生形成基础职业能力的核心。

具体可以从以下三个方面着手提升通识知识的积累，培养基础职业能力。

首先，需要广泛积累各方面知识。大学生应该注意不断拓宽知识面，构建出较为完善且稳定的知识框架，为知识的积累筑牢根基，这也是培养各种能力的前提。

其次，需要不断实践，在实践中运用所学知识，能力就是在这种不断实践的过程中培养、形成的，并在实践过程中表现出来。缺乏实践行动，再广博的知识也无法转化为个体的能力。

最后，需要适当挖掘和培养兴趣的驱动之下，才会付诸更多的精力去完善对应的知识体系，从而培养出对应的能力。大学生可以围绕自身专业，逐步挖掘和发展与其相关的兴趣爱好，并以兴趣爱好为契机和支点，加强各种知识的学习。在此过程中，大学生需要注意强化自身优势，以便以优势能力为核心，构建出能力体系。

（3）通过高校的社会实践，培养职业能力。实践对于能力的培养和形成极为重要，对大学生而言，在高校学习时可以获得很多优质的社会实践机会，如社团活动、勤工助学活动、毕业实习和见习等。

社团活动是高校校园文化的重要载体，更是大学生丰富校园生活、培养兴趣爱好、参与活动、扩充知识面和开阔眼界、扩大交友范围和提升沟通协调能力的重要渠道，大学生应该积极探索各种社团活动，寻找与自己兴趣爱好契合的实践内容并参与。

大学生的课余时间较充分，勤工助学活动不仅能够令大学生的课余丰富充实，而且能够提供劳动报酬，可有效减轻家庭的经济负担，另外还可以帮助大学生接触社会，为将来就业打下基础。

毕业实习和见习是大学生在高校学习期间非常重要的实践活动形式，通常由高校院系组织，能够为大学生提供社会实践的机会，同时大学生通过毕业实习和见习，能够提前了解产业、行业、职业，熟悉单位的工作方法和工作内容等，还可以向有经验的工作人员学习，对未来的职业生涯发展益处良多。

第二章 大学生职业生涯规划科学探究

大学阶段，是大学生职业生涯发展的重要准备阶段。在整个大学期间，大学生最主要的大学生活就是学习，能否很好地完成大学阶段的学习，能否让学习的知识成为未来职业生涯发展的动力和基础的关键，是制订一个合理的学业生涯规划，即针对提升和发展学业水平制订的规划，这也是职业生涯规划中至关重要的环节。

第一节 大学生职业生涯规划的内涵及影响因素

一、大学生职业生涯规划的内涵及原则

对大学生而言，职业生涯规划就是在对自我和职业世界认知的基础上，根据自己的专业技能、兴趣、性格、价值观，结合社会环境分析，对将来要从事的职业以及要达到的职业目标做出方向性选择，并制订出实现目标的可行性实施方案。或者说"职业生涯规划＝知己＋知彼＋选择"。对职业生涯进行规划，就是为自己的未来绘制一幅美好的图画。

毫无疑问，时间的流逝是单向运动，无法追回，人生之旅只发单程车票。任何人都希望自己在有生之年把握机遇，运筹帷幄，走向辉煌。所以，在制订个人职业生涯规划时，既要有挑战性，又要避免好高骛远，注意适时调整，更重要的是掌握制订个人职业生涯规划的重要原则。制订大学生职业生涯规划须遵守人职匹配原则、可操作性原则、时间性原则、动态发展性原则、全面评价原则五项基本原则。

（一）人职匹配原则

大学生在做职业生涯规划时，首要原则就是人职匹配。一定要认真了解个人与环境的现实情况，并对可能的发展尽量做出切实准备和预判，才能最大限度地达成个体因素与职业特征的最佳匹配。心理学研究告诉我们，世界上不存在完全相同的两个人，不同的个性让我们区别于他人，这种人与人之间的差异还体现在身心条件、生活经历、家庭背景等许多方面。同样，我们面对的职业世界也是纷繁复杂的，不管是职业的数量，还是职业的类型都表现出很大差异。从某种意义上说，职业生涯规划的最终目的就是要在这两个复杂的系统之间寻找具有一定联系的个体因素与职业特征。虽然这个过程十分复杂，甚至需要经历较长时间，并承担一定风险，但是只有最终达成这种因素的关联，才能真正实现人职匹配，个人职业发展也才能走上稳定上升的道路。职业生涯规划是一项因人而异的设计任务，没有适用于全体且统一的模式，必须在科学调研、准确预估的基础上针对个体的具体情况展开。

（二）可操作性原则

从某种意义上说，任何人或多或少都有关于自己职业发展的计划或设想，但也有很多只是空中楼阁，不切实际，一到具体实施就会出现各种问题，导致人们无法按照自己的设想继续下去，最终不得不放弃。因此，职业生涯规划必须要具备可操作性，要建立在可靠认知和调研的基础上，才能保证按照既定路线去实现目标。所谓职业生涯规划的可操作性应该包含三层内容，即具体性、可行性和可查性。具体性是指计划不能是一个模糊而庞大的梦想，而应该按照一定的标准（如时间）将其分解为许多可以预见的目标，并设定每一个目标完成需要进行的准备和操作；可行性是指计划的目标和路径必须是符合自己能力范围的，在规定的环境中通过自身努力最终能够达成的，且实现目标也能激发自身动机并满足一定需求；可查性，即计划的可检验性，任何计划即便考虑得再仔细也不可能完美无缺，因为现实情况是随时变化的，这就要求我们必须随时监控计划的实施情况，通过对效果的评价及时调整计划，因而计划必须要能够被检验，这样我们才能判断计划执行得好坏以及是否需要做出改进。

（三）时间性原则

我们的生命是有限的，所以时间性原则非常重要。规划中的每一个目标都要有两个时间，一个是开始时间，即什么时候开始为实现这个目标行动，而另一个是预计实现目标的时间。没有行动就永远达不到预期的目标，因而第一个时间比第二个时间更重要。

（四）动态发展性原则

人的职业发展经历一生中的大部分时间，跨越成年后的几乎所有年龄阶段，所以谓之职业人生也不为过。人的心理在不同的年龄阶段有着不同的发展和特征，职业心理也同样如此。一般情况下，职业发展的阶段与年龄发展的阶段是相对应的，如职业准备阶段、职业探索阶段、稳定发展阶段、职业退出阶段等。因此，职业生涯规划也必须依据各阶段的特点和需求制订对应的、切实可行的计划和目标，这就是职业生涯规划的动态发展性。常言道计划赶不上变化，对于跨越时间如此之长的职业生涯规划来说，更是体现得淋漓尽致。很多计划初期设计得很不错，但是随着年龄的增长、心理的发展、环境的改变，可能到某阶段时原计划已不再适用，这就需要根据新的情况调整甚至大幅改变原先的计划。从今天的社会现状来看，基本上没有任何职业生涯规划是丝毫不需要调整即可适用终生的。例如，某大学生在高考填志愿时十分想学土木工程专业，但当他工作后，发现预期与实际的差异而无法适应（心理契约违背）后，又通过考研成为一名教师，结果最后发现曾经十分排斥的教师职业原来如此适合自己。如此的情况应该说在许多大学生身上都发生过，所以认清职业生涯规划的动态发展性，随时监控，做好调整，才是更好地实践计划的关键。

（五）全面评价原则

全面评价原则是指对职业生涯进行全过程评价和全方位评价。人的发展是分阶段的，人的发展任务也是分阶段完成的，因而要注意对阶段目标成功完成与否的评价，使人在职业生涯发展的过程中不断有自我实现感。

许多人认为诸葛亮的职业生涯是失败的，因为他没有实现恢复汉室的心愿，但他却是中国人所推崇的"智慧的化身"。如果用全面评价的观点来考察诸葛亮的职业生涯，很明显，他智慧超人、业绩丰硕、千古流芳。

二、大学生职业生涯规划的影响因素

大学的生活和学习与其他阶段的生活和学习均有不同,其更具内涵,也更具锻炼力。通过制订合理的职业生涯规划,推动大学生树立全新的学习观念,并优化学习方法;也可以通过丰富多彩的大学生活和学习渠道,如社团活动和社会实践,得到锤炼,帮助大学生拥有更加优秀的能力和良好的素质。只有做好准备,才能够在走出校园后快速适应社会环境,抓住属于自己的机遇。

高校大学生制订职业生涯规划并非凭空设计,而是需要了解该规划的影响因素,通过合理调整影响因素,制订出最适合自身的职业生涯规划。综合而言,影响职业生涯规划的因素主要有两项,一项是个人因素,另一项是环境因素,而作为高校大学生,大学阶段的生活也会对职业生涯规划造成一定影响。

(一)影响职业生涯规划的个人因素

职业生涯规划的设计和制订是个体主观意识下的主动行为,因此影响其最终形成的最主要的因素就是个人因素,包括个人的职业价值观、个性特质及身心状况三项。

1. 个人的职业价值观

职业价值观指的是一个人的人生目标和人生态度在职业选择方面的具体体现,也可以说是个人对职业的认识和态度、对职业的追求和向往等内容综合影响下形成的一种观念。通常个人的理想、信念和世界观等都会对职业价值观产生一定影响,也会在个人的理想、信念和世界观中具体体现出来。

个人的职业价值观会通过个人对遭遇的客观事物及行为结果的作用、意义、效果、重要性等做出总体评价,并以评价为原则来推动和指引个人进行选择、做出决定、实施行动。职业价值观在个人的职业生涯发展过程中具有极为重要的作用,起到的是决定职业方向的靶向作用,往往超过个人的兴趣和性格对职业生涯发展造成的影响。

不同的职业具备不同的特性,不同的人会拥有不同的身心条件、教育状况、生活经历、家庭影响、年龄阅历等,这种综合性的因素会造成不同的人对职业有不同的主观评价。例如,对职业意义的认识、对职业好坏的取向等,这种主观评价就属于职业价值观,其决定个人的职业期望,也影响着职业方向的选择和职业目标的确立,甚至决定个人就业后的工作态度和努力程度。

为确定自身的职业价值观，可以深入思考并回答以下几个问题：感觉哪种职业好？感觉哪个岗位更适合自己？自己从事某项工作的具体目的是什么，渴望得到什么？这些问题的答案就是个人职业价值观的具体表现。

2. 个人的个性特质

影响个人职业生涯规划的个性特质包括性格、兴趣、气质和能力四个方面。

（1）个人的性格。个人的性格无论在职业生涯，还是生活之中都具有强大的作用。其指的是个人面对现实的态度，以及相应行为方式中所体现的比较稳定和具有核心意义的个性化心理特征，主要表现在个人对周围事件的态度、行为举止上。

不同的人会因为不同的经历、成长环境、知识层面、文化底蕴、道德观念等形成不同的性格，这就使每个人都拥有独特的性格，独特的性格造就了不同的职业生涯和人生经历。性格对职业生涯规划的影响极大，若选择了和性格不匹配的职业，就很容易出现无法适应的现象。

（2）个人的兴趣。个人的兴趣对职业生涯规划的影响巨大，可以说在设计和制订职业生涯规划时，乃至职业生涯发展过程中，个人的兴趣就如同一双无形的手，在潜移默化中影响和操控着职业生涯的发展。在进行职业生涯规划时兴趣是必须要考虑的重要因素之一，尤其是在进行职业选择时极为重要。

在现实中，有一部分人从事自己不感兴趣也不喜欢的工作，这就很容易导致职业边缘化和职业倦怠感，从而对个人的职业生涯发展产生负面影响。

（3）个人的气质。个人的气质是较为典型的表露在外的稳定心理特征，其包括人的心理活动速度（如感知、思维、语言速度等）、心理活动强度（如情绪体验能力、意志强弱等）、心理稳定性和灵活性（如注意力集中时间长短等）、心理指向性（如外向、内向等），这些心理特征的不同程度和组合模式，最终构成了个人的气质。进行职业生涯规划时，气质特性也会影响职业的选择和职业的发展。

相对而言，人的气质属于一种先天形成且受神经系统活动的特性制约的表象，属于人的天性，与生俱来，也不易改变，并无好坏之分，且与日常生活中常说的秉性、脾气、性情等含义较为相近。个人的性格是后天形成，易于改变，但先天的气质会更易使人形成某类性格，而性格也可以在一定程度上改变和掩饰气质。

人的气质是一个非常古老的心理学问题，现今比较常用的是古希腊医生希波克拉底提出的四种体液形成的四种气质学说，分别是多血质、胆汁质、黏液质、抑郁质。之后俄罗斯生理学家、心理学家伊凡·彼德罗维奇·巴甫洛夫创立了高级神经活动生理学，将高级神经活动分为四种类型与上述四种气质类型相对应。

具体的四种气质类型和四种高级神经活动类型，以及它们对应的外在表现如表2-1所示。

表2-1 气质类型高级神经活动类型及外在表现

气质类型	高级神经活动类型	神经系统基本特点	外在表现
多血质	活泼型	灵活、平衡、强神经系统	活泼好动、反应迅速、善于交际、敏感且注意力易转移、兴趣易变换
胆汁质	兴奋型	不平衡、强神经系统	直率热情、精力旺盛、行动敏捷、心境变化剧烈、情绪易冲动、性情较急躁不易自制
黏液质	安静型	不灵活、平衡、强神经系统	稳重安静、反应较缓慢、情绪不易外露、较为沉默寡言、善于忍耐、注意力稳定难以转移、自制力强
抑郁质	抑制型	弱神经系统	行动迟缓、感受敏锐且情绪易感性、体验深刻、较为孤僻、善于觉察细微、遇困难易优柔寡断

除以上气质分类外，中国古代也早就对气质进行过划分，如思想家孔子曾从类似气质的角度将人分为三类：狂者、狷者和中行者。狂者对客观事物的态度较为积极且进取心强，言行强烈且易于表现在外；狷者则比较拘谨，做事考虑较多，易于优柔寡断；中行者则是介于狂者和狷者之间，即中庸而行的人。

春秋战国时期，中国医学界曾根据阴阳五行学说将人的气质和体质形态分为太阴、少阴、太阳、少阳、阴阳和平五类，并根据五行法则将人分为金形、木形、水形、火形和土形五类。其分类基础和气质分类类似。

（4）个人的能力。个人的能力通常是个人完成工作任务的前提，也是影响工作效果的基本因素，即个人的能力和职业发展之间具备直接的关系。因此，在进行职业生涯规划之前，了解自身的能力倾向、明晰不同职业的能力需求，才能够进行合理的职业选择。

个人的能力不同，职业的选择也会有所差异。例如，有些职业会要求从业者具备一定学历，因为其需要一定的职业理论基础知识方能胜任；有些职业会要求从业者具备一定的从业经验，以及一定的独立工作技能等，只有拥有这些经验和技能方能胜任。

3. 个人的身心状况

影响大学生职业生涯规划的第三项个人因素就是个人的身心状况，其主要包括两个方面内容，一是身心健康状况，二是个人的性别和年龄。

身心健康状况对于职业的选择和发展非常重要，几乎所有职业都需要从业者拥有健康的体魄和心理，毕竟没有健康的体魄和心理，能力就很难施展，知识也难于运用。另外，有些职业还与个人的身心状况存在内在关系，如有些职业对个人的身高、体重、视力等有硬性要求；有些职业对个人的心理健康状况有要求，如需要个人拥有极强的应变能力等。

性别和年龄同样对职业生涯规划有重要的影响。性别在职业发展中扮演着非常重要的角色，有些特定的职业拥有极为严重的性别隔离，所以在进行职业生涯规划时不能忽视性别问题；不同的年龄阶段，对工作的态度和看法、对任务的适应力和调控力、对机会的把控力和勇气等均表现不同，古人所说三十而立、四十不惑、五十知天命等，体现在职业中就是态度、表现和经验。

（二）影响职业生涯规划的环境因素

虽然设计和制订职业生涯规划是个人的主动意识，但其不可避免地受到外界环境因素的影响，包括对职业的认识、对职业的评价、对未来的期望、职业的发展空间、能力的培养等。影响职业生涯规划的环境因素主要有以下四项。

1. 社会环境因素

社会环境因素是一个多方面元素相互影响下形成的平衡关系，包括社会经济发展水平、社会文化环境、政治氛围和制度、社会价值观念、市场管理体制、职业的社会认知和评价等。

社会环境因素会潜移默化地影响社会中岗位的数量、结构、层次、前景等，也会决定社会各层各界对不同岗位的接受程度、赞誉程度、认可程度等。这不仅会影响个人对职业的基本态度，也会影响个人步入职业生涯的基本方式，以及个人职业生涯的变化。例如，在如今的市场经济条件下，人才和用人单位之间是双向选择的职业关系，个人和单位均有选择的自主权。另外，市场经济条件会对行业和产业的现状、未来趋势、竞争情况产生影响，这些都会对个人的职业发展产生影响，因此在进行职业生涯规划时，必须要认真且谨慎。

2. 家庭环境因素

在个人成长过程中，家庭环境和成长经历都会对其产生影响，包括对职业的认知、性格的形成、人际关系的建立、价值观的完善等。不同的家庭环境和家庭教育方式，会导致个人认识世界的方法、认识世界的程度及角度不同。另外，家庭成员是孩子最早观察和模仿的对象，个人的成长中会受到家庭成员职业技能的熏陶和影响，甚至家庭成员的观念、性格等也会对子女的观念及性格产生影响。

因此，在职业发展过程中，个人需要深入认知自身，不断调整和修正职业发展方向，以便最终确定和自身最契合的职业理想、职业目标。

3. 社会资本因素

社会资本就是个人或团体之间的各种关联，包括社会网络、人际关系、个人所处社会结构的位置所带来的资源等。个人拥有的社会资本会对其职业发展产生巨大的影响。例如，信息不对称会阻碍个人与就业岗位的有效匹配，而拥有就业岗位信息和资源的人则可以为求职者提供对应的职业岗位信息，从而缩短个人的失业期限、节约搜索就业信息的时间等。

社会资本不仅对个人的职业发展产生一定积极影响，也会对局部群体中的人造成消极影响，如某些群体中会形成具有狭隘性的社会认知，导致个人无法真正认知社会情况。因此，在职业发展过程中，个人运用社会资本时要注意扬长避短，避免以偏概全。

4. 重要他人因素

除以上环境因素外，还有一个环境因素会潜移默化地影响个人的职业生涯规划，那就是职业生涯及生活中的重要他人因素。这里所说的重要他人，包括职场贵人、朋友、同龄群体、榜样事迹等，这些重要他人的生命历程、工作态度、行为特点、认知模式、价值观等，都或多或少会对个人产生影响，尤其是对职业的偏好、选择、认知等方面影响颇深。

大学生所处的职业发展阶段属于职业探索期，这是影响大学生未来职业生涯发展的关键阶段，也是设计和制订职业生涯规划的关键准备阶段。在大学阶段，大学生应该完成的职业生涯发展任务就是探索自我、了解自我，并逐步确定职业偏好、培养对应能力，在所选择的职业领域起步，了解和提升职业素质，为毕业时的角色转换、职场适应打下基础。

整体来分析，大学阶段的大学生应该经过以下四个阶段来完成对职业的探索，包括适应期、准备期、提升期、完善期。

适应期就是首先适应大学学习和生活，完成中学生向大学生的角色转变，适应大学的学习特点，然后深入了解自身的性格、兴趣、能力、价值观等，最后需要对自身专业的发展、趋势、职业族群、岗位等进行初步了解。

准备期则是初步确定职业发展方向的重要阶段，首先需要对未来职业生涯进行思考和初步确定，然后根据确定的方向培养自身对应的能力、技术、素质等，不同的发展方向需要不同的知识和能力，也需要匹配不同的素质和特性，因此会对之后的大学生生涯产生影响，如影响学习和活动的侧重点等。此阶段的大学生可以通过大学生活动、社团活动、兼职工作等来培养和锻炼自己，提高职业责任感、工作主动性、职场受挫力等，养成不断反思、完善自己的习惯，在积累职业经验的同时，探索性地锁定未来职业，并以此为方向进行职业化塑造和提高。

提升期是在锁定未来职业后，提升对应的职业修养、职业素质、职业能力等，并做好未来职业发展的准备，包括与未来职业相关的职业资格证书、职业技能鉴定等，也可以积极主动地联系对应职业岗位，寻求了解职业岗位和单位运营情况的机会，为未来的职业生涯发展奠定基础。

完善期则是从心态上完成从大学生到职业人的角色转换，尤其是明确职业生涯发展方向、锁定未来职业岗位、做好初步职业生涯规划后，要积极准备迎接正式的职业生涯，包括准备简历、了解求职技巧、模拟面试、搜索就业信息等，以便及时了解职业发展动态。

第二节 大学生职业生涯规划的步骤和内容

大学生职业生涯规划是一个周而复始的连续过程，包括自我认知与评价、职业环境探索、职业生涯目标确立、职业路径决策、制订职业生涯方案、实施方案、评估与调整七个具体步骤和内容。

一、自我认知与评价

俗话说，"知己知彼，百战不殆。"对于大学生职业生涯规划来说，"知己"

就是通过自我认知与评价达到的，这也是职业生涯规划中的首要工作。自我认知与评价要求大学生必须对自己做到准确、全面、客观、深入的了解，还要对自己将来的发展有一个预估。自我评估的内容很多，如个性、职业兴趣、人际关系状况、家庭背景、优缺点、知识经验丰富程度、技能水平、情绪智力、心理韧性、各种已取得资格的价值等。通过这一步工作，我们应该要解答"我拥有什么""我要什么""我可能达到如何的水平"等问题。

自我认知与评价包含了两个方面的内容。一方面是认知，是对自己和有关职业发展的所有信息的搜集与认识；另一方面是评价，是在搜集与认识的基础上，对自己当前各方面的情况进行优劣判断，并预估未来可能的发展。自我认知与评价工作是职业生涯规划的基础，它为我们的职业决策提供依据。因此，如果搜集的信息不完整，判断与认识不够充分，或是基于信息的预估有偏差，都可能影响职业生涯发展的速度、难度及最终结果。

那么，我们具体该如何进行自我认知与评价呢？自我评估的方法很多，除了基本的自省法，还可以借助自我评估工具、问卷测评、他人评价等方法。需要注意的是，不管采用何种方法，都要经过多次验证和深入探索，务必做到严谨、求真、仔细，最好是采用不同方法反复验证，不要草率做出评价。如在自我评估的基础上，最好让他人加以评价，这样可以避免评估的主观性和片面性，千万不能犯"以点代面""想当然""伪科学"等错误。

二、职业环境探索

个体都是作为社会人而存在的，在任何地点、任何时间都身兼多种社会角色。以大学生为例，他们在学校背景下是同学、大学生，在家庭背景下是子女、兄弟姐妹，在某个社会兼职背景下又是同事、下属，此外他们还可以是朋友、爱人等许多角色。毫不夸张地说，每个人随时随地都在受社会背景和关系的影响。因此，要做好职业生涯规划，当然也离不开对个体所处环境各种因素的了解与评估。对于职业发展来说，这些因素中与职业生涯有关的因素更是关注的重点，我们把与这些因素有关的环境称为职业环境。职业环境具体包括（企业）组织环境以及与职业发展有关的社会环境，如经济技术环境、人力资源环境、文化教育环境等。

自我认知与评价是职业生涯规划的首要工作之一，另一个工作就是职业环境探索。前者我们称为职业生涯规划中的"知己"，而后者则是"知彼"的工作。

虽然关于这两个工作到底先做哪一个存在不同的观点，但从逻辑与实际的角度分析，是不可能完全做好两者中任何一个后才去考虑另一个的。自我探索与职业环境探索应该是相互制约、相互关联、同时并进的两项基础工作。只考虑职业环境，可能最终决策并不能满足个体需要；而只关注个体，后面可能会发现现实环境根本无法适应个体发展。所以，只有将两者同时考虑，相互协调，适当合理地调整，才能达成真正的匹配，所做的职业决策才有可能是既满足个体需要，又能适应环境现实的。

职业环境为我们的职业发展提供了空间、机会、条件和可能性，特别是信息科技迅速发展的当今社会，谁能很好地把控环境，必然有助于其职业生涯的顺利发展。职业环境探索涉及的主要内容包括相关社会环境分析、行业环境分析、企业（组织）环境分析。

（一）社会环境分析

社会环境分析具有很强的时效性。

第一，经济环境的分析。分析经济政策的变化、经济的景气度、产业结构的调整、区域状况及经济发展水平等对自己所选职业的影响。

第二，社会文化环境的分析。分析社会政策、科技发展、价值观取向、法律状况、人才市场需求等。在良好的社会文化环境中，个人在学习、进修、深造等方面都可以得到更好的教育和熏陶，从而为职业发展打下更好的基础。

（二）行业环境分析

俗话说："女怕嫁错郎，男怕入错行。"选择行业是每个人一生中的重要决定。企业所属的行业环境将直接影响企业发展，进而会影响个人职业发展。行业环境分为行业发展现状和行业发展前景两部分。比如，目标行业是朝阳产业还是夕阳产业？国内外重大事件对其影响如何？国家的相关政策如何？行业自身竞争力怎样？总之，通过分析和了解影响职业生涯的行业因素，有利于个人选择有发展前途的行业和职业，有助于个人职业目标更好地实现。

（三）企业（组织）环境分析

通过对企业内部环境的分析，可以了解企业资本环境和其在新的发展领域

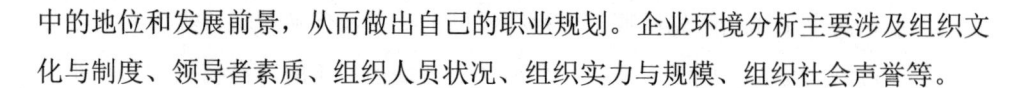

中的地位和发展前景，从而做出自己的职业规划。企业环境分析主要涉及组织文化与制度、领导者素质、组织人员状况、组织实力与规模、组织社会声誉等。

三、职业生涯目标确立

（一）职业生涯目标的概念

职业生涯目标是指个体渴望获得的与职业相关的结果，是个体所选定的职业领域在未来某个时刻所要达到的具体成就。设定职业生涯目标是职业生涯规划的核心内容，具体表现在：

（1）有助于激励个体朝向目标努力的坚持度。

（2）有助于个体选择实现目标的战略战术。

（3）有助于个体的职业生涯成功，影响和引领个体现实的行为表达方式。

（4）有助于个体衡量自己行为结果的有效性，提供即时性的积极反馈。

大学生的职业生涯目标是指大学生根据社会期望和自身发展的需要，选择的自我奋斗目标和发展方向，它不仅为大学生的自我发展提供导向作用，而且能够充分调动大学生的积极性、主动性和创造性。

（二）职业生涯目标的类型

1. 概念性职业生涯目标

概念性职业生涯目标属于哲学层次上的目标，与具体的工作和职位无关，它所表达的是工作任务的性质、场所和全部的生活方式，反映的是个体的价值观、兴趣、才能和生活方式偏好。

2. 操作性职业生涯目标

操作性职业生涯目标是将概念性职业生涯目标转换为一种具体的工作或岗位，如获得某公司市场调研部经理或市场总监的职位。在设计职业生涯目标时，个体要在概念性和操作性这两个目标层次上进行认真分析和权衡。

3. 短期与长期的职业生涯目标

从时间纬度看，职业生涯目标可以分为短期目标与长期目标，长期目标的时间跨度是5～7年，短期目标的时间跨度是1～3年。

（三）职业生涯目标的设定

据调查，大学生群体中有明确职业目标的占13%，有职业目标但不是很明确的占25%，没有明确职业目标的达到62%。这个调查结果反映了当前大学生求职过程中的心理困惑和行为盲目，暴露了大学生职业生涯目标的严重缺失。职业生涯目标设定程序如下。

1. 选择职业生涯发展路线

职业生涯发展路线是指一个人未来的职业发展方向。不同的生涯发展路线对从业者的素质要求有所不同，影响日后的生涯发展阶梯。生涯发展路线呈现为一个自下而上的职业阶梯，如大学教师的生涯发展路线是助教—讲师—副教授—教授，企业财务人员的职业发展路线是会计员—主管会计师—财务部经理—公司财务总监。

不同素质的个体所适合的职业生涯发展路线有所不同。例如，有人适合从事研究工作，可在科学技术领域获得突破；有人适合管理岗位，可成为一名优秀的管理者或领导者。职业生涯发展路线的类型有以下几种。

第一，专业技术型路线。这是一种技术职能取向的专业路线，需要从业者具备特定的知识、能力和技术，尤其是良好的分析与综合能力。

第二，行政管理型路线。这是一种管理职能取向的路线，以不同的管理岗位为目标，对一个人的综合素质，尤其是人际交往技能的要求较高，其生涯发展阶梯一般是从基层职能部门开始，然后向中级部门和高级部门逐步提升，管理权限越大，所承担的责任也相应增加。

第三，自我创业型路线。这是一种以自主选择和自由发展为特色的生涯阶梯。自我创业型路线客观上要求具备创业的良好机会和适宜创业的社会土壤，主观上则需要创业人员具有较高的创造性、强烈的成就动机、较高的心理素质和承担风险的意识与能力，并且善于开拓新领域、新产品和新思维。

2. 选择职业生涯目标

职业生涯规划需要设立一个有效而可行的目标。职业生涯目标要符合如下要求：①为每一个行为设定明确的方向；②反映一个人的真正追求和真实需要，便于科学地管理时间；③立足现在和利于未来发展相结合；④清晰地评价每一个具体行为的效率、效能和进展状况；⑤结果导向重于过程导向；⑥结果具有可预见性,以产生持续的信心、热情和动力;⑦具体、明确而不空泛;⑧高低适度,不宜好高骛远;⑨兼顾平衡,与生活目标有机结合。

(四)职业生涯目标的实施

1. 目标分解

职业生涯目标可分解为一系列易于达成的阶段性目标。所谓目标分解,就是将目标清晰化、具体化的过程,它是将目标量化为可操作的行动方案的有效手段,是根据观念、知识和能力差距将职业生涯远大目标分解为有时间限定的长、中、短期分目标,直至将目标细化为某个具体目标且可以采取的具体行为。目标分解有助于个体在现实环境和自我愿望之间搭建拾级而上的路径。

2. 目标组合

目标组合是一种处理不同目标之间相互关系的有效方法。个体如果只关注目标之间的排斥性,就会在不同目标之间做出排他性选择;如果能看到目标之间的因果关系与互补性,就能够进行不同目标之间的组合。

(五)职业生涯目标的评价与反馈

职业生涯目标的评价与反馈是指个体依据内外环境因素所做出的一种动态的和适应性的评估过程。在职业生涯目标实施的进程中,社会文化环境、组织环境、市场机遇、自我都会经常发生某些变化,有些变化还会超出个体的预料,这无不影响着一个人的职业生涯发展,有时甚至会令其感到束手无策,直接影响其生涯规划的执行过程,乃至使其生涯目标的实际结果偏离原来的生涯目标,这在客观上需要个体不断有效地调整实施策略和生涯目标,做出动态的科学评价与即时反馈。因此,职业生涯目标的评价与反馈的目的在于,让自己时刻保持一种最佳状态,在生涯道路上克服各种障碍,走得更直、更稳和更快,实现可持续发展。

四、职业路径决策

职业目标确立以后,接下来就是制订达成目标的路径。就如同解决问题一样,达成目标也可能存在许多不同的路径,正所谓"条条大路通罗马",就是职业路径决策的真实写照。对这两个不同的个体来说,在许多可以选择的职业路径中,最佳路径可能会不一样。如何达到最佳,这就需要对备选路径所涉及的行业、企业(组织)、地域背景、时间安排等进行比较和评估。

每个人的具体情况不同，所面临的问题也可能不同，在现实中也有不同的职业发展路径适应不同的个体。职业生涯路径规划了一个人从什么方向、如何发展、如何实现职业目标。方向选择不同，所对应的要求也就不同，具体需要解决的问题也不一样。许多学者和管理实践者都对职业路径进行过深入的研究，比较有代表性的路径如表2-2所示。

表2-2 几种典型的职业生涯路径

类型	典型特征	职业愿景	典型职业	职业提升路线举例
技术型	职业的目标主要定位于技术能力的提升，比较关注工作中实际操作层面的内容，以技术水平的高低为价值评价的标准，不愿意承担社会性或管理性工作	达到本专业技能水平的高峰，得到同行的认可，成为行业技术专家	工程技术、财务分析、营销、计划、系统分析等	助理工程师—工程师—高级工程师—教授级工程师
仕途型	注重培养自己人际交往、沟通协调、领导管理的能力，具有承担责任和风险的魄力，有一定的决策能力，以权力或威信作为评价职业成功的标准	承担更多责任，获取更大权力，管理更多人才和资源，获得人们的尊重与追捧	政府机构、企业组织及其各部门的主要负责人	销售员—销售主管—销售经理—总经理
安稳型	从众，依赖组织，力求职业安稳，不愿意转换工作岗位，做事认真，兢兢业业，担心失去工作，职业发展按部就班，没有太多苛求，有回避风险与责任的倾向	稳定长期的工作环境，融洽的组织氛围，良好的生活状态，平稳的工作提升	教师、医生、研究人员、勤杂人员	助教—讲师—副教授—教授
创造型	喜欢有自主和创造的空间，愿意承担有挑战性的任务，爱冒险和创新，总是对新事物充满好奇，常常更换工作环境，以是否能接触和完成新的目标为职业发展的方向	能拥有自己的发明、创造或是观点，有属于自己的而不同于任何人的职业成就	发明家、风险性投资者、产品开发人员、作家	因为经常性地变化职业或工作内容，所以没有明显的职业上升轨道，一般以新成果的数量和影响力来评价职业水平的提升

除了表2-2所列的职业路径外，还有很多职业发展的路径类型。例如，以学术水平提升为职业发展导向的学术型路径，如教师和科研人员在工作的同时，以学位提升为职业愿景（本科—硕士—博士—更多学位和多种形式的进修）；以追求自由、宽松、可控的工作状态为目标的自由型路径等。

五、制订职业生涯方案

职业生涯方案的制订主要包括三个部分：确定自我条件与职业要求之间的差距、寻找消除差距的具体路径和方法、确定实施方案的具体步骤与所需时间。

另外，在制订职业生涯方案时，还需照顾到经验获取、人际关系培养、心理素质提升等方面。总之，职业生涯规划方案的制订是仔细考量、反复验证、不断调整的过程。

六、实施方案

职业目标确立、具体方案确定后，接下来就是按照方案进行实践了。"实践是检验真理的唯一标准"，当然实践也是检验方案可行性和效果的唯一有效的途径。也只有通过方案的实施才能发现可能存在的问题，并加以调整，使之更加合理，并逐步向职业目标靠近。职业生涯规划的实施过程包含了个体的各种工作经历和体验，如实际操作、参加培训、学习深造、人际交流等。再好的方案，如果不去落实，一切都只是纸上谈兵。爱迪生在75岁时还坚持每天准时去实验室上班，当被问及什么时候退休时，他十分风趣地回应说，自己活到这个年纪却一直没顾上考虑这个问题。在爱迪生84年的人生中，一共有1100多项发明，他这样归纳自己成功的原因："有人认为我成功是因为所谓的天赋，但其实这并不是原因所在。只要是思维正常的人，都可以通过努力行动获得与我一样的成就。"正如爱迪生的名言——"天才是百分之一的灵感加上百分之九十九的汗水"所说明的道理一样，职业生涯规划的重点在于执行，也只有通过具体的行动才能实现哪怕最小的目标。

七、评估与调整

俗话说，"计划赶不上变化"。职业生涯经历的时间较长，几乎涵盖了人一生三分之二的时间，涉及的影响因素又复杂众多，具有一定的偶然性，且人与人之间还存在较大差异，因而对职业生涯规划的评估与调整也就必然涉及职业发展的全部过程。通过适时合理的评估与调整，可以不断修正我们的生涯规划，使之更加适应当时、当地的现实情况，规划也会变得更加行之有效。个体对计划的调整和修订，既可以是针对某个阶段性目标或其实施方案的，也可以是针对总目标的，甚至在极端情况下，可以是对整个职业目标和方案的重新制订，但这一切都必须遵循符合个体实际情况与客观现实的需要。

职业生涯的过程，也是需要用科学发展观来指导的。与职业发展有关的诸多因素都处于发展变化之中，因而职业生涯规划也必然要随着时间的推移而变化，才能适应社会发展的现实。正如 20 年前我们无法想象今天社会的发展状况一样，在当时制订的职业生涯规划也必然难以适应今天社会的需要，为了能保持职业的继续提升，我们就必须对当初的规划做出调整。其实，在现实的工作中，对职业生涯规划的调整每时每刻都在发生着，只是有些影响较大，甚至是方向性的改变；有些则很微小，只是一个具体内容或行为的适当调整。

总之，在实施职业生涯规划的过程中，大学生必须时刻自觉地总结经验和教训，评估职业生涯规划，不断搜集与评价信息和各种因素，修正自我认知，通过实践的反馈，对规划做出合理适当的修正，缩小乃至消除各种理想与现实的偏差，保证职业生涯规划的行之有效。

第三节　大学生职业生涯规划的方法探究

设计和制订职业生涯规划的方法有很多种，这里讨论几种较为适合高校大学生进行职业生涯规划的方法。

一、5W 归零思考法

5W 归零思考法就是对五个问题进行归零思考，完成五个归零问题的回答后，找到答案中的共同点，就能拥有适合自身的职业目标，从而设计出自己的职业生涯规划。

（一）问题：我是谁？

回答该问题需要静下心来，仔细和深入地对自己进行一次较为深刻的反思和认识，要直面自身，真实且清醒地将自己的优点、缺点、性格等一一罗列出来，尽量做到完全剖析自己，尽可能地将所有答案列出，然后按照列出内容的重要性进行排序。

（二）问题：我想做什么？

此问题是对自身职业发展的心理趋向进行深入的检查和剖析，因为每个人在不同的年龄阶段、不同的认知层次下产生的兴趣和渴求的目标有所不同，有些甚至会完全对立，为了尽可能地完善职业发展心理趋向的分析，可以追溯到儿童时期，然后从儿童时期初次萌生的"想做什么"的念头开始记录，根据时间线将自己真心向往的事都罗列出来。

有些兴趣和目标虽然萌生于时间线的初期，却会随着年龄、阅历、能力的增长而逐渐固定，将所有罗列出的事排序就能大体分析出潜意识中最期望实现和做到的事，将之目标化就会成为终生理想。

（三）问题：我能做什么？

此问题是对自身已拥有的能力和潜力进行全面的总结和分析，可以将已经验证的能力罗列出来，然后将自认为能够挖掘和开发出的潜力也罗列出来。

人的职业定位基于个人的能力，而职业的发展空间和提升空间取决于个人的潜力，所以罗列出已有能力可以明确职业定位，而通过自身潜力则可以推论出职业发展空间。自身潜力可以通过几个方面入手分析：对事物的兴趣，兴趣越大，提升空间越大；做事的韧性，韧性越足，成长空间越大；知识结构，知识结构越扎实、知识内容越全面、知识更新越及时，潜力空间越广阔。

（四）问题：环境允许或支持我做什么？

这里所指的环境，包括社会环境、政策方向、地方经济状况、地方企业制度、职业人事政策、职业自身潜力等各个客观方面的内容，还包括对应的主观方面的内容，如社会人际关系、亲属关系、职场领导关系、职场同事关系、朋友关系等。

在回答该问题时需要将上述的环境内容综合分析，可以先罗列出来，然后思考、记录，并明确自己能够获得的支持，根据重要性、可能性排序。

（五）问题：我的职业目标是什么？

应在前四个问题已经回答并清晰罗列的基础上回答此问题。可以先从前四个问题的回答中找出对实现对应目标（第二个问题的答案）有利的条件和不利的条件，然后通过分析找出实现该目标时，不利条件最少、自己想做、自身能力和潜力能够实现的目标，这就可以作为职业目标的框架，也可以称为职业生涯的发展方向。

完成上述实现的五个问题后，需要以找到的职业目标、职业发展方向为核心，以自身期望的时间阶段为周期（可以是3年，也可以是5年，乃至10年）对职业目标进行细化，提出对应的近期目标、中期目标和远期目标。

将阶段性目标分解为每年目标、季度目标、每月目标。以近期目标为例，应该继续细化为周目标，甚至是每日目标，这样就能够极为清晰地罗列出自己实现近期目标应该努力的方向，根据这些细化的目标制订对应的行动方案，并在制订完成后立刻行动起来。

每日目标完成后，需要在每日结束时对目标和自身情况进行对照和反省，总结当日成就、失误、缺陷、经验、教训等，修正后续每日目标行动方案。这样可以拥有详细且具有极强行动力的职业生涯规划。职业目标规划模式如图2-1所示。

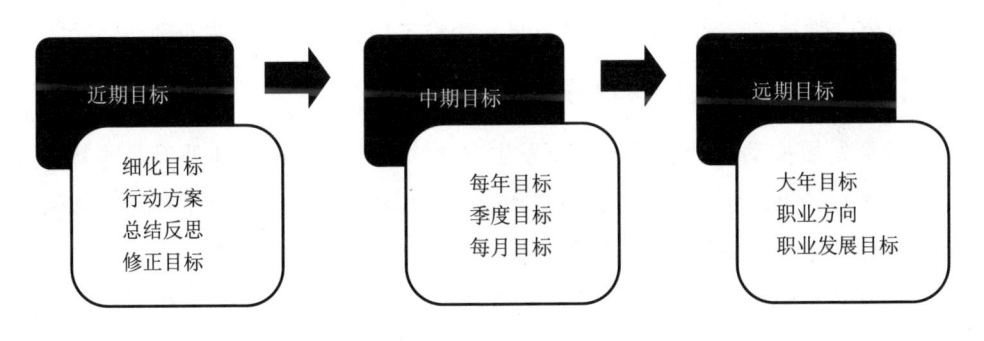

图2-1　职业目标规划模式

二、SWOT分析法

SWOT分析法是市场营销管理领域广泛应用的一种分析工具，能够帮助决策者在市场竞争环境下制订出适合企业发展的竞争策略。其也可以运用于职业生涯规划范畴，毕竟在设计和制订职业生涯规划时需要充分了解自身和外界环境，然后根据自身的特性来分析和评估各因素对职业生涯的影响，这种分析和评估较为复杂，运用SWOT分析法则能有效做到分析和评估。

SWOT分析法中S代表的是优势，W代表的是劣势（弱势），O代表的是外部机会，T代表的是外界威胁。前两项为内在因素，后两项则为外在因素。通过该分析法，个人能够比较清晰地分析自身的优势和弱势，也能够将优劣与外界环境及机会进行综合分析，从而可以详细评估出较为适宜自身发展的职业道路。具体分析和评估需遵循以下步骤。

（一）分析自身优势和缺点

社会的快速发展推动社会分工进一步细化，职业分类也越来越详细，因此个人需要找到自己较为突出的优势和才能，以便弥补自身的不足，从而找到最适宜自身发展的职业方向和职业目标。

可以通过列表的形式，分析自身优势和劣势，其中需要注意的一点是，自身的优势和劣势需要放在同等重要的位置，以便后续有针对性地弥补、提高。列表可以分两栏进行罗列：一栏列出自己喜欢的事情、优势和能力，也列出自身较为擅长的事情；另一栏则列出自己不喜欢的事情、劣势和缺点，也列出自己讨厌和宁愿放弃的事情。然后根据外部机会和外界威胁分析，有针对性地提升优势栏中的内容，弥补劣势和缺点栏中的不足，放弃不擅长和讨厌的职业领域。

（二）分析外部机会和外界威胁

社会发展推动着社会环境不断发生变化，分析外部机会和外界威胁就是要找出不同的产业、行业、职业、职位和岗位在此环境之下会面临的机遇和威胁，精准地对产业方向和职业方向进行分析，才能够做出正确的决策。

同样可以通过列表的形式，将与自身优势、兴趣、性格、理想方向对应的职业领域详细地罗列，内容包括职业领域的政策导向、发展趋势、市场情况、职业发展模式等。可以将列表分为两栏，一栏是积极的外部因素，另一栏是外部的威胁，从而为后期决策提供充分的信息。例如，选择的职业领域近期不景气，那该领域能够提供的工作职位必然会减少，晋升的机会也会较少；而职业领域内积极的外部因素较多，如有政策扶持、市场潜力巨大、未来大势所趋等，那么该职业领域就会为个人提供更加广阔的职业前进道路和更多的发展机会。

（三）构建 SWOT 矩阵

前期分析的内容，主要是罗列出的内部因素和外部因素，可以将这些信息恰当排序，通常运用的排序方式是以轻重缓急、影响程度等为依据。可以先选择自身期望的职业领域，然后将各因素中对职业领域的发展有直接、重要、迫切、久远、深刻的影响因素优先排列，将对职业领域的发展有间接、少量、缓慢、短暂、次要的影响因素排列在后，并将职业领域发展的阻碍、危机因素排列在另一栏。

可以根据矩阵来综合分析，通过寻找弱化危机和排除阻碍的因素来减少影响职业领域正向发展的弊端，以及寻找推动职业领域正向发展的因素，制订行动方案，最终形成合理的职业生涯规划。

三、生涯金三角规划法

生涯金三角规划法的目的是通过科学的方式决策个人的职业目标，再根据职业目标来有针对性地制订职业生涯规划。此规划法是由美国伊利诺伊大学教授斯威恩针对职业生涯规划提出的金三角图形。其认为制订职业生涯规划时需要根据三个因素进行考量，包括个人因素（自我）、信息因素（教育与职业资料）和环境因素（环境）。其中，个人因素包括个人的能力、兴趣、价值观、健康程度、性向等；信息因素包括职业类别、产业发展趋势、职业情况、教育模式等；环境因素包括社会潮流、经济情况、地域发展、家庭状况、社交关系等。

个人因素是通过对自身的认知和剖析进行自我评估；信息因素是通过对职业内容和情况进行分析，寻找期望的职业方向，并通过建立对应的职业榜样来发展对职业的认同；环境因素是为了通过对家庭和社会背景等内容的分析来推断助力和阻力。个人通过以上三个因素的综合作用，建立职业生涯目标。生涯金三角规划法建立职业目标的具体方法如图2-2所示。

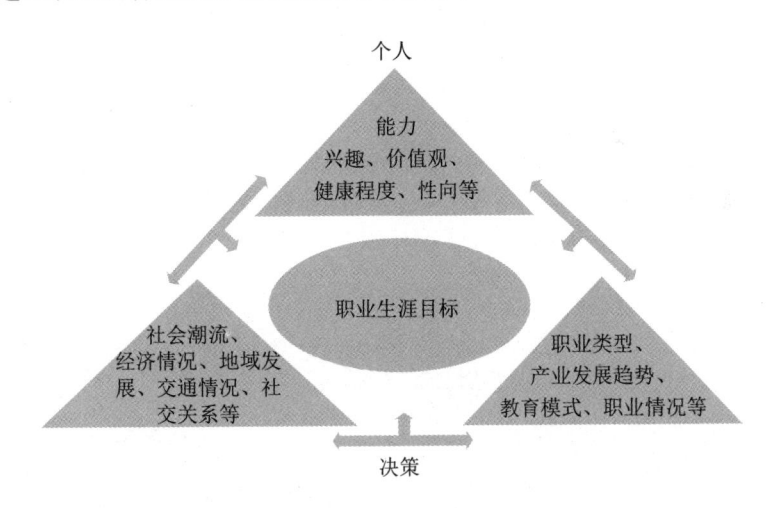

图2-2 生涯金三角规划法建立职业生涯目标的具体方法

第三章 大学生就业准备与求职技巧

第一节 大学生就业前的求职准备

高校大学生在求职过程中，最初被用人单位看到的就是推荐材料，其就如同大学生就业的敲门砖，只有准备的推荐材料足够吸引人，使用人单位产生兴趣，才能够进入面试阶段及最终的录用抉择。

大学生的推荐材料最主要的有三项内容，分别是封面、自荐信或推荐信、个人简历。

一、推荐材料的封面

个体的推荐材料，尤其是纸质版的推荐材料，需要用简洁明快的封面对其进行简易的包装，一方面是对求职的重视，另一方面是对用人单位的尊重。

通常情况下，推荐材料的封面风格要秉承标题明确、简洁明快、图案点缀的特点，可在封面上注明标题"自荐书"，并按恰当的排版顺序写明姓名、院校、专业、联系方式等。当然可以运用一些小技巧提升封面的引人效果，但不宜过度，同时也需要针对职业方向进行抉择和匹配。

二、自荐信或推荐信的准备

推荐信通常有两类，一类是自荐信；另一类是他人推荐信。自荐信通常由个体自己来制作和书写，而他人推荐信的种类较多，如学校就业指导服务中心统一制作的就业推荐表、个体参与校园或校外实践活动后得到的推荐信等。

（一）自荐信

自荐信，通俗而言就是求职者写给用人单位的信，目的是通过自荐信来帮助对方快速对求职者有所了解，从而产生较好的初印象，为后续的面试和继续沟通奠定基础。

自荐信需要用精练的语言展示自己，态度需要诚恳、谦虚、大方得体。自荐信最大的作用就是建立个体与用人单位的沟通桥梁，通过书面的沟通来相互认识和了解，并以此为跳板，达成相互之间的现实沟通和交流，毕竟简单的书面介绍无法全面展现自身，只有通过现实的交流，个体才能有机会全面地展示自身的能力、才干、特长、技能等优势，最终得到录用的机会。

自荐信最主要的内容是表现自我以得到用人单位的关注和兴趣，实现进入面试阶段及最终的双向选择。要实现这一步，自荐信的内容就需要扬长避短，充分突出个体的自我优势，如对自身的性格优点、特长、掌握的技能进行恰当描述，从而在众多求职者中崭露头角。

个体撰写自荐信时，需要注意两个重要事项：一个是注意自荐信的格式；另一个是注意自荐信的内容及特征。

1. 自荐信的格式

自荐信的格式和一般的书信相同，分为四个主要部分：标题、称呼、正文、落款。

其中，标题要写"自荐书"，字体简洁优雅、大方得体，放置于醒目位置，通常是自荐信页眉下首行居中。称呼指的是个体对自荐信推送方的呼语。若联系的用人单位极为明确，可直接用"尊敬的某某单位领导"，这里需要注意单位名称要确保正确；若用人单位并不明确，可用"尊敬的贵企业领导"，不需要冠以哪层领导职务，也不需要写明单位名称，采用敬语即可。正文则是自荐信的主要表现内容，需要在开篇向用人单位看此自荐信的人进行问候，之后直接切入正题，通过自我简介、自荐目的、素质展示、态度决心、结语五个部分来完善内容。其中自我简介只需要将个体姓名、毕业院校、毕业专业等表明即可；自荐目的则需要表达对用人单位的认识和热爱，尤其是对对应职业方向的认识和热爱，若联系的单位明确，则需要在投递自荐书之前对其进行了解，越详细越好，并阐述自身对单位最感兴趣之处；素质展示需针对期望应聘的岗位及其要求，阐明自身的才能和特长，包括个体的基本学习表现、政治表现、实践经验和表现，以及个体的特殊之处，包括特长、最大优势等，但不宜过多；态度决心是表达渴求和强烈期望的内容，语气需自然恳切、不卑不亢、言简意赅；最后的结语则是以书信格式写贺语或敬候佳音等。落款需要在自荐信右下角位置写明自荐人和时间，署名处最好亲自手写签名来表示郑重，最后可注明个体的联系方式等基础信息。

虽然自荐信以手写最佳，但受到手写书法水平和字迹情况的限制，多数会运用打印纸，通常以一页纸的内容量最佳。

2. 自荐信的内容及特征

自荐信的内容需要注意的关键点包括以下几项。篇幅要尽量简短，内容要重点突出，注意避免语言过分客套却无实际内容；文中的称呼（涉及名称）需完整正规，避免简称。内容需要突出个体的个性，尤其需要注意的是面对不同的招聘单位和不同的职位，内容的侧重点要有所差别，需要有一定的针对性，避免千篇一律。例如，对技术要求较高的职业，自荐信要突出自身的技能和实践经历；对细节要求较高的职业，自荐信要突出自身的严谨；对管理要求较高的职业，自荐信要突出自身的大局观和应变能力等。自荐信的内容还需要遵循实事求是的原则，尤其是陈述自身情况时要避免语气过分谦虚或自大。适度谦虚能够令人产生好感，但过分谦虚会给人缺乏自信之感；而语气自大浮夸，则容易被识破且给人无真才实学之感。所以内容一定要客观真实，且需要针对不同企业情况适度调整阐述模式。例如，向外资企业投递，自荐信的内容要充满自信，将能力等充分展示；而向国企投递，自荐信的内容要适当内敛。

通常自荐信需要打印出来，所以要做到文本工整美观，且排版和格式要清晰规整，语句要通俗易懂，避免堆砌辞藻，另外打印之前需要仔细检查，避免内容有歧义、重点不突出、有错别字、表述疏漏不清等，务必做到语句流畅通顺。

需要注意的是，自荐信中应避免谈论薪酬待遇，因为通常投递推荐材料时，单位会有相关职业的待遇说明，或者会言明待遇面议，而自荐信是对个体自身的推荐，最好不涉及薪酬待遇问题。

（二）他人推荐信

他人推荐信通常会和自荐信一起放置于个人简历之前，自荐信是个体的自我推荐，他人推荐信则是其他人为了推荐个体到某职位或参与某工作而写的信件。

如今较常用的是高校为了推荐大学毕业生就业所统一印制的信件，即高校的就业推荐表。其内容包括个体的基本信息，如姓名、民族、性别、出生年月、政治面貌等，以及推荐方的基本信息和意见，如学校、专业、学历、在校表现、院系推荐意见、就业指导服务中心意见等。

在填写就业推荐表时需要注意以下几项内容。

首先，需要避免涂改，通常就业推荐表具有代表高校的作用，推荐表上会加盖高校公章，因此填表时要认真确认信息，避免涂改，尤其是与校方意见和个人成绩单相关的内容，若有涂改痕迹则会造成极大误解。

其次，个体可以在推荐表的备注部分填上自身的突出优势、重要成就、重要作品、突出表现等，以提高个体的竞争力。

最后，就业推荐表对个体而言具有唯一可信性，因此就业推荐表一定要妥善保管，因其原件不可仿制，所以个体可以在求职过程中使用推荐表的复印件，只有和用人单位签订合同时，才需要提交推荐表原件。若因某种原因与用人单位解除了合同，需要及时将就业推荐表原件索回，以便再次自我推荐、与其他单位签约。

三、个人简历

个人简历是个体在就业过程中非常重要的一份自我推荐内容，通常需要个体对自身的学习经历、工作经历、知识能力、兴趣特长等进行简明扼要的介绍。可以说所有推荐材料之中，个人简历是最为重要的一项内容，类似于一个产品的广告和说明书，既需要将个体与他人区分开，又需要将自身的最大价值和最大优势展示出来，以供参与竞争获取职业机会。

通常情况下，一份优秀的个人简历会成为就业求职路上非常有力的助推器，帮助个体获得面试机会和就业机会。

（一）个人简历的作用和类型

如今处于网络化时代，无论是个体投递推荐材料，还是用人单位寻找可用人才，通常都是通过网络进行初步筛选。在这样的背景下，一份优秀的个人简历就成了个体获得更多面试机会的重要参考。

1. 个人简历的重要作用

通常情况下，招聘者会通过个人简历中以下内容进行初步筛选和考量，这也是个人简历最重要的作用。

（1）个人简历需要清晰明了地阐述个体能力，这也是招聘者初筛人才的基本参考。这里所说的个体能力，包括个体受教育的程度、相关工作经历、取得过何种成绩、获得过何种荣誉、拥有哪些资格或证书等，通常招聘者会依据个人简历中的这些相关内容，来判断求职者的基本素质和基本能力。所以说，个人简历中最好能够列举出与渴望的职业方向相关的具体经历和事实，令招聘者了解到求职者能够胜任哪些职业及岗位的工作。

（2）个人简历的内容中要体现出求职者的职业诚信，包括求职者在岗位上的工作稳定性、工作内容和经历的真实性等，如果个人简历中出现频繁跳槽的经历却没有合理的理由，或者工作内容和经历等有明显的隐瞒和欺骗，就会令招聘者怀疑个体的职业诚信，从而影响求职和就业。

（3）招聘者通常能够通过个人简历的表述和状态，对个体的逻辑性、层次性、表述准确性、写作能力等思维性特征有所了解和推论，因此求职者需要精心制作个人简历，将自身思维特性中的优势部分尽可能地展示，以提高自身的竞争力和吸引力。

2. 个人简历的主要类型

个人简历按照其格式可以分为多种，其中常见的就是文章式简历和表格式简历。

文章式简历主要是以文字来描述个体的经历，包括个体的教育情况、家庭状况、基本信息等，以及做过哪些工作、取得过哪些成绩、获得过哪些奖励、拥有哪些荣誉和证书等。文章式简历属于传统的简历写法，不仅可以考量个体的文字表述能力，而且可以清晰地体现个体的逻辑思维，另外个体的实践经历，可以表现其在实践过程中遭遇的问题和解决问题采用的方法等，甚至能够推论出个体是否具备反思、分析、吸取经验的能力和勇于承担问题的责任心等。

表格式简历是一种以表格形式分层次、分栏目介绍个体具体情况的简历，因为表格本身就具备一定的层次性和栏目，所以显得更加简练且逻辑清晰。需要注意的是，表格式简历不宜选用过分花哨的模板，能够突出个体的信息特征和优势即可。对于一些拥有特定要求的职业方向，更需要花费精力和时间有针对性地制作简历，以便充分将个体的特征展现出来，如设计类职业需要个体展现设计水平和审美能力等。

除这两种简历外，还有年代式简历、提要式简历、图册式简历、功能式简历、独创式简历等。年代式简历就是以个体经历的时间为主线来描述，突出的是时间节点；提要式简历则是运用经历提要来做引语，描述不同经历，通常有较多项目经历的个体可采用这种格式；图册式简历则是运用图表穿插等形式对个体经历进行描述，更显精美和设计感，通常有绘画类、设计类相关经历的个体，期望向相关设计职业投递简历时可采用此格式；功能式简历则是以个体的能力、特长为主要描述对象来制作的简历；独创式简历则要求拥有创造性和创新性，不拘一格，通常向创造性行业投递简历时采用此格式制作简历。

按照个人简历的载体划分，可以分为纸质简历和电子简历两类。纸质简历就是通过打印或精心制作的纸版简历，电子简历则主要存在于互联网中，以方便调取查看和投递为特征。两种形式的简历可以有一定差别，但需要注意的是，通常电子简历最主要的功能是在网络投递，而进入面试阶段后，还需要携带纸质简历前往面试场所。

（二）个人简历的制作

个人简历的制作，需要先确定简历的格式，在此格式的基础上填充内容，同时要注意遵循相应的原则。另外，现如今简历的投递多数采用了网络投递的形式，因此除了制作纸质的个人简历外，还需要制作电子简历，在制作过程中也需要注意一些具体的事项。

1. 个人简历的基本内容

制作个人简历时，格式可以根据个体期望投递的职业方向进行恰当的选择，不同的格式突出的内容也有所不同，但所有个人简历均需要包含以下基本内容。

（1）个体的基本信息，包括求职者的姓名、性别、籍贯、出生日期、通信地址、联系电话、电子邮箱、微信或QQ等基本情况。

（2）个体的教育背景，包括求职者的教育经历，就读学校名称，取得的学位、学历，相关院系和专业，在校期间的学习情况和培训情况，参与的社会教育和培训，专业获奖情况或专业活动荣誉等。通常不需要罗列中小学的教育情况。

（3）个体的求职意向，即表明个体期望应聘的职业、岗位，甚至可以根据相关企业发布的招聘岗位信息填写，可具体到详细岗位。

（4）个体的知识能力，通常需要阐明个体的通用知识和技能，包括计算机应用能力、外语能力、等级证书等；个体的专业知识和技能，包括专业课程和掌握情况、专业应用性操作能力等；个体的特长和爱好等情况，包括通过特长、技能和爱好获取的荣誉和成绩，最好与期望应聘的职业和岗位需求相关。

（5）个体的工作经历，作为大学生，工作经历主要需要说明在学校和社会实践工作中的经历及获奖情况。例如，在校期间担任过大学生干部的情况和取得的成绩，参与过的高校大学生活动及经历，社会工作实践中的经历和成绩，专业实习情况和获取的荣誉或成绩等。

（6）非必备的内容，如个体的自我评价，即用极为精练的语句来概括自身的习惯、性格、品行、优势等，需要客观且真实，以提供给招聘者更多的参考内容。

2. 制作个人简历的原则

个人简历是对个体提供给招聘单位的一份简要介绍，其内容需要遵循以下几条原则。

一是短小精悍原则，即简明扼要地介绍自身情况，通常控制在一页A4纸之内，若经历较多，尽量控制在两页以内；二是重点突出原则，即所有内容都需要紧紧围绕求职的意向进行组织和概括，尽量突出阐述能够胜任该职业岗位的能力；三是信息集中原则，即个体的经历、知识、技能、资质等信息要简洁清晰，多阐述与职位匹配的信息，避免信息驳杂而无主题；四是扬长避短原则，即内容要尽可能表达对自身有积极作用的信息，避免出现不利信息，展示自身最独特的个性；五是实事求是原则，即所有阐述的内容都应真实可靠，避免无中生有；六是适度包装原则，即将个人简历看作推销自身的广告介绍，各方面都可融入自身创意，但必须简明透彻，避免浮夸和过分华丽。

3. 电子简历的制作

电子简历是个人简历的电子版，可以和纸质简历相似，也可以单独制作。若单独制作，其内容要包括个人资料、教育背景、工作经历和经验、其他方面介绍等4个部分。

制作电子简历时需要做到以下几点：

首先是内容直达主题，即将想传达的信息直截了当地表达出来，要避免语言过分婉转拖拉。

其次是内容要突出重点、避免啰唆，自身专长、资历、成就、求职意向等简明扼要说明即可，切勿冗长，易遮盖重要信息。

再次是内容要简单易懂且短促有力，不要运用模糊、笼统、过分专业的词汇及术语，语言宜用短句，直截了当且明晰。

最后是包装适宜，电子简历能够充分发挥出电脑和软件的装饰功能，因此要注意进行适宜的包装，即以醒目、吸引力强、更具阅读性和通俗性为包装目标。

在通过电子邮件投递电子简历时，需要注意将简历直接拷贝到信息框，避免以附件的形式发送，减少招聘方的工作量，也会令简历更加直白透明。

第二节 大学生就业信息的搜集、分析及择业技巧

大学生真正参与就业竞争的第一步，就是要对就业信息进行搜集、分析和处理，并恰当地运用择业技巧来寻找和抓住就业信息中的关键信息并加以利用，以便完成求职意向和推荐材料的投递。

一、大学生就业信息的搜集及分析

就业信息的搜集主要有两个渠道：一个是常规的求职和就业信息搜集渠道；另一个则是非常规的求职和就业信息搜集渠道。

（一）常规的求职和就业信息搜集渠道

一般情况下，可以通过招聘网站、广播电视、报纸杂志等常见的方式了解就业岗位和职业需求。不过在互联网时代，各种信息与就业信息混杂，大学生要通过正确正规的途径求职，比较常见的求职渠道包括以下几种。

1. 大众媒介

大众媒介主要包括正规就业网站、报纸杂志、广播电视、新媒体等。通常大众媒介上发布的就业信息较为全面，包括具体的招聘单位及信息、某职业方向的人才需求状况、某产业或行业的发展趋势等，也是现如今最方便的就业信息搜

集渠道和求职渠道。但对大学生而言，大众媒介的信息较为庞杂且多样，因此需要耗费精力进行可靠性的考察和检验，以避免被虚假广告误导，预防上当受骗。

2. 政府部门及高校就业指导机构

通常情况下，各地方的人力资源和社会保障局会在每年大学生毕业前发布相关的就业决定、决议、规定、意见等，大学生可以从中了解就业形势和就业制度等，通常多属于指导性信息，对大学生具有思想上和方向上的指引作用。

高校就业指导机构通常也会在大学生毕业前发布一些就业指导信息和招聘信息，其中以就业指导信息为主，招聘信息较少，大学生求职过程中可以收集对应的信息，以了解最新就业形势。

3. 各类人才市场、招聘会的就业信息

大学生涉及的人才市场和招聘会主要有三大类，分别是校内人才市场和定向招聘会、校外人才市场和人才交流会、中介服务人才市场和介绍会。

校内人才市场和定向招聘会是集中在高校校园的一种大型招聘会，通常计划性强，且计划招聘新人的数量和专业都与进入校园的企业的整体人才规划及人才发展战略息息相关。正因为有计划和规划，所以进入校内招聘的企业多数是中大型企业，会在高校较为知名和热门的专业中挑选综合素质较高的大学生。虽然这种招聘会对大学生而言更加方便，但也暴露了一定的问题，即招聘到的人才职业化水平并不成熟，所以流失率较高，同时这些人才在进入企业之后还需要进行系统化培训，最终经过筛选才能得到所需的人才。

校外人才市场和人才交流会属于较为传统的招聘会，一般由当地政府及多个单位联合组织举办，最大的特点是覆盖范围较广、招聘单位较多、涉及职业和专业齐全。此类招聘会也被称为现场招聘会，大学生可以直接到招聘现场对企业实力、就业形势、职业方向等信息进行搜集和了解，同时也能够和企业人力资源顾问面对面交流，一方面提高面试实践技巧和能力，另一方面也能够直观地了解企业的招聘风采。通常现场招聘会具有一定时效性，因此效率较高，有助于求职者和招聘者的快速选择。

对于大学生而言，现场招聘会益处较多，即使无法找到相对满意的职位，也可以多多参与。一方面能够了解社会就业形势、熟悉企业情况、了解招聘和应聘流程；另一方面能够锤炼自身的交流沟通技能和面试技巧。

中介服务人才市场和介绍会指的是经过高校当地政府人事部门或有关部门批准后，以中介服务机构组织的形式进驻高校或集中区域召开的职业介绍会，其最主要的业务是搜集和整理人才供需信息，同时也会展开对应的职业介绍业务。

4. 社会关系推荐或介绍

大学生的社会关系主要包括亲戚、朋友、同学、老师、校友等人脉资源，虽然作为大学生，掌握的就业信息并不完善且片面，但经过将人脉资源掌握的就业信息进行整合，同样能够获取到准确的就业信息和就业渠道，而且有效性和信息获取效率都相对较高。

不过相对而言，虽然社会关系所提供的就业信息和渠道较为专门和独特，但是总体而言信息量较小，可挑选和筛选的余地也相对较小。

5. 社会实践活动

通常，大学生的见习和实习机会贯穿于大学生生涯，大学生需要珍惜这些机会，通过参观考察、社会调查、实践分析等，积极搜集各种就业信息，这些就业信息是由大学生自己通过积极探索和认真思考得来的，所以针对性较高且对自身的实用性大，就业的成功率也相对较高。

（二）非常规的求职和就业信息搜集渠道

上述较为常规的求职和就业信息搜集渠道，都是较为常见且参与机会较多的渠道。除此之外，大学生还可以通过非常规的求职和就业信息搜集渠道来了解就业形势，主要有以下几种方式。

1. 大学生主动求职

大学生主动求职即对契合自身需求和职业发展方向的企业，在事先进行调查和了解之后，主动联系对方，这要求其拥有较强的沟通能力和心理素质，即需要经受得住被企业拒绝的打击。当然，采取这种主动求职的方式也需要参考对方招聘主管是否欣赏主动精神。

2. 团队求职模式

团队求职模式即将拥有共同求职目标的同学组建为一个团队，大家共享求职信息，可以以团队形式去应聘目标单位。这种求职模式需要建立在彼此信息较为透明的基础上，挑选人才需求量较大的企业。

3. 曲线求职模式

曲线求职模式即面对竞争激烈的就业环境和数量庞大的就业大军，个体在综合考量自身的综合素质和专业技能后，依旧感到存在较大差距，可以通过继续深造的方式提高自身竞争力，起点更高，竞争力也会更大。

4. 多元化求职模式

互联网时代各种信息搜集渠道层出不穷，大学生可以广泛发挥这些渠道的碎片化信息特性，通过公众号、小程序等进行特定职业的信息搜集，还可以将自身在网络中获取的成绩纳入个人简历之中，以此提高自身的竞争力。

（三）就业信息的分析和处理

通常大学生通过上述的就业信息搜集渠道获取的信息数量较大且较为杂乱，有很大一部分信息对于个体而言是无用的，甚至会影响个体进行就业决策，因此在充分搜集就业信息之后，还需要对这些信息进行整理、分析和处理。

1. 就业信息整理和分析原则

大学生对就业信息进行整理和分析需要遵循以下几个原则，以便节省时间和精力，快速筛选出对其有益的就业信息。

（1）需要划分重点，将所有的信息归纳整理，剔除和个体期望职业方向相悖、兴趣爱好完全相左的信息，初步筛选之后进行信息比对，按重要程度将信息分类留存，其他一般信息则仅做参考和信息分析的基础。

（2）需要根据自身特点和需求，选择适合的相关信息，不同的个体筛选出的信息会有巨大差异，但只有适合自身的信息才能够作为后续信息分析的核心内容。

（3）掌控好就业信息的范围，避免所有信息局限于热门职业、热门企业及其相关信息，而应该广泛进行信息布局，通过多层面、广范围的信息筛选，对整个社会的就业形势和就业特征有所了解。

（4）需要注意信息的时效性，尤其是一些企业的招聘信息，在毕业季更新和变化得较为频繁，个体搜集到就业信息之后需要及时整理、归纳并使用，以免超过招聘时效，导致信息失效、过时。

2. 就业信息分析方法

就业信息的分析建立在科学整理和加工的基础之上，综合而言需要结合个体的实际情况和特点，以法律法规为核心标准对所有信息进行筛选，去伪存真、留取精品，之后以自身需求和职业要求为出发点，有针对性地将信息排列，最终根据排序后的信息进行科学分析。具体就业信息分析方法可参照下列步骤。

（1）正确地筛选就业信息，需要以有效关键词为基础查阅大量信息，并用较短的时间对信息初筛，将与就业不相关、与大方向不匹配的信息剔除；然后判断和鉴别剩余的信息，要确保信息的准确性、有效性和可行性，如果整理过程中发现缺少关键信息，需要及时考察和补充信息，以确保就业信息完善。

（2）经过筛选和整理后的就业信息有很多并非很直观的内容，有些需要大学生深入思考和剖析，才能找到信息中潜藏的价值。例如，搜集到的用人单位招聘信息，通常极为简明扼要，但有时不包含企业的规模、性质、发展方向、经营范围、工作环境、对人才的具体要求、福利待遇等信息，这就需要大学生通过调查和搜集，完善此部分信息以供参考。

（3）将完善后的信息，按照个体的特性和标准，进行最适宜自身需求的排序，通常可以罗列出择业的提纲内容，包括职业目标、职业方向、择业基本标准（如工作地域、职业空间、企业人才培养模式、薪资待遇、相关福利、锻炼空间等），根据这些内容将符合的信息筛选出来并排序，契合条件越多的信息排位越靠前，符合条件但较为相似的信息则依靠对比标出主次。

（4）根据排序好的信息，及时向相关企业反馈，做好求职追踪工作。毕竟大部分企业的招聘信息具有强时效性，企业对应职业的录用指标毕竟有限，只有及时进行反馈追踪才能够避免错失机会。通常可以依照排序反馈信息，表明诚意和期望。

（5）对期望的招聘信息进行反馈（即与对方联系），递交制作好的推荐材料，并保持通信畅通，以便意向企业通知面试。如果同时接到两个及以上企业的面试邀请，需要合理安排时间，若个体不希望到企业发展，也要及时反馈，表达歉意的同时避免浪费对方的时间。

二、大学生的择业技巧

大学生就业过程中，就业信息的搜集和分析整理，都是为了获取意向企业的面试邀请或进一步彼此了解的机会，这个过程中也需要许多技巧，若因为经验不足而缺乏必要的择业技巧，最终导致失去机会就有些得不偿失。因此，大学生需要学习和掌握一定的择业技巧，以便应对求职过程中的基本情况。

（一）择业过程中遵循的原则

择业过程中，大学生不能以"广撒网"的方式投递求职意愿和推荐材料，即需要遵循一定原则才能避免干扰信息，并有针对性地获取更多与职业意向相关的企业的反馈。

投递材料时可以依照以下五种方向：一是职业与个体性格匹配，即分析个体性格后，根据个体的性格特征和行为特征投递对应的职业岗位；二是职业与个体兴趣匹配，即选择和兴趣吻合的职业进行投递，可以确保工作过程更加富有动力，但此职业方向不能取代全部；三是职业与个体能力匹配，通过对其能力体系的分析，选择拥有类似能力要求的职业进行投递，能够更好地发挥自身的能力，也可以提高反馈率；四是职业与个体气质匹配，虽然个体的气质不会对职业活动产生决定性作用，但通常会影响职业活动的工作效率，因此个体可以通过分析自身气质，选择较为匹配的职业进行投递，为未来职业生涯的发展奠定基础；五是职业与个体价值观匹配，在不同的价值观影响下，对同一职业的特性会有不同的评价和认识，因此在择业过程中，需要投递与价值观相契合的方向。

以上原则均可以作为分析就业信息的标准，当发现与标准重合度极高的职业时，需要及时抓住机会，并主动深入了解对应企业的情况，以确保其与个体的职业发展方向契合。进行就业信息排序时，也可以将上述标准作为依据，以便个体能够得到更契合自身未来发展的职业。

（二）相关的择业技巧

大学生就业过程中相关的择业技巧贯穿各个环节，从准备推荐材料到求职意愿和简历投递，再到获取反馈信息的沟通，都有不同的技巧。

1.推荐材料的准备技巧

大学生准备推荐材料时，需要有一定的针对性，即针对不同用人单位的不同要求和不同职业，准备侧重点不同的推荐材料，通常需要强调自身与对应岗位匹配的知识、能力、经验、特长等。在此过程中要通过适度的包装来提升自身形象，但不是要小聪明，而是需要从细节入手。

另外，大学生准备的推荐材料的内容要以诚信为本，在展现出自身的优势和强项的同时，也可以写出自身的缺点和不足，只要能够正视这些问题，并有意去弥补和改正，通常用人单位不会太在意这些对工作影响不大的问题，多数用人单位更关注的是求职者的潜力和态度。

2. 表达求职意愿的技巧

通常情况下，就业信息的时效性很强，通俗来说就是求职机会其实是极易流失的，想要抓住求职的机会，最佳的方法就是对就业信息进行充分论证和分析之后主动出击，即做好各方面准备后主动联系对方，联系的出发点就是确认对方是否有某类职业岗位需求，并进行极为精简的介绍，得到沟通机会后，再使用技巧抓住机会。

一般情况下主动出击需要做到以下几点：不等对方提问，主动介绍自己，但要简明扼要；若察觉到对方有相关职业的招聘需求，可以主动提出呈交推荐材料，询问对方收取材料的邮箱或方式；不要消极等待回音，在到达对方承诺或给予回音时限后主动询问，若无法得到机会，最好能够通过沟通交流了解自身存在的问题，以便有针对性地调整，积累经验教训。

在主动介绍自己的过程中，可以重点突出自己的特点，如与众不同之处、特长、知识能力等，可简单列举案例，简明扼要进行说明。

3. 电话求职的技巧

随着互联网和移动通信的发展，电话求职已经成为现今非常重要的一种职业需求沟通交流方式，其不仅可以节省时间，而且能够避免盲目求职，可获得更多面试机会，有效提高求职成功率。采用电话求职同样需要运用一定的技巧，包括通话方式、控制时间等，具体需要注意以下四个方面。

（1）一定要在通话之前做好准备，包括求职的理由、自我推销的内容等，虽然多数通话会在对方需要求职者投递简历中结束，但有些也会直接在电话中进行初步测试和筛选，以便决定是否邀请求职者面谈。所以求职者一定要在通话前做足准备，一旦对方提出问题，能够有条不紊地回答。

（2）通话之前需要注意选择信号通畅、没有干扰、安静的场所。如果必须要在室外联络，也应该选择相对安静的环境，毕竟电话求职是比较正式的交流方式，若由于外界环境的嘈杂导致无法听清交流的内容，会影响双方的沟通。

（3）通话时需要选择好通话的时机。例如，不要在对方可能忙碌时通话，包括午餐时间、下班前的时间等，尤其是在休息时间通话不仅打扰对方，也会给人不礼貌的印象。可以选择上班后半小时左右进行通话，不仅效果好，而且给对方带来的印象也会更加深刻。另外就是要控制好通话的时长,通常初次沟通的通话时长要控制在 10 分钟以内,若需要长时间沟通,最好事先预约,并准时拨打电话进行沟通。

(4)要准备好必要的通话内容和正确的沟通方式。电话求职的根本目的是进行初步沟通并争取面试机会,因为对方通常没有相应的准备,所以应避免通话内容涉及的方面过多,正常情况下所谈及的中心内容为 1~2 个,并根据中心内容准备好有足够吸引力的信息。在准备通话内容时,最好进行一定的模拟和预期,预想可能遇到的困难、阻力、解决办法等,并做好意外事件的预案。

通话内容通常以自我介绍开篇,直接询问对方是否在招聘,具体招聘的职业要求为何,或者直接询问在招聘信息中未了解的事宜,用最短的时间进行有效沟通。在打电话之前可以先罗列沟通提纲,并准备好笔以记录对方阐述的重要内容。

在通话开始后,一定要注意自身的沟通方式,简单的问候是必不可少的,可以礼貌地确认对方的招聘信息,说话的语气和语言要热情坚定,音量不宜过大,也不宜过小,且不需要过分客套和含糊,应该在精准表达的基础上不失礼貌。沟通过程中需要注意减少不必要的习惯语和口头语,语速要控制得当,声音平稳且吐字清晰,尤其是当对方语气并不热情时,更应该控制好情绪、语气、声调,以展现自身最佳形象。

第三节 大学生就业求职过程中的礼仪知识

在就业求职过程中,大学生带给招聘者的第一印象极为重要,而第一印象的展现,核心内容就是对应的礼仪知识。对于刚刚毕业的大学生而言,就业求职过程中的礼仪可以分为两个部分,一部分是面试之前的礼仪知识,另一部分是面试时的礼仪知识。

一、面试之前的礼仪知识

面试时,除了和招聘者交流时涉及的沟通礼仪外,还涉及外表类礼仪。面试属于较为正式的人际交往过程,因此端庄的仪态、整洁的衣冠、洁净的外貌等,不仅体现了个体的精神状态和外貌状态,同时也潜在体现了个体的文化程度和文明素养,以及对社会、企业、他人的尊重,这是面试过程中衡量人才的标准之一。

（一）容貌礼仪

容貌礼仪中主要是发型、手与指甲、妆容等。

就发型而言，面试是非常正规的面对面沟通场合，因此面试时头发需要以大方自然为原则，保持头发整齐干净且自然，能够显露出完整的面容即可。

当然，性别不同，发型要求也会有所不同。男性保持头发整洁干净、精心梳理、发型简单朴素、不要中分即可，最好能够将胡须处理干净，若留胡须也需要进行修整，给人干练、整齐之感。

女性通常头发较长，因此搭配时最好能够使发型和脸型匹配，以体现精致自然之感。例如，高颧骨脸型可以留长鬓发，最好超过耳线，适当遮盖高耸的颧骨，刘海可以稍长，但不要中分；而低颧骨脸型则可以将两鬓向后梳不遮耳线，以显露整个脸型为佳。又如，发际线较高的脸型，发梢应该向下梳，用刘海遮住部分前额，若是发际线较低的脸型，则可以不留刘海，若偏爱刘海则需要尽量短。

就手而言，人与人进行沟通时，手通常会置于身体前方，同时也会匹配一定的手部肢体动作，因此手部细节很容易受到他人的关注。男性的手和指甲要保证洁净，不要留长指甲，给人以干净利索之感；女性的手和指甲同样需要保证干净，尽量不要留长指甲，若偏爱长指甲也不要过长，否则会给人以无法很好地进行工作之感，另外就是不要涂抹过分艳丽的指甲油。

妆容主要是与女性求职者有关，通常要以素妆和淡妆为主，切记不能浓妆艳抹。口红、眼线等均不能过深，体现出自然风采即可。使用香水则同样以清淡型为主，女性最好能够寻找符合自身气质的香水，可以在面试前一段时间使用香水，最好不要进入面试房间之前补用香水。

（二）着装礼仪

着装礼仪包括个体的衣着、领带、鞋袜、饰物等各个方面。

其中衣着最为主要，求职者大方优雅的外表除了体现在容貌方面，还体现在衣着方面。面试属于较为正式的场合，因此穿着也要偏正式，虽然不同用人单位的面试官审美并不相同，但从职场规律来看，绝大多数面试官社会阅历都较为丰富，因此对传统观念更为认可，大学生最好能够穿着较为正式且符合大众潮流和审美的服装，避免奇装异服，以及图案夸张怪异、色彩过分艳丽等。

通常男性可以穿西装，给人以正规重视之感，不论穿着哪种颜色的西装，都需要考虑好衬衣、鞋袜和西装的搭配，切忌西装裤子较短、衬衫置于裤外、衣兜鼓胀等。穿着西装最好搭配皮鞋，切记不可配运动鞋。为了显得正式可以打领带，需确保领带端正、干净、平整、坚实，避免松松散散，颜色需要和着装搭配。

当然也可以穿着其他服装，前提是干净整洁、搭配合理，避免给人以拖拉、懒惰之感。鞋袜干净整洁，鞋无污痕且系牢鞋带，袜子颜色和鞋子、裤子相搭。

男性面试者常见的饰物是手表、皮夹及公文包。手表应该选择较为商务的样式，若衣着偏运动风则可以选择运动手表，但不可佩戴卡通型手表，避免给人以幼稚感；皮夹并非必需品，但若携带皮夹最好能够精简，避免其过分鼓起；携带公文包时可选择细长类型，也可以不携带公文包，只持整洁文件夹携带推荐资料即可。

女性面试时的着装选择很多，需要注意避免穿太透、太露、太紧的衣服，整体颜色协调一致，给人庄重雅致之感，颜色也有多种选择，但应避免过分妖艳的颜色，易给人虚荣、圆滑的印象。

女性的鞋袜总体搭配原则是和整体服装协调，包括颜色和款式需要和服装匹配，最佳的选择是中跟鞋或设计新颖却不突兀的靴子，尽量避免长细跟鞋；女性若穿着丝袜一定要注意避免脱丝，可携带一双备用，若出现丝袜脱丝可及时更换。

女性的包可以选公文包，也可以选手提包，但要避免两个一起携带，包内尽量减少物品，包的大小样式需要和自身情况相匹配，如身材娇小的女性就不要携带过大的包，穿着淡雅的服装就不要携带颜色艳丽的包。

女性的饰物也有多种，包括帽子、围巾、首饰等，若佩戴帽子，要保证形状、颜色与服装搭配，围巾可视天气情况进行佩戴，首饰应该尽量少戴，耳环需小巧且舒适，项链也应以精巧为主，手镯等其他饰物需要避免过分古怪。整体而言女性首饰以少为美。

二、面试时的礼仪知识

面试之前的容貌礼仪和着装礼仪，均属于外在形象，其给予人的是第一印象，真正影响他人对个体印象的，主要是面试过程中个体的行为礼仪。

（一）行为举止礼仪

在任何人际交往中，行为举止都是非常重要的一项交流沟通工具，甚至彼此交流过程中会有大量信息通过行为举止传递给他人。进入面试环节后，行为举止一定要礼貌、自然、得体,同时需要针对场合和身份进行适当调整。例如,走路时姿势要端庄文雅,抬头挺胸目视前方;站定时要身体挺直并充满自信;坐下时要端正且精神。

整体而言,面试过程中的行为举止和普通的人际交往过程类似,但需要注意两个问题。

(1)最好不要和他人结伴同行,尤其是刚刚步入社会的大学生在面试时习惯和同学或朋友一同前往,一方面减少紧张感,另一方面也可以为自己出谋划策。虽然这样做无可厚非,但一定注意避免同行者陪同进入面试场所,不仅给人极不自信的感觉,而且也容易造成尴尬(如面试官不知道是谁来面试)。最好的做法是避免他人陪同,若有人陪同,也应该让对方在企业面试场所外部等候。

(2)需要及时做出决策,避免犹豫不决,在面试官眼中个体的犹豫不决就是不够自信和不够独立的表现。这种情况通常会出现在做决策时,以及对方对个体有一定考察要求时,遇到这样需要尽快决策的事件和问题时,应该快速思考,并在较短的时间内给予一个答复。如果无法快速给出确定答案,也需要告知对方自己需要深入考虑后再做答复,并承诺对方何时可以给出最终答案,既能体现出诚意,也能够表现出谨慎。

(二)见面时的礼仪

接到面试邀请之后,通常招聘方会和求职者确定面试时间,当双方对时间没有异议之后,求职者一定要遵时守约,迟到或无故违约都是不尊重对方的表现。

求职者如果因为客观原因改变面试时间,需要提前通知对方并另约面试时间;如果迟到最好主动陈述原因,避免对方产生误解。通常情况下,求职者需要提前15分钟左右到达面试地点,一方面表示诚意,另一方面也有一定的准备时间和调整时间。

另外,求职者在和招聘方见面时一定要注重细节,以礼相待,包括进入企业面试场所时遇到的任何企业内部人员,都应该符合礼仪规范。例如,可以微笑或轻微点头以示尊重和礼貌;在进入面试场所时需要先敲门,获得答复后再进入;不论面对的面试官和面试环境如何,都应该略带微笑点头示意,接到对方的入座邀请后再坐下,以示尊重;若面试官伸手示意握手,应该不卑不亢地答礼。

（三）应答时的礼仪

求职者面试过程中最核心的内容就是沟通应答，这是面试的基本环节，也是对方了解求职者最直观的方式，因此对自身的谈吐需要认真把握，注意应答时的对应原则和礼仪规范，表现出自身谈吐的文明和礼貌。

在首次应答时最好以礼貌语开篇，言辞要标准且连贯，内容要简洁通俗。应答过程中需要特别注意以下几个问题。

（1）面试官若要求求职者自我介绍，介绍时则需把握分寸，应简明扼要地介绍，避免拖沓。通常自我介绍应该控制在2分钟左右，在简单言明姓名、年龄、毕业院校、专业、毕业时间后，可以根据应聘的职业、岗位特点，重点介绍与之相关的经历、学业情况、技能和个性特征等，在尽可能短的时间内令面试官了解自己的能力和特长，即能够做什么。

（2）面试过程中的沟通交流，对求职者而言是一种带有考核性和测试性的被动交谈，虽然求职者事前会做充足准备，但面试官还是有可能提出各种各样考验求职者应变能力的问题，包括看似难以回答或较为刁钻的问题等，遇到这样的情况，求职者需要冷静分析后回答，这通常会体现出求职者的品德修养、思维水平、应变能力等。当然，这种应变能力通常需要经过历练才能游刃有余，若遭遇应变不及的情况，也不要过分紧张，可以快速调整心态冷静下来，以坦诚的回答来应对问题。

（3）在面试过程中真实地表达想法，是极为重要的一项沟通技巧，在遇到无法回答或并未了解通透的问题时，应该坦率地回答或询问，以表现出自身的诚实，同时也可以快速积累对应的面试经验。

（4）虽然薪资问题是面试过程中较为敏感的问题，但同样也是求职者较为关切的实际问题，面试中必然需要将其提出并解决，但如何把控节奏需要一定的技巧。通常求职者在面试之前，应该先对该行业中该职业平均薪资待遇进行了解，以便心中有数；另外不要在初次见面时就谈及薪资待遇问题，而应该在"火候成熟"时，如招聘方表现出合作意向或主动询问时再谈及；如果是招聘方主动提及薪资问题，通常会直接向求职者提问期望的薪资，此时可以根据自身了解到的待遇情况，说出能够接受的待遇，但应留下彼此回旋的余地。

(四)离开时的礼仪

通常面试过程中,招聘方不会非常直白地表示面试结束,而是会以暗示的方式来表达想结束面谈,因此作为求职者应该注意对方的暗示并适时礼貌地提出告辞,即使面试失败,也应该面带微笑向面试官致谢后离开。需要注意的是,离开前应对所有面试场中的面试官致谢,离开时携带自身的物品并关好房门;若面试时挪动了椅子,也应该在离开前将其归位,以体现礼貌。

若在面试过程中并未得到具体的结果,如面试官告知可先回去等待通知,这样的情况下若之后未收到通知,可在2～3天后打电话询问,通话时应先表示感谢再简要说明曾在何时参与面试,礼貌地询问面试情况和结果。

需要注意的是,在招聘方未正式向个体下发聘书之前,包括正式入职邮件或电话告知,求职者切忌守株待兔,应该积极主动向其他企业投递简历,寻求更多的机会。

如果面试失败,求职者不要陷入失望的情绪中无法自拔,而是应该反思总结,寻找失败的原因,并有针对性地改进和提高,以便在其他机会来临时能够及时抓住机会。

第四节 大学生求职时的面试与笔试

通常招聘方筛选所需人才会选择面试和笔试的方式,有些企业也许仅有面试,也有些企业会在面试时掺杂笔试,作为大学生需要对企业的面试和笔试进行综合了解。

一、大学生求职时的面试

面试的基本程序主要由招聘方完成,一般会通过面试申请材料和推荐材料,初步筛选出可能符合企业需求的人才,从而确定面试名单;企业会通过各种方式联系求职者参加面试,最常用的就是电话通知,在电话沟通过程中,会将企业名称、招聘岗位、面试时间、面试地点、求职者需准备的材料等详细通知,同时招聘方通过通知的反馈结果来确定有意向面试的人才数量和竞争情况,以便做出相应的准备。

（一）大学生面试准备

大学生在接到招聘方的面试通知后，首先需要筛选面试邀请，即寻找较为契合自身需求和期望的企业及职业，最好做好记录，并在接到其他面试邀请时，合理安排面试时间，以避免因为时间重叠放弃机会。之后需要大学生进行以下两项准备。

1. 了解企业情况

企业通知求职者面试后，求职者就已经开始进入就业竞争的阶段，通常企业不会愿意录用对企业一无所知的面试者，因此作为求职者可以在面试之前，对即将面试的企业进行简单的了解，包括企业的规模、发展情况、产业模式、招聘者特征、企业的性质和业务、市场竞争情况和人才结构等，求职者应该尽可能了解相关基本情况，通常可以通过企业官方网站，以及各种企业相关新闻和活动对其进行了解。

另外，在条件允许的情况下，求职者还可以对企业负责招聘或面试的人员情况进行简单的了解。例如，调查清楚招聘者的性格和特点，包括作风、性格、爱好、习惯、专业等，了解越详细也就可以更有针对性地做准备，以便提高面试的成功率。

在了解这些后，需要根据面试通知做好相关材料的准备工作，包括推荐材料的复印和整理，盛装这些材料的文件袋或包。材料可以按大小依次排列，以供面试时寻找材料更加方便。

2. 了解面试方式

在参与面试之前，大学生最好能够了解就业市场常见的面试方式，以便找到具有针对性的应对方式。面试也被称为口试或面谈，是招聘者对求职者进行面对面考核的主要方式，通常会在招聘方指定的时间和空间中完成考核任务。主要考察的是求职者的沟通能力、应变能力、自控能力、逻辑思维能力等，这是非常有效的筛选人才的方式。主要的面试方式有以下几种。

（1）初试性面试，即应聘人数较多，为了能够筛选出符合条件的应聘者，招聘方会通过初试性面试一对一筛选人才，通常仅考察求职者的谈吐风度和语言表达能力，主要需要求职者介绍个人情况，招聘方提出的问题也较为简单，面试速度也会较快。完成此面试后，通过者通常还需要进行复试。

（2）标准面试，主要是一对一面试模式，也可能是多对一的面试模式，此类面试会有较为标准的程序和流程。例如，面试官询问对应的面试题目后根据标准进行评分，通常还会有具体的时间控制。这种面试也被称为结构化面试，因问题会较为统一，减少了面试官的主观臆断，所以更加公正公平。

（3）综合式面试，通常是由面试官以多种方式来综合考察求职者。例如，运用外语和应聘者进行对话以考察外语水平，运用文章和故事来考察求职者的演讲能力，运用突发意外事件来考察求职者的应变能力等。

（4）压力式面试，即面试官会通过一系列针对性的问题有意识地对求职者施加压力，甚至寻根问底，直到求职者无法回答，意在刺激求职者，考验其反应和应变能力。

（5）技能测验式面试，通常会模拟实践情况，要求求职者扮演某角色进行处理，考验的是求职者的逻辑性、解决问题的能力、耐心及面对挫折的坚韧性等，也有些是单纯考验应聘者的专业技能和专业水平。

（6）讨论式面试，即面试官提出问题，由求职者组成小组进行自由发言和讨论，面试官不会对发言和讨论进行控制，而是会根据求职者的发言次数、意见质量、创新性、合作性、概括性、表达能力、领导能力等表现进行评分。

（7）演讲式面试和答辩式面试，通常由面试官提出问题或话题，由求职者自由发挥，考验的是求职者的口头表达能力和逻辑思维能力，以及对问题和话题的敏感性、思维灵活性和应变能力。也可能会将求职者分为正反两方，针对话题或问题进行辩论。

通常招聘方在实际面试过程中，仅采用一种主要面试方式对求职者进行考察，但有时也会将多种面试方式结合，综合考察应聘者，作为大学生需要对各种面试方式做好充分的准备。

（二）大学生面试时应注意的问题

想确保面试过程中拥有良好的发挥和表现，需要注意以下几个方面。

（1）在面试之前形成自信和愉悦的精神状态并一直保持到面试之时，充分的自信能够推动求职者在面试时保持高度的注意力和充沛的精力，同时也会表现出敏锐的判断力和缜密的思维力，从而更容易在面试中脱颖而出；而愉悦的精神状态则会令身心更加放松,不会过分紧张,从而表现也会更加自然,给人年轻充满活力的感觉。

(2)在整个面试过程中一定要淡化成败意识,即只要能够将自身最精彩的一面展示出来即可,不要忧心到底能否面试成功,从整个求职过程来看,求职者应该始终保持泰然处之的状态,只要坚信拥有的才能可以与职业相匹配,就一定能够找到与自身契合的工作。

(3)在面试过程中,需要注意树立对方意识,即做到尊重面试官,即使遭遇追问或类似刁难的问题,也要站在对方的角度思考,这是对求职者的考验和职业需求,所以不要针对面试官发泄情绪,而是要表现出对面试官人格上的尊重。另外在自我介绍或表达时,要减少运用"我"字,最好以客观的态度去阐述内容,兼顾招聘方和自身,以拉近彼此的距离。

(4)在面试过程中要注意一些禁忌。例如,避免不当的提问和不良用语,包括答非所问、不合逻辑的回答、本末倒置的追问等,以摆正自身的态度和位置;还需要注意控制自身的不良习惯,包括眼神飘忽和游移不定,手脚晃动和摆动、小动作不断,面无表情且毫无生气,举止不稳重等,这些问题需要及时发现并改正,始终保持大方得体的平等对话,才能够为面试加分。

二、大学生求职时的笔试

大学生求职过程中,也可能会遇到需要进行笔试的考察模式,相对于面试而言,笔试主要考验的是求职者的学识水平,可有效考核求职者的基本知识、专业知识、管理知识、综合分析能力、文字表达能力等素质,通常会在面试前进行,并最终和面试评分共同成为招聘方评选的标准。

(一)较常见的笔试种类

求职过程中常遇到的笔试种类主要有四种,分别是专业能力测试、心理能力测试、综合能力测试和其他测试。

专业能力测试通常是因为职业岗位具有特定的专业要求,且通过笔试能够更好地体现专业能力,所以会采用笔试来进行评测。例如,求职产品质检员时,最易遇到的笔试问题就是给予求职者一件产品,让求职者写一份评价报告;应聘计算机软件编程人员,招聘方可能会给予求职者一定的条件和要求,让其编写一段程序等。不同的职业要求会有不同的笔试方向,求职者需要有针对性地梳理和完善知识体系。

心理能力测试多数被一些跨国公司采用，这些企业虽然对大学毕业生没有具体的特殊要求，却对大学生的基本素质要求较高，尤其是智商水平、心理水平、行为态度等。通常会运用心理能力测试方法，检测求职者的行为动机、兴趣爱好、行为模式、情绪控制、个性等方面的素质。

综合能力测试则是结合前两项测试的一种综合测评方式，不仅会通过测试来分析求职者的心理能力和智商水平，还会对其他能力进行测评，如分析能力、洞察能力、理解能力、解决问题的能力等。

其他测试则是招聘方根据企业自身的特性和对人才的特定需求，进行的并不普遍的笔试测评。例如，国家机关录用公务员实行的就是考试录用，其中笔试比分的占比较高；需要外语翻译人才的企业也会通过翻译笔试来考察求职者的专业能力。

（二）求职时笔试的相关技巧

笔试的最终评分，一方面与求职者平时的知识积累、知识掌控能力、知识复习程度有关，另一方面还和答题技巧有关。

（1）需要求职者调整好笔试的心理状态，并对笔试特性有所了解，最好先分析笔试测评方向，有针对性地发挥自身的知识掌控能力，从而展现出最真实的水平。

（2）拿到笔试试题之后可以根据其题量和题目方向选择合适的答题方法，可以根据题目的难易程度和分量轻重，有针对性地制订答题步骤，在有限的时间回答得更为精准和正确。

（3）有些笔试题目会将实践和理论相结合，遇到这类试题要发挥自身的思考能力和现实结合能力，通过学过的知识发挥联想，对实际情况进行合理且科学的分析，给出最契合实际的答案。

（4）要了解笔试的题型特点，做出有针对性的精细化回答，通常在笔试答题时要突出重点并简明扼要，力求用最简单通俗的答案解决问题。在回答完所有笔试试题之后，需要对存疑的题目进行检查和反思，力求做出最合理的回答。

第四章 大学生就业心理准备及调适方法

就业心理就是大学生在择业过程中所表现出来的心理倾向和特征等。社会经济形势的变化和发展，为大学生提供了更加广阔的就业空间和更自由的就业选择，同时也为其带来了更大的压力和挑战。这就需要大学生具有更成熟和完善的就业心理，以此来帮助个体的择业和职业定位。

第一节 大学生就业心理问题及心理准备

一、大学生就业心理问题及应对方式

社会严峻激烈的就业竞争模式，使大学生在就业过程中很容易产生一些不良心理，只有明确这些不良心理的特征，并运用恰当的调适方式来克服不良心理，形成良好的心理状态，在就业时才会拥有更好的心理承受能力和更快的调整速度，从而以健康的心理状态面对就业。

（一）正确应对挫折心理

挫折心理指的是个体在从事某些活动过程中遭遇到干扰或障碍后表现出的情绪和心理状态，通常产生挫折心理后很容易陷入失望、苦闷等消极情绪中，从而影响个体对现状的判断和行动等。

大学生在就业过程中，最容易遇到的挫折就是个体职业理想和现实的巨大差距，以及个体抱负无法被他人理解和接受的情况，这种挫折影响下，大学生很容易出现怀才不遇的挫折心理，从而陷入悔恨、苦闷、愤怒、失望、焦虑等情绪中无法自拔。

这种挫折心理往往是由大学生的自我评价过高、现实情况和期望差距过大

造成的，通常评价越高、期望越大，现实中遭受的挫折感越强，如果无法在遭遇挫折之后及时调整心态，就容易陷入一意孤行、盲目奋进的状态，从而引发内心世界扭曲，乃至影响到健康人格的塑造。

大学生想正确面对挫折心理，首先需要正确进行自我分析，认识到自身的需要、动机、目的和情绪等，对自我的评价要结合实际情况，避免过高定位；其次需要对消极情绪进行理性驾驭，最佳的方式是自我冷静，即对情感实行冷处理来促使自身冷静；最后是通过各种方法来战胜挫折心理，可以采用转移目标、自我宣泄或自我暗示等方法。

（二）正确应对从众心理

从众心理是个体在群体或社会压力下最终放弃自身意见，采取顺从群体或社会的心理倾向。通常情况下，个体认为群体或社会的规范或行为正确时，其自愿从众表现虽然也属于从众心理，但属于遵从自身心理状态的范畴；而当群体或社会的规范或行为并不适宜于个体时，个体没有勇气加以对抗，最终不再遵从自身心理状态，而是遵从群体或社会的从众表现，则属于需要克服的从众心理。

从众心理严重的个体很容易受到外界环境的影响，包括他人、群体、社会的影响，从而表现出无主见、过于依赖他人、无法独立思考、行为违背自身意愿等。

大学生就业过程中的从众心理主要表现为向热门职业、大城市、热门行业等聚拢的行为，其实这种聚拢行为对于个体而言不一定是最佳的职业选择和就业选择。大学生应该在对自我认知和环境认知的基础上独立思考，分析职业发展方向和职业目标，摆脱从众心理的束缚，真正从自身去分析适宜的职业发展模式，从而做出最适宜自身的选择。这种克服从众心理的能力同样会对个体未来的发展产生积极影响，令个体更加独立自主。

（三）正确应对嫉妒、攀比、虚荣心理

大学生就业过程中，嫉妒、攀比、虚荣心理对大学生的求职择业影响极大。

嫉妒心理通常表现为对他人突出的优势、才能、成就、品质等产生贬低，甚至迫害的心理倾向，尤其是自我和他人进行对比出现巨大差距后更容易表现出来。嫉妒心理有以下两个明显特征：一个是具有很强的指向性，即所有心理表现都指向那些比个体表现更好的他人，如看到有同学找到了比自身职业更具优势的岗位，但在个体眼中此人平时明显不如自己，就容易对该个体产生嫉妒心理；另

一个是具有发泄性，即对嫉妒的对象表现出讥讽、诽谤等行为，严重的甚至会对他人进行陷害，只有执行了这些发泄行为才会令个体心理找到平衡。

摆脱嫉妒心理的前提是开阔自身心胸，通过更丰富的知识和见识来开阔视野，并洞悉在竞争中他人获得领先是其努力并奋进的结果，学会公平公正地竞争，积极认识彼此的差距并努力发挥自身优势。

攀比心理是一种事事都和他人进行对比的心理倾向，虽然通过和他人进行对比来激励自身不断进步无可厚非，但若在求职过程中处处和他人对比就明显属于不正常的攀比心理。

大学生就业过程中的攀比心理主要表现在将注意力过多集中到他人就业取向方面，通过和他人各方面的对比来避免受到他人"嘲笑"，并想找一份远超他人的职业来吹嘘和炫耀。

事事攀比的大学生在求职过程中很容易出现自信不足、受人干扰、缺乏主见等情况，有时还会伴随嫉妒和自卑。大学生不仅在求职就业时受攀比心理影响，在进入职业及岗位后也会受其影响，从而造成工作情绪不稳、易患得患失等。大学生应该将视野放宽，将目标投向未来，按照最契合自身的职业生涯规划不断努力，最终实现自己的职业理想，而不是仅关注刚刚走上职场的时刻，毕竟职业生涯是贯穿人生的过程，就业仅仅是职业生涯的起点。

虚荣心理则是将注意力集中在名气高、收入高、社会影响大的就业岗位，却不考虑自身的优势和职业发展，只是从令他人羡慕、令他人追捧、做给他人看的心理出发去选择职业，这是一种畸形的就业心理，会对自身的未来职业发展产生巨大影响。

作为新时代的大学生，应该清晰地认识到毕业求职完全是为了自身的未来发展，盲目选择令他人羡慕或关注的职业，是在拿自身的未来换取闪现的光芒，根本无法长久。只有冷静思考自身情况和就业环境，选择真正适合自己的职业和对自身未来有益处的职业，才能够在职业生涯发展道路上越走越远。

（四）正确应对自卑和羞怯心理

自卑心理是大学生求职过程中出现较普遍的一种心理，即突然对自己的价值和能力产生怀疑，感觉自身缺点极多，甚至一无是处，自己不如他人，或者因为曾经犯过错误而抬不起头，甚至会感觉自己的学校或专业不好，信心严重不足等。

克服自卑心理需要大学生正确认识自己，洞悉任何人都会有优势和不足的特性，在求职过程中不要因一次应聘失败就自我哀怨，通过正视自身的优劣势，充分认识到自己拥有的优势，并正确认识且弥补不足。正确认识自己，才能看到现实中光明的一面，这种阳光心理对求职和未来的职业发展都具有积极作用。

另外，因为多数大学生在高校期间正面接触社会的机会较少，所以容易因为对自身认识不足而在求职时产生羞怯心理，其中有很大一部分属于自卑性羞怯，即因为自卑而感到自身差距巨大，羞于争取和竞争。还有一部分则是因为挫折产生的羞怯心理，只能看到自身的劣势和不足，无法正视优势和特长，最终无法抓住机会。

抑制羞怯心理需要增强自信心，不要被劣势和不足禁锢，应该充分发挥优势，不计较他人不切实际的评论，毕竟只有自己才最了解自己。另外就是要多多锻炼自己，在学校期间就应该抓住机会展示自身，允许自己犯错，减少紧张，加强对情绪的控制。

（五）消除自负与焦虑心理

自负心理是因无法正确认识自身，夸大自身能力，从而产生自傲态度和情绪，虽然这种心理看似过度自尊，但其实质是严重缺乏自尊的表现。

一些大学生会对自身在高校学习产生错觉，即拥有了大学学历就应该"身价高"，找工作时会无形中提高对职业的要求，导致其无法找到最适宜的工作且白白浪费很多机会。消除自负心理需要大学生对自身拥有清晰认知，要清楚在求职过程中的要求都需要和职业能力等相匹配。

焦虑心理是一种个体对生命安全、前途命运等过度担心产生的复杂情绪反应，表现为不安、忧虑或恐惧等。大学生就业过程中表现最多的就是焦虑心理，如紧张烦躁、萎靡不振、辗转反侧等，通常由以下几个方面因素引发：一是社会适应性焦虑，即对即将面对的生活不适应、感到迷茫、不知如何处理各种事件等，通常是由个体独立性不强或专业性能力不佳引起；二是选择类焦虑，即表现在面对多种机会无法做出选择，患得患失并陷入焦虑，通常是由个体职业目标或职业发展方向不明确造成；三是职业发展态势或企业情况不明确引起的焦虑，包括等待性焦虑、长久找不到工作的焦虑等，通常是由个体对社会环境和行业环境了解不足引发。

消除焦虑心理需要先确定是由哪种情况造成，之后有针对性地解决和舒缓心理。例如，社会适应性焦虑，需要个体客观评价自身，逐步提高自信心，并挖掘自身的优势，以积极向上的态度提高自身各方面素质和能力；又如，选择类焦虑，需要个体拥有阳光思维，并明晰职业发展方向和职业目标，以此来消除患得患失的感觉；再如，等待性焦虑，则需要对自己信任，提高自信心，要相信自己定然能够找到工作并胜任，同时积极分析社会环境情况和行业发展情况，提升自身的同时寻找最佳的机会。

二、大学生需具备良好的就业心理

拥有一个良好的就业心理状态，是大学生就业过程中实现身份转换、心理跃升和适应职场的基础，也是对大学生综合素质中心理素质的一次巨大考验。

大学生只有拥有良好的就业心理，才能够更加客观地认知自身和分析客观环境，从而充分发挥自身优势和能力，直面挑战，积极应对、有勇有谋，同时面对失败也才能够快速调整心态、进行反思和分析，在失败中寻找机会并做出科学的决策。

大学生良好的就业心理主要有以下几个特征。

（一）自我认知清晰、职业定位准确

对自我有清晰的认知是大学生就业之前必须具备的能力，需要充分认识到自身的各方面因素，包括优势、兴趣、爱好、技能、特征，以及不足、缺点、需完善的能力等，了解自身优势才能够充满信心，从而明晰自己能够做哪些职业，而了解劣势能够促使个体拥有空杯心态，从而能够不断提升自己，清晰定位职业目标和职业发展方向。

准确的职业定位，需要综合考虑自身因素和环境因素，从而有针对性地对社会需求和职业方向进行匹配，才能够更好地处理职业理想和就业现实冲突。尤其是在如今瞬息万变的就业形势下，大学生更应该在社会现实的基础上，随着就业形势的变化及时调整就业期望值，通过分析自身的职业发展方向，做出最适合自身的就业选择。

（二）正视现实状况、豁达看待就业

现实通常是客观存在的事物，正视现实状况是建立积极心态的基础，也是

适应现实的前提。对大学生而言，就业现实就摆在眼前，包括就业形势较为严峻、大学生数量攀升等，大学生只有对这些因素有清醒的认识，不幻想不逃避，将现实状况中对自身有利和不利的条件均考虑在内，并积极自信地面对现状，才能够做出最正确的就业决策。

能够正视现实状况，自然就能够洞悉大学生的就业情况，从而能够正视在就业过程中遭遇的困难和挫折。在遇到就业困难和挫折时，大学生还需要拥有自信豁达的态度，坚信自身的才能在万千社会职业中能有用武之地，也就是对自我有正确的肯定和认同，能够用积极、自信、活跃的态度去看待问题并解决问题，勇于迎接挑战并将其战胜，最终方能成为就业路上的成功者。

（三）主动寻找机会、勇于参与竞争

虽然如今就业市场采用的是"双向选择"模式，给予了大学生通过各种渠道和方式展示自身并选择职业的权利，但同时严峻的就业形势也令整个就业市场竞争极为激烈，所以大学生必须要学会主动出击寻找机会，并勇于参与就业市场的激烈竞争。

大学生只有主动挖掘机会、主动参与竞争，才能够综合展示自身的能力和特征，也能够通过竞争获取更多的经验教训，快速得到提升和完善。

（四）冷静面对困境、放眼长久未来

不论是就业过程中，还是在未来的职业生涯中，遭遇挫折、困境等是必然经历，因此大学生必须要培养冷静面对困境并解决问题的能力，遇到挫折和困境要认真从主观和客观不同角度分析原因，只有这样才能更加准确地分析情况，从而有针对性地解决。虽然挫折和困境会给个体带来极为深刻的伤痛，但需要明白的是这种伤痛只是暂时的，只要勇敢面对并积极解决，才能够磨炼意志，且更快地提升自身。

另外，在就业过程中，大学生很可能会遇到职业愿望难以实现的情况，造成这种情况的原因有很多，大学生需要在此过程中放眼未来，将某个和自身职业理想相关的职业岗位作为起点，可能起点较低，但通过自身的努力和不断前行，必然能够改善职业环境和境遇，最终实现职业理想。

第二节 大学生就业心理调适技巧

大学生就业初期最容易出现的心理问题有自卑心理、自负心理、等靠依赖心理、焦虑心理、怯懦心理、从众心理、攀比心理、虚荣心理等，除这些容易出现的心理问题外，在择业过程中，也容易出现一些心理问题，如急功近利心理、幻想心理、患得患失心理、悲观心理等。例如，因为没有及时抓住某个对自己绝佳的机会而懊悔不已，从而患得患失，甚至影响到后续的求职，最终造成就业困难，又陷入更加懊悔的境地；因各方面因素进入了并不期望的职业或城市，产生悲观情绪，甚至感觉毫无出路，形成悲观心理，最终无法快速提升，错过更多机会。

当择业过程中出现以上这些心理问题时，就必须要明晰这些心理出现的根源，并主动进行心理调适，将心理状态快速调整为积极进取的正向心理后，才能够在就业竞争中占据一席之地。

一、心理动机

从择业和就业的根源来分析，虽然大学生最终选择的职业各不相同，择业过程中产生的心理也多种多样，但其最核心的心理动机无外乎以下三个方面。

（一）个人生存的需要

从心理学角度而言，职业工作属于劳动的外在表现，是人类个体谋生的重要手段，也是人类社会发展过程中最普遍的现象，并逐渐形成了有劳有得、不劳无获的观念。

因此，职业是满足个人生存需要的方式和手段。通过职业工作的劳动，最基本的目的就是获取合理的经济收益，从而满足自身的生存需要。可以说，任何一个大学生想要在社会中生存下去并满足自身的各种需求，工作是最基本也非常必要的手段。

（二）个人发展的需要

正是因为职业和个人生存的关系极为密切，所以在个体整个人生生涯中，职业都占据着举足轻重的地位，除了可以满足个体的生存需求外，其对人生发展的意义同样重大，能够在很大程度上满足个人发展需求，即实现人生价值和理想追求。

改革开放以后，经济的快速发展和人才流动政策的推动，使大学毕业生开始逐渐注重自己的职业意向，也开始将职业和自身的人生发展相融合，更加关注职业岗位与自身兴趣爱好、性格特征的契合度，期望能够通过职业的发展来挖掘自身的潜能并最终实现个人价值。

（三）社会发展的需要

职业不仅与个体的发展和需求关系密切，同时也和社会的发展关系密切。尤其是大学毕业生，属于国家的高等人才。这些人才的就业一方面是为了满足其个体的生存和价值需求；另一方面则是满足社会发展的需求，为社会的发展尽责任和义务。毕竟作为个体，其生存和价值的实现与稳定的社会环境、优良的社会发展空间等密不可分，所有在社会之中活跃的个体，通过劳动成果互换来满足自身需求的同时，满足社会上他人的需求，并创造出更加和谐、稳定的社会。

以上三个层面的需求，就是大学生毕业后择业和就业的心理动机，了解了核心的心理动机之后，才能更有针对性地对大学生出现的心理问题进行调适。

二、心理调适及相关方式

大学生在择业和就业过程中出现的心理问题，有很大一部分是因为自身心理承受能力有限，易受到各种心理干扰，从而导致无法遵循核心心理动机进行择业和就业，造成就业困难。因此，进行心理调适首先需要排除各种心理干扰，之后再运用心理调适技巧对心理进行调整和校正。

（一）大学生心理调适的必要性

在现实生活中，每个人都难免会出现心理不平衡的现象，因此人们的心理活动总是处于"不平衡—平衡—新的不平衡—新的平衡"这样一个循环式的发展过程。每个人都有着自我调节和自我控制的能力，都有能力改善自己的心境，并且找到最佳方式实现自己的理想，达成自己的目标。

高校大学生必须意识到人生实际上就是一个不断发展、不断变化的复杂过程，同时也是每个人对社会不断适应的过程。随着社会的发展与进步，同时也伴随着人的发展与进步，社会总是不断地对人们提出新的要求，这使得刚进入社会的高校毕业生感到很不适应。这时候就需要每一位高校大学生做出自我调整与自我改变，努力地使自己适应当前的社会环境，使自己与环境始终保持一致，只有这样才能更好地适应社会，使自己得到更好的发展。相反，如果高校大学生不能做出自我调整或者自我改变，那么就很难适应当前社会的发展，在大学生的人生发展道路上也会阻碍重重，给大学生造成巨大的心理压力。在这种情况下，毕业生就很难有好的择业结果，严重的时候还会对大学生的心理健康造成不良影响。

临近毕业是大学生找工作的高峰期，他们会不自觉地产生好奇感，好奇当今社会能够为大学生提供什么样的职位，好奇自己会选择什么样的工作岗位，做什么样的工作内容；与此同时，有些大学生还会想到如何调整自己使自己适应当前社会的发展与需求，并凭借自身实力找到合适的工作。实际上前者属于社会就业环境问题，很多情况下个人是无法决定的；但是后者却是大学生的主观问题，是大学生可以自我掌控的部分。高校大学生只有从主观和客观两个因素出发，对就业环境有充分的认识，同时对自己也积极做出调整，才能使自己取得更好的发展。

在现实生活中，人们如果遇到了不顺心的事通常会抱怨环境，觉得是环境的客观因素导致了这一切糟糕的事情，却很少寻找主观因素。众所周知，环境是客观因素，大多数情况下我们是无法改变环境的，但是我们可以做到适应环境，融入环境，只有这样才能使事情变得越来越顺利。

这里所说的自我心理调适，指的就是高校大学生根据自身实际情况以及环境对大学生的条件需求，对自己的心理进行控制与调节，其目的还是让大学生在未来工作中发挥出自己的最大优势，以维护心理平衡，消除心理困扰。如果大学生学会了自我心理调适，那么在今后的择业与就业过程中就会坦然面对自己遇到的挫折与困难，并且通过大学生的自我调节与控制，有效化解遇到的困难与障碍，排除择业与工作过程中的困扰，从而找到最佳途径实现自己的目标。但是，如果大学生无法进行自我心理调适，那么当他们遇到困难时就会一时难以应对，从而产生消极情绪或者对未来失去信心。所以，当代大学生必须意识到心理调适对大学生择业与就业的重要性，从而自觉地提高自我调适的自觉性，增强承受挫折、化解冲突和矛盾的能力，及时调整自己的心理状态，促使心理健康，顺利择业。

（二）常见心理干扰和调适方式

1. 方向感不足、感到未来无望

大学毕业生在就业过程中，容易因就业形势严峻、就业竞争激烈而经历各种从未遭遇过的挫折、失败、困难等，首次切实体验到人情冷暖和人生艰难，不论有没有找到工作，都感到身心疲惫、对职业未来发展没有期望，甚至有些灰心丧气。

在这样心力交瘁的状态下，有些大学生会极为担心自身的能力、状态，以及职业的不确定和发展趋势不明朗，对未来可能遇到的阻碍持逃避态度，从而形成了紧张和消极共存的就业心态。

这种心理状态对大学生的职业发展极为不利，尤其无法及时调整好心态，就很容易长时间陷入消极被动的情绪中，从而排斥就业求职，或者在工作岗位没有激情，不仅无法从工作中提升，获取足够的经验和提升，还可能陷入患得患失、力不从心的感受中无法自拔。若发现自己陷入这种心理状态，可以运用以下方法进行自我调适。

（1）梳理就业过程。可以逐步对自己择业和就业的过程进行梳理，寻找择业过程中遇到的同类问题，一点点剖析出就业技巧，在此过程中可以用不同方式先释放和缓解心理压力，如空闲时间游玩散心、将心中烦闷写到文章中、寻找亲友倾诉，在心理压力变小之后，再静心分析。

通过客观理智的分析，通常能够找到各种就业求职过程的相似之处，而个体所感受到的力不从心和心力交瘁，主要来自急于求成和期望值过大、心理压力大想逃避等，期望能够一切顺利并尽快解决这些问题，最终却适得其反，使心理无法承受干扰，压力越来越大。

了解原因之后，再根据经历剖析自身，会发现虽然整个择业和就业过程并不顺利，甚至历经了多次失败，但每次都会有或多或少的收获和成长，自身在心态、观念、经验等各方面都已经更加成熟，这些才是属于个人最宝贵的财富，能够为未来的职业生涯道路提供支持。

（2）广纳经验教训。剖析完自身，了解到自身的成长之后，还可以通过不同渠道和方式吸纳他人在就业求职过程中的经验教训。例如，可以和师哥师姐沟通咨询，也可以和已在社会工作一段时间的亲友交流，或者通过阅读一些社会成功人士的传记，广泛吸纳教训和经验。

虽然他们的经历和处理方式并不一定适合自身，但至少能够从这些经历之中总结出很多经验、教训，也会发现个体经历的挫折、遭遇的问题、内心的感受等并非特殊经历，而是任何一位成熟的职业人都曾经历的过程。

通过广纳经验教训，个体可以受到更多的启发，从而找到更多适宜的方式来激励自身。从就业过程和人生路径来分析，人若想快速成长并迅速成熟，必然需要经历各种艰难困苦，而且必然需要一个蜕变的过程，只有从失败中获取经验，这些经历才会变得更具价值，从而成为人生路上的宝藏。

（3）尝试构建工作草案。如果尚未确定就业企业和职业，对心理进行调适后还可以为自己构建一个求职草案，如明确职业方向和投递方向，做好面试的准备。

面试的准备需要个体对每次面试失败的过程进行详细分析和反思，寻找问题到底出在哪里，主要从自身表现、态度、行为等着手，发现根源之后要制订对应的提升规划，确保曾经犯过的错不会再出现。并在未来一段时间中对经历过的面试进行反思和思考，从而提高和成长。

如果已经进入职业工作，则可以针对个体情况、企业情况和职业发展，构建未来的工作草案。可以寻求业内人士帮助，如咨询高校就业指导服务中心的专业人士，了解未来工作需要何种素质和能力，可能会遭遇哪些问题等，并有针对性地构建解决草案。

通常情况下，工作过程中越冷静，越容易正常发挥自身能力和潜力，而越担心，个体就越容易失去基本的控制力，甚至连基本能力都无法发挥出来。因此，在工作过程中若遇到问题，需要先梳理问题特征，冷静对其进行分析，努力寻找解决方案并尝试，在实践过程中获取更多的经验，最终可以令个体冷静迎接各项工作挑战。

2. 盲目攀比、过分看重面子

大学生就业过程中，也可能会遇到表现不错却并未找到满意的职业工作的情况，而同学却不时传来捷报，如被某大型企业聘用、获得某职业岗位等。对比之下，个体开始出现失落、失望、不平衡，甚至嫉妒等心理，这些消极心理交织在一起，使个体感到难堪，于是在工作中急功近利，或者立誓要找一个比他人都好的企业和职位等，甚至本来已经就业却冲动离职，只为争回自己的面子。在个体因为以上经历感到难堪时，一定要先冷静，避免因一时冲动做出令自己后悔的抉择，可以通过以下方式进行心理调适。

（1）理智思考，控制情绪。当感受到心境不平稳时，个体首先需要控制自身的情绪，理智对现状进行思考和分析。例如，第一份工作不需要和他人进行对比，即使第一份工作的工作环境或薪酬一般，但若该工作对个体来说最合适，如可以充分发挥个体的能力、获得更多的指点和经验、可以得到企业关注并被倾力培养等，且该工作和自身职业生涯规划、职业发展方向匹配，就需要全身心投入。

所以不要盲目攀比，要从工作能够带给自己的机会等方面进行分析，只要工作能够让自身获得最实质性的成长，能够和自身的职业生涯规划相契合，就应该坚定地走下去，而不要被他人干扰心理状态。走自己的职业道路，才是最适合自己发展的模式。

（2）剖析面子，挖掘心理需求。大学生就业过程中若发现自己过于看重面子，应该及时剖析重面子的核心因素，挖掘自身的心理需求，这样才能有针对性地进行处理。例如，有些人好面子是因为自卑，期望通过比别人更好的职业、地位或薪酬来提高自己的尊严；有些人好面子是个性使然，期望追求最好，过于争强好胜；有些人好面子，则是因为外界因素对自身的压力和超高的期望等。

通过剖析面子问题，可以挖掘个体内心深处最核心的心理需求，了解需求后，才能做出更有益于自身发展的决策。如果极为盲目地追求面子，而没有内在动力的支撑，所谓的好面子就会令个体的未来发展较为乏力。明晰心理需求之后，可以根据核心需求制订出契合自身发展的模式，这时面子也就不再是需要关注的问题。

（3）"慢"下来，依计划行事。大学生在就业过程中，若过分纠结于面子问题，就很容易过分急切，从而出现浮躁、重表面的心态，最终影响自身的发展，得不偿失。其实，无论是做人还是工作，都讲究优良的品质，高质量才能支撑个体或企业走得更远更稳。所以，大学生在就业过程中不要过于急切，而是应该适当"慢"下来，在保证质量的基础上追求速度，对于个体未来的职业发展、学习的提升、人际关系网络的建构等都需要谨慎，制订一个最有助于自身成长的计划，依照计划行事，走得足够稳，才能够走得更远。

（三）大学生心理调适的方法

大学生在择业和就业过程中遭遇各种心理问题后，可以运用以下几种心理调节方法，适当地对心理进行调适，并通过心理调适来影响行为，让自己更加积极向上，成长和进步得更加迅速。

1. 采用转移方式

转移方式主要有三种类型。

第一种是通过转移注意力的形式，对消极情绪和心理适当地回避，并逐渐用积极的情绪和心理将其取代。通常情况下，陷入心理困境或出现心理问题，主要是由一些外部因素刺激造成的，在这种情况下，可以将注意力从这些外部因素转移到其他新的兴奋点和刺激点上。例如，将舒缓的音乐或体育活动等作为新的刺激点，替代原来的刺激点，激活新的兴奋中心，从而快速摆脱心理困境。

第二种是转移视角的形式，有时候外部刺激无法通过回避的方式淡化，这时就可以通过转移视角的形式，从其他角度看待遇到的问题。任何事物都不仅仅具有消极影响，换一个角度也许就会产生积极的影响。例如，面试因遭遇问题陷阱而失败，如果只看到失败将会陷入消极的情绪中无法自拔，从而陷入心理困境；但若从另一个角度看，越早遭遇问题、陷阱，就能越早对其产生警惕，未来就不会再因同类问题、陷阱而失败，即获得了更快的成长，对未来发展具有积极影响。

第三种是转换认知形式，即重新对外部环境信息、内部因素等进行剖析和解释，相当于换一种认知形式对同样的问题进行思考和解释，通过这种方式能够有效减少和消除心理认知和心理体验的冲突，从而缓解情绪和心理压力。同时，转换认知形式也能够令个体对问题的观察和认识更加细致和深入。

2. 变通方式和升华

变通方式和升华是在遭遇心理问题之后不对其进行转移和改变，而是通过变通来缓解和升华促进的形式使内心获得平衡和提升。

变通方式是在择业过程中遇到心理问题后，寻找一些较为客观的理由来为自己解释，以起到减轻痛苦、缓解紧张、消除失落等作用，从而令情绪再次平衡和稳定。但这只是一种应急式心理调适技巧，在心理问题得到缓解之后，还需要通过其他方式推动心理向积极方向过渡，以积极心理引导自身提升和发展。

升华方式通常在转移方式和变通方式无法奏效、心理问题长期无法解决时采用。这种情况下，最有效的方法就是进行心理位移，即将固着的消极心理进行升华，用一种高层次且积极的心理将其替代，并再次进行固着，起到改变消极心理状态的效果。

最常用的就是从消极因素中认识到其蕴含的积极因素，如通常所说的"失败是成功之母""化悲痛为力量"等,都是将固着的消极心理升华为固着的积极心理,推动个体奋发图强,跃升到更高的层次。

3. 改变目标

改变目标这种方式并不是从心理层面进行调适的技巧,而是通过转移和改变眼前目标、改变行走路径的方式来摆脱消极的心理状态,从而积极进取,向长远目标前行。

改变目标主要有以下两种形式。一种是补偿形式,通常是因为个体的内在因素缺陷,包括专业能力和综合能力等,也可能受到外在环境因素的影响,致使目标的实现动机受挫,不仅无法得到激励,甚至陷入了心理困境。这时就需要个体替换原本的行动目标,可以通过对长远目标的分析和细化,将其更换为同样可以促使长远目标实现的另一个近期行动目标,以跳出心理困境重新出发。另一种是求实形式,即通过分析实际情况,以契合实际的方式调整原本的目标,同时还需要根据实际情况调整自我,包括自我提升、自我激励、改变实现目标的途径和方法等。这种形式的目标调整不会是颠覆式的,而是细微式的,并且是以改变自我和调整自我为主要方法,实现更加契合实际的目标,以便摆脱原本的心理困境。

(四)大学生进行自我心理调适的途径

1. 充满自信

高校大学生首先要做的事情就是对自己有一个客观而全面的认识,充分地将主观意愿和自身客观条件相结合,从而强化自己的自信心理。从当代大学生的求职情况来看,很多大学生在求职过程中都是较为怯弱、胆小的,通常大学生羞于表现自己,更无法做自我推销,这会给用人单位留下非常不好的印象,这也很可能导致大学生与工作岗位失之交臂。当前的人才市场,竞争非常激烈,大学生应该全力地表现自己,克服自卑心理,树立自信意识。

高校毕业生要想促使自己充满自信,那么在日常生活中,就必须培养自己良好的人格品质,逐渐培养自己自信、乐观、坚强的良好品质,同时要有自强不息、开拓创新的精神,从而逐渐树立起自己的自信心。现实情况中,求职者遇到挫折或者遭遇用人单位拒绝其实都是一件非常平常的事,高校毕业生应该对自己充满自信,相信自己能够解决难题,勇敢地面对困难,而不是被困难吓倒、屈服于困难。同时,高校大学生应该经常对自己美好的未来进行憧憬,这样可以为大学生的努力提供源源不断的动力，给自己希望，然后向着希望不断努力、奋斗，最终达到理想的彼岸，找到适合自己的工作。

2. 正视社会现实

每个人都是现实社会群体中的一分子，在现实社会中扮演着不同的角色，所以，正视社会现实是高校大学生择业过程中健康心态的重要体现，也是大学生择业过程中必须具备的一个素质。毕业生拥有积极的心态具体表现为能够正视社会现实、适应社会环境；而消极的心态则表现为逃避社会现实、与社会现实相脱离。当前社会，经济时代已经到来，社会也越来越尊重知识、尊重人才，而且随着我国市场制度的不断完善以及企业用人制度的不断完善，社会将为高校大学生提供更加公平、公正、合理的择业与就业环境，大学生也会有更多的择业选择、更多的择业机会，这也是大学生充分施展自身才华的重要保障。但是就目前的社会现实来看，社会市场经济发展还不够完善，各种制度也不够健全，而且社会上仍然会出现一些不公平的现象，所以当前社会为大学生提供的工作岗位不可能让每一位大学生都满意。因此，高校大学生一定要从自身的现实情况出发，树立正确的择业观念，敢于竞争，通过努力获得用人单位的认可。正视社会现实还表现为大学生根据社会需要选择合适的工作，而不是不切实际地追求好单位、高工资或者好待遇。每个人的生存与发展都离不开社会现实，人无法离开社会而单独存在，因此每个人理想的实现都是建立在他所处的社会环境的基础之上的。大学生择业是大学生的人生需求，这一需求当然也受到社会条件的限制和制约。综上所述，高校大学生一定要正视自己当前所处的社会，立足于社会现实和自己素质、条件理性择业，选择适合自己的职业。

3. 培养独立意识

高校大学生已经是成年人，有为自己行为负责的能力，步入社会之后，用人单位也会将大学生看作能够为自己行为负责的成年个体，因此进入高校之后的大学生就必须要树立独立意识，不能再依赖别人，让别人为自己承担错误或者责任。首先，大学生要有意识地培养自己独立生活的能力。高校大学生应该从日常生活小事开始，刻意地训练自己独立处理问题的能力，发展自己的各项技能，包括生活技能、工作技能等，刻意地摆脱父母与亲朋好友的关心与呵护，学会独立。其次，高校大学生要培养自己独立处理学习、工作中遇到的问题的能力。高校大学生需要充分发挥自己的创造性，不要等到家人或者老师安排之后再去完成，而是有一定的发现问题、发现工作的能力，在顺应环境的基础上适应环境，让环境为自己的工作服务。最后，高校大学生要从根本上获得独立：思想上和心理上。高校大学生要从思想上意识到自己将来要走的路，要有自己的观点和想法，为自己设定一定的奋斗目标，能够独立处理各种问题，使自己的思想体系不断得到发展与完善；高校大学生最重要的就是要获得心理上的独立，其中自信心是心理独立的关键，不管是顺境还是逆境，都应该勇敢地面对，并且相信所有的困难都是一时的，只要自己努力总是可以克服。高校大学生要做到自尊、自爱、自信、自强，始终保持乐观、积极进取的心态。

4. 正确对待挫折

面对挫折的态度就像是一块试金石一样，它能够体现出一个人的心理是否健康，能否勇敢地面对挫折。如果一个人没有健康的心理，那么这个人就很容易知难而退，甚至陷入极端情绪。每个人的求职历程都不是一帆风顺的，高校大学生在求职过程中应该保持一个健康的心理以及积极向上的态度，即使是遇到了困难也不要退缩，保持清醒的头脑，认真分析问题、解决问题。高校大学生在遇到挫折的时候只有经过了自己认真分析，才能知道问题出现的原因是什么，也才能够对症下药，尽快地解决问题。有的高校大学生在求职初期由于连续碰壁就开始灰心、垂头丧气，不愿意再给自己一次求职的机会，这样最终只能导致自己求职无望，事业无成。所以，要勇于面对挑战，知难而进，百折不挠。通向成功的道路从来都不是平坦开阔的，而是布满了荆棘、充满了泥泞，只有勇于克服困难、勇于迎接挑战的人才能通向成功的彼岸。对待挫折不是被动适应和一时忍耐，而是应该在逆境中成长，在困难中成熟，成为一个勇于克服逆境的人。

第三节 解读大学生就业权益保障

高校大学生的求职权与上岗权是由法律保护的，但是在实际求职过程中，大学生由于各种原因总是在无形中被剥夺求职的权利，这极大地损害了求职者的利益，同时也使高校大学生的求职积极性得到了挫伤与打击，对其未来职业的发展造成了很大的不利影响。所以，高校大学生在求职的过程中应该学会使用法律的手段坚决维护自身的合法权益，捍卫自己的利益。高校大学生一般都是在毕业之后才会真正地踏上求职的道路，毕业生在求职的过程中对自己权益的保护主要由两个阶段组成：一个是毕业生在求职过程中（首次就业）的权益保护；另一个就是毕业生在上岗后（劳动关系）的权利保护。权益保护阶段的不同就意味着保护侧重内容的不同，求职中的权益保护侧重的是大学生就业协议的签订或者试用期期间劳动纠纷的处理；上岗后的权利保护则侧重于劳动合同的履行。

一、大学生的就业权益

高校大学生是当前我国一个非常重要的群体，每年的毕业生人数都在增加，他们也是每年求职的重要组成群体。高校毕业生在求职过程中实际上享有多方面的权益，其主要包括以下六个方面的权益。

（一）获取信息权

对于高校大学生就业来说，就业信息是最为重要的内容，如果没有就业信息，高校大学生就无从谈起择业与就业，因此可以说，就业信息是高校大学生成功地进行择业与就业的前提条件。高校大学生只有获得了充分的就业信息，才能够在就业信息的基础之上根据自身条件与能力选择适合自己的工作岗位。高校大学生获取就业信息权主要包含以下三个方面的内容。

1. 就业信息公开

所谓的就业信息公开指的就是任何用人单位不得向高校毕业生隐瞒、截留就业信息，高校毕业生有知晓就业信息的权利。

2. 就业信息及时

就业信息及时指的就是高校毕业生有及时知晓就业信息的权利，而且就业信息需有效。那些过时的、无效的就业信息不得传递给高校毕业生。

3. 就业信息全面

高校毕业生有权通过正当渠道获得他们所需要的准确而全面的就业信息，这样做可以帮助毕业生提前对用人单位有所了解，并选择适合自身条件与能力的工作，促进高校毕业生快速就业，实现高质量就业。

（二）接受就业指导权

高校毕业生可以享受学校的就业指导，对此学校也应该成立专门的大学生创业与就业指导部门，聘请专业的就业指导人士对高校毕业生进行及时毕业就业指导，这一指导是多方面的，主要包括国家正在施行的就业政策、方针、就业与择业技巧等。同时还需要引导高校毕业生进行理性择业，充分结合自身能力与特点选择适合自己的工作岗位。

（三）被推荐权

高校毕业生有被推荐到相关岗位就业的权利。学校专门管理大学生就业的部门有责任向用人单位推荐本校的毕业生，这对于高校毕业生的就业起到关键作用。高校毕业生所享受的被推荐权主要有以下几个方面的内容。

1. 如实推荐

如实推荐指的就是高校就业管理部门在向用人单位推荐高校毕业生时应该根据大学生的具体情况，做到实事求是。不得无中生有，随意贬低毕业生，同时也不能对高校毕业生的优势和长处进行隐瞒，应该将毕业生的表现如实地呈现给用人单位。

2. 公正推荐

高校在推荐毕业生的时候应该本着公平、公正的原则，不可以偏袒一些大学生、贬低一些大学生，这严重侵犯了高校毕业生公正推荐的权利。高校应该为每一位毕业生都提供同等的就业机会，让其公平竞争。

3. 择优推荐

高校在推荐高校毕业生的时候可以适当择优推荐。所谓的择优推荐指的就是高校在向用人单位推荐高校毕业生的时候可以在公平、公正的基础上，对于在校表现非常优异的毕业生进行优先推荐，而用人单位在对人才进行选拔的时候也应该择优录用，从而做到"人尽其才"。这样做不仅可以让用人单位录用到更优秀的人才，同时也有利于激发大学生的自我积极性。

（四）选择权

我国早就做出了相关规定，高校毕业生需要在国家就业方针与政策的指引下进行自主择业。用人单位在有选择性地录用人才的同时，高校毕业生也有自主选择工作岗位的权利，大学生在进行自主择业的时候，学校与用人单位不得干涉。任何人、任何单位不得强迫高校毕业生到本单位进行就业，都应该尊重毕业生的就业意愿，不得侵犯高校毕业生的自主选择权。高校毕业生可以根据自身的条件与专业能力和用人单位签订用人合同，以保护自身的合法权益。

（五）公平待遇权

用人单位在对高校毕业生进行录用的时候应该本着公平、公正与一视同仁的原则，不得以各种理由歧视高校毕业生。但是就目前用人单位对人才的录用情况来看，还是存在缺乏公平、公正的现象，完全公平与开放的就业环境还有待形成。比如一些女生在毕业之后找工作较为困难，用人单位会因为女生的各种限制条件而拒绝录用女性毕业生。

（六）违约及求偿权

三方协议是刚刚毕业的高校大学生择业权利的保障，三方主要指的是学校、用人单位和高校毕业生本人，其三者一旦签订协议就具有了法律效力，任何一方不得随意毁约。在签订了三方协议之后，如果用人单位无故毁约，那么高校毕业生就有权利要求对方按照协议进行赔偿，要求用人单位承担违约责任。

二、大学生就业法律保障

为了使高校毕业生在毕业之后能够顺利地择业、就业，我国政府近几年来陆续出台了很多政策、法规，以保障我国高校毕业生择业与就业的权利。

（一）就业协议的法律性质

1. 就业协议的内涵及特征

所谓的就业协议指的就是高校、用人单位和高校毕业生三者的权利与义务的书面呈现。就业协议可以使高校大学生的就业权利得到有效保护，对于刚踏入社会的高校大学生来说，就业协议无疑是有着重要作用的。就业协议是以毕业生所在的高校为推荐人，由毕业生与用人单位签订的就业意向协议，这一协议明确规定了高校、用人单位和高校毕业生三者所享受的权利与应该履行的义务。就业协议具有法律效力，具有强制性特点，用人单位如果要录用某一高校毕业生就必须与该生签订就业协议。就业协议有着鲜明的法律特征，其主要有以下三个方面的内容。

(1)主体。就业协议使用的主体是学校、用人单位与高校毕业生,在这三者中,高校也是协议签订方之一。就业协议对用人单位的性质并不做要求,它适用于所有合法、正规的企业、公司等。

(2)内容。就业协议的内容除了规定高校、用人单位和高校毕业生三方的权利与义务之外,还包括毕业生的个人基本情况,这一基本情况必须是真实的,不可以蓄意隐瞒,也不可以无中生有。用人单位在录用毕业生的时候也会参考就业协议上毕业生的在校表现,因此就业协议上的内容必须是真实、有效的。高校毕业生在与用人单位签订就业协议之后应该将其中的一份留在学校,学校做毕业生就业情况统计用。需要指出的是,就业协议中规定的权利与义务只适用于毕业生就业过程,而对于毕业生在具体工作中所享有的权利与义务没有做出规定。

(3)合同类型。就业协议是高校毕业生和用人单位之间签订的一份意向协议,其同样适用于我国的《合同法》。就业协议已经签订就具有了法律效力,任何一方不得随意毁约,否则需要承担相应的法律责任,其对毕业生和用人单位都起到约束的作用。

另外,高校大学生需要知道,一般情况下,就业协议都是由我国教育部或各省、自治区、直辖市就业主管部门统一制定的。

2. 就业协议的主要内容

(1)高校毕业生在择业的时候应该按照国家的相关法律、法规,实事求是地向用人单位介绍自己的情况,包括个人的基本情况、专业技能等方面,向用人单位及时地阐明自己的工作意向,不得隐瞒。与此同时,如果毕业生和用人单位签订了就业合同,那么毕业生需要按照规定到用人单位进行报到,如果不能及时报到需要向用人单位说明情况并征得用人单位的同意。

(2)用人单位在面试毕业生的时候应该如实介绍自己单位情况,不得蓄意隐瞒事实,与此同时,用人单位还需要及时了解毕业生的工作意图,以免造成刚入职就离职的情况。同时用人单位还要做好对毕业生的接收工作。

(3)学校也有责任让用人单位了解大学生的实际情况,不得一味地追求学校的就业率而隐瞒大学生在校的真实表现,从而误导用人单位。如果用人单位同意了录用某一毕业生,那么经过学校审核之后就可以报请就业管理部门进行批准,派遣手续则是由高校统一办理。各方在签订就业合同之后不得违约,否则需要承担相应的违约责任。

（二）劳动合同的法律性质

1. 劳动合同的内涵界定

与就业协议不同，劳动合同一般是由毕业生与用人单位双方签订的，这一合同的作用在于确立劳动关系，明确签署双方的权利与义务。

2. 劳动合同的必备条款

我国相关法律规定，劳动合同必须以书面的形式进行订立，并且合同中还需要有以下七个方面的条款。

（1）劳动合同的期限。劳动合同的期限指的就是劳动合同从签署之日到合同终结之日的这一段时间。从目前我国的劳动合同期限来看，主要有三种形式：一是固定期限；二是无固定期限；三是以完成一定的工作为期限。其中，固定期限的劳动合同在白领工作中比较常见。需要注意的是，固定期限的劳动合同必须要求用人单位明确合同的签署日期和终结日期。应聘者在签订劳动合同时有一定的自主权，即使已经在某一个单位工作了十年之久，其工作人员同样可以要求和用人单位签订无固定期限的劳动合同。需要注意的是，无固定期限的劳动合同需要用人单位对劳动合同的开始期限及终止条件进行明确。

（2）工作内容。工作内容指的就是工作者所从事的工作和占据的工作岗位。在签订劳动合同时应该要求用人单位注明工作职位和具体岗位，以做到定岗定位。

（3）劳动保护和劳动条件。现实生活中，有很多高校毕业生在签署劳动合同时都不太注意劳动保护和劳动条件这一部分，而事实上这一部分却是劳动合同中非常重要的部分，同时也是内容最广泛的，其几乎涵盖了半部《中华人民共和国劳动法》。所以，劳动者尤其是高校刚刚毕业的大学生应该尤其注意这一部分，在签订劳动合同时仔细阅读。

（4）劳动报酬。劳动合同上应该标明劳动报酬的具体数额，如果不是具体数额也可以是具体的劳动报酬计算方法及支付日期，同时用人单位还需要向劳动者说明这一劳动报酬是税前还是税后。

（5）劳动纪律。对于劳动纪律这一方面，劳动法中还没有做出过多的规定。劳动合同中的规定通常都是一般性规定。劳动纪律这一方面的内容通常都反映在企业内部的规章制度中，劳动者在工作之前也应该提前对这一内容有所了解，因为劳动者在日后的辞职或者解聘中会涉及这一方面的内容。

（6）劳动合同终止的条件。劳动合同终止的条件不是随意提出的，而是要以我国相关的法律、法规为依据进行订立，对于那些不符合劳动法律规定的合同终止通常都是无效的。在现实情况中，有的用人单位会把法律规定的劳动合同解除条件约定为劳动合同终止条件，从而尽量不承担因为合同终止而带来的补偿责任，这种劳动合同终止条件的约定是不符合法律的，是违法行为，即使约定了也是无效的。

（7）违反劳动合同的责任。违反了劳动合同通常都需要违约方赔偿一定的违约金，劳动合同中对劳动者违约金的约定只有两种类型，一种是违反服务期的约定；另一种就是违反保守商业秘密的约定。除了上述两种类型之外，其他的约定都可以看作无效约定。

上述提到的七个条款是劳动合同产生法律效力的法定要件，缺一不可。但是需要劳动者注意的是，劳动合同无效并不代表劳动关系无效。即使劳动合同在形式上有一定的不足和缺陷，但是只要劳动者与工作单位有劳动关系，劳动者的合法权益同样是可以受到法律保护的。除了上述七项条款之外，劳动者还可以与用人单位商议约定其他的内容，只要双方达成一致。

三、大学生求职陷阱防范

从现实情况来看，我国当前的就业市场还不够完善，高校毕业生由于刚进入工作单位，所以维权意识也比较淡薄，与此同时也会出现监管乏力的现象，这些都导致一些用人单位在用人方面存在就业歧视、弄虚作假、收取押金和侵犯隐私等现象。

（一）常见的求职陷阱

1. 高薪陷阱

从现实情况中看，有很多用人单位在对外发布招聘信息时，通常都将高薪作为诱饵，以此来吸引更多的大学生前去面试。但是当毕业生正式上岗之后才发现自己的报酬并不像用人单位说的那样，用人单位也会寻找各种理由回避这个问题。

2. 传销陷阱

传销是国家明令禁止的一项违法活动。从现实情况来看，当前传销组织蒙骗的首选对象就是刚刚步入社会的高校毕业生。高校毕业生一旦踏入传销组织就很难使自己得到解救，其会被限制人身自由，被迫从事传销活动，还会要求毕业生交纳高额的入门费用。不仅如此，传销组织还会通过扣押毕业生身份证等有效证件的方式阻止受骗者离开。与此同时，受骗者还会被迫和自己的亲戚朋友取得联系，以从中谋取利益。

3. 协议陷阱

就业协议对高校毕业生和用人单位都具有一定的约束力。按照有关规定，就业协议并不能代替劳动合同或聘用合同。高校毕业生在签订就业协议时通常会遇到以下几种陷阱：

第一，用人单位只是愿意录用毕业生但是并不与毕业生签订就业协议书。

第二，用人单位与毕业生签订就业协议之后就不再签订劳动合同。

第三，用人单位不愿意将对毕业生做出的承诺写进劳动合同中。

第四，用人单位不遵循毕业生的意愿，强行与毕业生签订"霸王合同"，指大学生在择业与就业时因为种种原因而不敢对可能会使自己权益受损的条款提出异议，甚至在签订协议时用人单位会添加无理条款，而大学生由于害怕找不到工作而被迫同意。

4. 试用期陷阱

试用期实际上就是劳动关系的试验阶段，指的就是用人单位和劳动者为了对彼此有更多的了解而约定的考察期。在试用期内，用人单位会对劳动者的工作能力进行考察，而劳动者也会对用人单位的情况进行了解考察，其实质上是用人单位与毕业生双方互试的过程。但是现在有很多用人单位拿试用期哄骗毕业生，主要表现在以下几个方面。

第一，用人单位规定的试用期时间太长，或者和劳动合同规定的期限不相符合。

第二，用人单位要求毕业生在试用期内如果离开的话就要承担违约责任。

第三，试用期内，用人单位无故辞退毕业生。

第四，直接用见习期代替试用期。

第五，与毕业生强行约定实行两个试用期。

第六，在与劳动者续签劳动合同时依然为劳动者设定试用期。

第七，试用期的工资比当地的最低工资标准还低。

5. 剽窃陷阱

有一些公司要求应聘者在应聘时设计一些程序或者广告等，以此来考察求职者的能力，有一些公司实际上就是借助这一点将求职者的作品占为己有。

6. 收费陷阱

收费陷阱实际上在生活中很常见，它指的就是用人单位借助面试的幌子向面试者收取押金、保证金、培训费等。有一些高校毕业生由于着急找工作就缺失了辨别能力，向用人单位交纳了一定的金额。

7. 劳务陷阱

高校大学生在求职的时候，看到招聘单位招的是合同制员工，但是在被正式录用之后却发现自己变成了"劳务工"或"派遣工"。

（二）求职陷阱的防范

高校大学生在对求职陷阱有了一定的了解之后，接下来的防范就简单了很多。这些求职陷阱实际上还是比较容易辨别的，只要求职者保持足够的警惕。对于求职陷阱的防范主要有以下两个层面。

1. 学校层面

（1）加强就业政策宣传教育。高校主管大学生就业的部门应该及时向大学生普及这些求职陷阱，帮助大学生认清楚当前严峻而复杂的就业形势，同时向大学生普及国家最新的就业政策和法规。

（2）多向大学生介绍防范求职陷阱的知识。刚刚走出大学校门的高校毕业生难免显得稚嫩，社会经验明显不足，而且做事通常缺乏谨慎的考虑，对求职陷阱的辨别对他们来说可能存在一定的困难。高校应该对大学生的求职陷阱防范意识进行加强，对高校大学生进行及时的陷阱防范教育。与此同时，高校需要向大学生普及正规的招聘信息网站，拓宽高校大学生获取就业信息的渠道。并且教会大学生能够根据自身的专业能力对公司工资进行可信度辨别，到公司应聘的时候要及时咨询自己不懂或者不确定的问题，不要被用人单位表面华丽的说辞迷惑。

2. 学生层面

（1）端正就业心态。首先，高校大学生在校期间一定要用心地学习，努力掌握自己的专业知识，培养自身的专业技能，提升自身的工作综合能力，为以后踏入社会找工作打下坚实的基础；其次，高校大学生不要抱有侥幸的心理，要始终相信"一分耕耘，一分收获"，不要相信不劳而获的谎言，不要轻易相信用人单位所谓的高工资、高待遇挣钱快等消息。高校大学生要始终坚信，好的事物都是自己奋斗得来的；最后，高校大学生对自己要有一个清晰而全面的认识，了解自己适合做什么工作，自己的工作能力是怎么样的，不要被别人的甜言蜜语迷惑，不要轻信别人。

（2）不断增强法律意识。高校大学生无论是在校还是步入社会都要不断地学习相关法律，比如《中华人民共和国劳动法》《中华人民共和国合同法》等，因为这些法律与我们的工作、生活息息相关，高校大学生在步入工作之后应该学会维护自身的合法权益，提高辨别不法行为的能力；除此之外，高校大学生应该树立法律意识和自我保护意识，遇到不合法的侵权行为一定要善于使用法律保护自己，不给违法分子以可乘之机。

第五章 大学生就业素质能力提升及角色转换

第一节 培养大学生良好的职业素质

一、职业素质的内涵及基本要求

职业素质是劳动者对社会职业的了解程度与适应能力的一种综合体现,其主要表现在职业兴趣、职业能力、职业个性及职业情况等方面。影响和制约职业素质的因素很多,主要包括:受教育程度、实践经验、社会环境、工作经历以及自身的一些基本情况(如身体状况等)。

职业素质的基本要求包括以下七个方面。

(一)从事科研型职业的素质要求

关于科研型职业,一般包括自然科学研究和社会科学研究两大类。科研工作是一种创造性劳动,科研人员应该具备以创造力为核心的知识结构。具体来说:具备宽厚扎实的基础知识和外语交流能力;既有专长又有渊博的知识,达到专与博的有效结合;具备创造力、熟练的基本技能、理论理解力、应用判断力以及将其融会贯通、协调结合的能力;具备独立思考、勤于实践、不怕挫折的良好心理素质。

(二)从事管理型职业的素质要求

关于管理型职业,一般主要包括国民经济管理、企业管理、金融管理,财政管理、外贸管理、行政管理等工作。从事管理型职业的人员应具备的素质主要包括:能忠实贯彻国家的方针政策并能灵活运用,有高度的公仆意识;具备坚实的管理专业理论和实践知识,同时具有广博的自然知识和社会知识;具备一定的领导、组织协调和社交才能以及中外语言文字表达能力;具有健康的身体和充沛的精力,以应付千头万绪和千变万化的工作。

(三)从事事务型职业的素质要求

关于事务型职业,是指与组织机构内部日常的制度性、规范性、信息传播等有关的事务处理的职业活动。例如,打字员、档案管理员、办事员、秘书、图书管理员、法院书记等从事的便是事务型职业。事务型职业对从业者的素质要求,在知识方面侧重于基础文化知识,对于职业技术专业知识有较为具体的要求,如要求从业人员懂得统计,档案管理知识,熟悉专门法规和规章条例等,一些涉外单位对外语也有较高要求;在能力方面要求具有较强的社交能力、语言表达能力和办事能力等。事务型职业中不少岗位要求从业人员严守纪律,保守机密,有的还有礼仪方面的特殊要求。

(四)从事工程型职业的素质要求

关于工程型职业,主要是指工业、建筑业等行业的工程技术人员从事的职业。此行业人员要有不辞劳苦、艰苦奋斗的创业精神和严肃认真、一丝不苟的工作态度;要谦虚谨慎,深入工作第一线,能和同事密切合作;在牢固掌握专业知识的基础上,对相近专业的知识要比较了解,并有较好的外语水平、计算机应用能力、语言表达能力和将理论应用于实践的能力。

(五)从事文化型职业的素质要求

关于文化型职业,一般指作家、服装设计师、音乐家、舞蹈家、摄影家、书画家、雕刻家、广告设计师等种类。文化型职业在知识和能力方面对从业者的素质要求:一是能博采众长和广泛涉猎;二是具有敏锐的观察力;三是具有丰富的想象力;四是具有坚强的毅力;五是具有得天独厚的艺术天赋;六是具有不断创新的精神。

(六)从事社会型职业的素质要求

社会型职业一般包括教育、救死扶伤、提供公共服务、协调人际关系、为人们提供生活便利等方面的工作。例如,教师、医生、律师、法官、广播电视工作者等社会公共事业服务人员从事的便是社会型职业。社会型职业要求从业人员在知识素质方面具有基础的科学文化知识，尤其是具有广泛的知识面和职业要求的专门知识；在能力素质方面有一定的理解能力、社会活动能力、组织协调能力、自身形象设计能力和文字表达能力等。

（七）其他素质要求

随着经济的全球化，人才竞争的国际化，中外文语言的表达沟通能力和计算机操作使用技能已经成为从事各种职业类型所要具备的基本技能。

二、职业素质构成

（一）思想道德素质

思想道德素质好比人的灵魂，是人的一切活动的主宰，决定着人的行动目的和方向。它是指人在一定的社会环境和教育的影响下，通过个体自身的认识和社会实践，在政治倾向、理想信仰、思想观念、道德情操等方面养成的比较稳定的品质。人的思想道德素质主要是通过后天教育，通过知识的"内化"养成并不断提高的。

在我们社会主义市场经济环境下，坚定正确的政治方向在思想道德素质中是第一位的。在中国当今的社会里，坚持社会主义道路，坚持无产阶级专政，坚持中国共产党的领导。正确的政治方向是将来从事多种职业，为国家和集体多作贡献的重要动力。爱国主义、集体主义是驱动青年报效祖国、立志成才的巨大精神力量，青年大学生应把自己对祖国无限深切的爱全部倾注在自己的工作中，艰苦创业，无私奉献，遵纪守法，为祖国的繁荣昌盛贡献一切力量。当代青年大学生是跨世纪的社会主义事业的建设者和接班人，当代青年大学生的这种特殊的地位和作用，决定了他们必须具有较高的思想道德素质。具体应从以下三方面加强自身的思想道德修养。

1. 热爱祖国

热爱祖国是对祖国最真挚的感情，要树立国家观念，增强民族意识和民族自豪感，热爱祖国的山河、文化、人民以及悠久的历史和优良的传统，了解社会主义建设的伟大成就，树立为祖国建设奉献毕生精力的信念。

2. 发扬集体主义精神

一切以集体利益为出发点，坚持集体利益高于个人利益，个人利益服从集体利益，在维护集体利益的前提下，把集体利益和个人利益结合起来，培养团队精神和合作品质。

3. 培养良好的职业道德

职业道德是一个历史范畴。职业道德是社会道德的有机组成部分，是社会道德原则和道德规范在职业生活中的具体表现。它包括职业态度、职业道德修养水平等。社会主义职业道德是每个劳动者在职业活动中必须遵循的行为规范，其核心是为人民服务。社会主义职业道德规范的具体要求是：诚实守信，爱岗敬业，服务群众，奉献社会。一个人只有具备一定的道德修养，才能在职业活动中，刻苦钻研业务，提高技能，讲究信誉，忠实地履行岗位职责。

（二）科学文化素质

科学文化素质是指人们对自然、社会、思维、科学知识等人类文化成果的认识和掌握的程度。它包括：科学精神、求知欲望和创新意识。科学精神就是从实际出发，按事物发展规律办事，不迷信、不盲从、不附和，以客观事实为依据，概括地说就是实事求是。21世纪是一个信息技术、生物技术、新材料、新能源技术、空间技术和海洋开发技术发展的全新时代，这是迄今为止科技发展和社会发展史上规模最大、发展最快、影响最深的科技革命。由于知识更新加快，我们在学校所学的部分知识已远不能适应社会、经济发展的需要，因此，大学生应在实践中不断学习先进的文化专业知识，拓宽知识面，提高自己的文化专业知识素质，以适应形势发展的需要。同学们在学习科学知识，进行实验研究时要一丝不苟，精益求精。现代科学研究需要依靠集体的力量，它要求参与者应具有团结协作、严守纪律、严肃认真和执着追求的工作态度，我们在学习和工作过程中应注意这种精神的培养。

科学文化素质不仅影响着人们的生活质量，也影响着人的思想观念和价值标准。科学文化素质是职业素质的基础。如果不掌握一定的科学文化知识和构建合理的专业知识结构，就不可能拥有过硬的职业素质。

（三）技术技能素质

技术技能素质是指，任职者从事某种专门职业所必须具备的智力技能和操作技能。操作技能与智力技能统一存在于人的实践活动中，两者既有区别，又有联系，并可相互转化。所谓智力技能，是指借助于言语在头脑中进行的智力活动的方式，如阅读、心算、解题、作文等方面的技能。所谓操作技能，又叫动作技能，指书写、打字、演奏乐器、使用生产工具等，当这些动作以完善合理的方式组织起来，并近于自动化时，就会成为动作技能。

掌握技术技能，是就业的基本条件，也是开发智力、培养能力、在本职岗位上作出贡献的需要。专业技术技能的形成不仅是领会、巩固和应用知识的重要条件，而且对于人的智能的发展，特别是职业活动中所需的独立工作能力和创造力的发展，具有极大的促进作用。技术技能在一定程度上决定了就业者在本职岗位作出贡献的程度。因此，要使自己能在职业活动中为社会作出更大的贡献，就必须掌握一定的技术技能。

（四）生理、心理素质

在市场经济体制和高新技术飞速发展的新形势下，我们不仅要学好基础知识，掌握特定的专业技能，还要有强壮的体魄和健康的心理，这样，才能在竞争激烈的市场中脱颖而出，在未来的工作岗位上出类拔萃。积极健康的情感使人思路开阔，思维敏捷，有利于我们适应社会；意志是人类所特有的心理现象，能经受挫折，有坚强的意志是成就事业的基石。

一般来说，心理素质的好坏体现在心理状态的正常与否、个体心理品质的优劣、心理能力的强弱等方面，体现在个体行为习惯和社会适应状态之中。身心素质是从事职业活动的重要条件，是成就事业的基础。因此，同学们在校期间要积极参加各项有益身心健康发展的体育锻炼和社会活动，不断提高自己的身心素质。当今社会生活节奏快，工作压力大，我们特别要注意培养健康的情感和坚强的意志。

第二节　全面提升大学生的职业能力

一、养成良好的职业习惯

对于刚刚毕业的大学生而言，是否能够培养出良好的职业习惯以及较高的职业素养是其能否在职场生存发展的根本。

（一）职业资源管理——保证长远发展

1. 职业资源管理及其重要性

职业资源管理是指对工作中积累的重要资源进行管理，主要是指信息资源和人脉资源，这些资源将会对日常工作产生巨大的支持作用，资源是否充分将影响到未来职业生涯发展能否顺畅。信息资源是指在工作中收集的有关信息、积累的经验、学习到的知识等；人脉资源简单说就是职场生涯的人际关系网络，包括业务关系、工作关系、朋友关系等。职业资源管理就是对这些资源本身以及与其相关的资源如设备、设施、技术、资金、信息、人员等进行管理和储存备用的过程。

对职业资源进行管理是极为重要的。它可以帮助整合能够利用的所有财力、物力、人力等，并且在整合的过程中得到新的利好信息，再次服务于工作。在这个信息发达的时代，拥有无限发达的信息，就拥有无限发展的可能性，事业发展的平台就越广阔。大学生职业生涯发展规划与就业创业指导着手对职业资源进行管理就是职业生涯初期的储备工作，对于职场新人来说，无论选择怎样的职业发展方向，职业资源支撑都是以后职业发展的丰厚财富。在工作中熟悉工作流程，学习核心业务，熟悉行业特点，获得行业信息；与领导、客户、同事甚至是对手建立良好的人际关系都是资源管理的过程。

2. 获取职业资源的方式

（1）扩大工作接触面。想要获得更多的职业资源，就必须扩大自己的工作与生活接触面，这就需要在工作中做出成绩，获得更多的机会和认可，这样也就有机会获得更多的资源，反过来，资源逐步丰富也可以促进未来工作的开展。

（2）从身边获取资源。职场新人在工作初期一般是在模仿中成长的，其大部分工作都是模仿重复，强调工作效率，而不是创新。因此应该抓住身边的几个重要人物，从他们身上开发资源的渠道。首先要抓住工作中的"师傅"或直接上级。

他能教给新员工实际的技能、工作经验与事半功倍的技巧。同时，直接上级与员工既是上下级关系，也是服务关系。从某种意义上说直接上级是在为员工服务，他有责任帮助员工获得最多的、最直接的资源。因此，应该懂得沟通，懂得向上级获得资源帮助。除此之外，同事也是工作中的有效资源，新员工在获得同事帮助的同时，也进行了感情的沟通。客户是最容易忽视的资源渠道，有了客户的帮助不仅可以使工作更具有针对性，也可以更多地掌握市场动向。

（3）自我分析捕捉。新员工在工作过程中要培养捕捉信息的意识，提高对信息和资源的敏锐度，以及处理信息的分析、分类、汇总的能力，通过分析工作交流信息、网络信息、行业相关报纸、杂志信息，捕捉更多的信息资源，从而更多地了解行业动态，知道行业中的前沿科技、新产品、新市场。这些信息都可以作为不断完善自我，改进工作方式的参考。

3. 进行有效的职业资源管理

进行有效的资源管理必须采用积极主动的态度。

（1）要多沟通。沟通是认识和利用职业资源的过程，只有有效地沟通才能与资源获得更直接、更深入的联系。

（2）多思考。在工作过程中，勤于思考不但可以有效规划和利用已有资源，还能够因此而发现新的资源。

（3）多动手。建立自己的职业资源库，信息资源要进行分析、整理，人脉资源要把人按行业分类等。"好记性不如烂笔头"，获得资源后如果不能及时记录并且分析整理，必将造成资源的丢失。

（4）多联系。这主要是指人脉资源，大多数时间，信息资源也是通过人脉资源获得的，保持联系是维系自己与人脉之间良好关系的重要手段。

（二）学习积累——保持职业青春

1. 学习积累的重要性

如果说时间管理可以帮助职场新人高效地开展工作，资源管理可以使其不断地蓄积勃发的实力，那么学习积累就是保持职业青春的唯一法宝。

无论学习多刻苦、知识多么渊博，在工作中总会遇到这样或那样的新情况、新矛盾、新问题，如果长期不总结自己，积累知识，也很难驾驭新矛盾，应对新变化。这就需要职场新人在工作中努力培养自己的知识积累，养成良好的积累和总结，反思习惯，在总结中反思，在反思中积累，刚刚步入工作岗位的新员工更是如此。

工作中的学习，主要是对新的业务知识、经验教训等多方面内容的学习以及自身和同事实际经验的积累。当知识与经验储备达到一定的程度，就会完善对事物的看法，转化成自身的智慧，提高职场新人应对新情况，解决新问题的能力。不要像大学时代一样只习惯于从书本上学习知识，要扩大自己的视野，在实践中发现更多的学习途径。正如以上所述，要向前辈学，向直接上级学，向同事学，向竞争对手学，还要向客户学。

2. 学习积累的方法

懂得了学习积累的重要性，更要懂得科学、有效的学习积累方法，这对于快速提高个人能力和素质非常重要。在工作中可以运用以下六种简单的方法。

（1）进入角色。只有进入工作状态，真正做到务实、钻研、苦干，才能找准自己的位置，知道自己在做什么，该怎么做，才能从中获取有用的收获。

（2）做工作中的有心人。这说起来容易，做起来困难。这就要求职场新人每遇到一件事时，都要尽量想到与之相关的方方面面的事情，每一件事都认真琢磨、仔细研究、用心对待。只有这样，才能做到事半功倍，举一反三。

（3）用脑工作而不是用手、用记忆工作。要在工作中勤于思考。不总结、不回顾、不思考则只能盲目听从其他人的决定。只有在工作中思考，积累到的知识或经验才是真正属于自己的。思考还可以避免在工作中走弯路，可以在工作中不断得到启发。

（4）学会借鉴。要善于通过别人的成败确定自己的"ABC规则"。不仅是在工作中，而且在日常生活中，无论是看书、读报、看电视、浏览网络，还是现实接触，总会有成功和失败的例子，应该学会分析和总结他们为什么成功，为什么失败。把从中得到的启示应用于自身，变成自己的生活规则、学习规则和工作规则。这样的学习和总结就是让别人的人生成为自己的试验品，以免再走弯路。

（5）善于倾听。善于倾听，得到别人的启发，会有"听君一席话，胜读十年书"的慨叹，这就是倾听的魅力。无论是听领导讲话，布置工作任务，还是参加讨论、沟通和交流，都不可左耳听右耳出，仔细分析揣摩，就会得到新的收获和启发。

（6）总结不足。敢于剖析自己，看到自己的差距和不足，走出天之骄子的幻境，这对毕业生认识自我是非常重要的。总结不足可以说是开展学习和积累的前提，是应该长期坚持的好习惯。

（三）换位思考——保证职业清醒

克鲁泡特金在《互助论》中证明，只有互助性强的生物群才能生存，对人类而言，换位思考是互助的前提。步入社会，首先强烈感受到的就是员工与单位、与所在团队是一个不可分割的利益共同体。从这个角度来看，员工必须站在单位的角度思考问题，努力实现公司的愿景、无条件地服从才能避免内耗，达到最高的执行力。站在单位的角度思考问题，首先要从领导的角度思考问题，与领导达成一致，这样就可以少走弯路、少犯错误，实现自身能力的最大限度发挥。

现实中大部分工作是在与别人合作的情况下完成的，在工作的传递过程中，应该注意对上下环节负责，多站在共同合作的同事的立场进行思考，例如，要考虑什么样的工作成果传递到他的手中对他来说是最有用的、最容易继续工作的。这种传递工作的方式不但帮助了别人，也会使自己获得相应的反馈。

有些工作的下一环节就是客户，如销售工作。这时就需要站在客户的角度想问题，既要全面，又要具体。客户不但是提供报酬和机遇的上帝，更是市场需要的直接反馈者，只有满足客户需求、市场需求，才更有利于公司事业的顺利进行。

二、把握细节、寻求发展

（一）精益求精、追求卓越——工作态度上的细节

工作态度是对工作所持有的评价与行为倾向，包括工作的认真度、责任度、努力程度等。

正确的工作态度应该是以永不满足现状的进取精神和一丝不苟、扎扎实实的工作作风，高标准、高质量、高效率地完成各项任务，不断取得优异的成绩，作出杰出的贡献。这种工作态度表现在很多方面。

1. 精品意识

在工作中要有产品意识、服务意识，要有对产品受众负责的意识，在这种意识的推动下，无论做什么工作都要追求完美，精益求精，要让自己的工作结果都是精品，最大限度地体现自己的价值。

2. 认真

工作认真除了不敷衍了事、马虎外，还要关注每个细节，从小事入手，把每项工作的每个环节都做精、做细、做到位，工作成果自然显而易见。

3. 爱岗敬业，对自己的岗位有正确的认识

首先要有岗位荣誉感，任何岗位的设置都有它的理由，在单位中，无论从事的岗位多么低，都有其价值，应该认识到自己的岗位是不可取代的。其次要热爱自己的岗位，要把工作当作自己的第二信仰。因为工作是人生最大的主题。自身价值的实现全在于工作，因此职场新人有充分的理由热爱自己的岗位和职业。

4. 自我完善

要认识到不仅要做好工作，还应该不断学习和创新，在自我成长的过程中推动工作更好、更快地进行。工作没有最好，只有更好，应该以饱满的热情去发展自身，争取最好的业绩。

（二）做好每一个环节——工作流程上的细节

1. 制订工作流程

做好每个环节是基于工作流程而言的。工作流程是指一项任务完成的工作步骤或行动的顺序。

每一项工作都不是一蹴而就的，都需要通过一个完整的过程来实现。在工作中，很多新人因为不懂得分解工作，不懂得把自己的工作按照流程逐步完成，因而感到工作毫无头绪、工作压力巨大。不过，即便懂得制订工作流程，但是若没有做到把每一个工作环节的成果踏踏实实地落到实处，也等于白费工夫。

2. 如何做好每一个环节

做好每一个环节不但是对自己的工作负责，也是对整个工作以及参与到这个工作中的上下环节负责。能否做好自己这一环节的工作将关系到全局的、整体的、团队的工作质量，因此应该以负责任的态度切实做到以下要求。

（1）把握项目方向。无论自己在整个项目中处于哪一个环节，都必须熟悉整个项目，保证工作方向的正确性。

（2）制作工作流程表。无论自己的工作多么细小，都要制订自己的工作流程表，排定工作顺序，注明每一阶段的工作目标和工作标准，按工作目标和标准完成工作。

（3）做好工作传递。无论是上级传递到下级手中的工作，还是下级继续传递到下一环节，都必须做好沟通和记录，做到清晰明了、规范、彻底。

（4）不可盲目冒进。对刚参加工作的大学生而言，工作要按部就班，绝对不能求胜心切、耍小聪明，寻找所谓的捷径。例如，要完成一份公司产品的市场销售报告，就一定要到市场逐一地调查落实，掌握第一手的信息资料，不可只凭打几个电话、要几个数据然后就去编造报告。

（三）工作到位——工作执行上的细节

1. 工作到位的重要意义

工作到位就是要保证自己的工作达到工作标准，切实达到令人满意的工作效果。工作到位是领导者对员工的要求，而作为优秀员工，更要时刻要求自己。如果每个工作都被自己打了折扣，总做"差不多"先生，累积起来形成的后果可能就是不及格，因为每一个被忽略的细节都有可能导致失败。有一个算式可以说明这个道理：

$90\% \times 90\% \times 90\% \times 90\% \times 90\% = 59\%$。

2. 工作到位的方法

要做到工作到位，首先要认识到位。要在自己的意识中给自己戴上紧箍咒，保持一种永不满足、永不懈怠的劲头。只要接受了工作，就要无条件地执行工作标准，这也是一个职业人的基本素质，任何借口的拖延都是懈怠的表现，因此在工作中应该注意保持自己的执行力和诚信度。

要做到工作到位，还要给工作树立明确的标杆，也就是明确的工作标准。工作标准的制定大多数时候是由单位根据以往经验及行业标准早已制定好的，但也可以根据具体情况与领导进行沟通，在必要处进行修改。一旦这个标准制定好，就必须按照工作标准的要求不打折扣，保质保量地完成工作。

（四）有效沟通——工作协调上的细节

有一家公司，老板让员工拿复印纸。只是拿个复印纸，员工跑3趟，老板气3次。老板感叹员工执行力太差了，员工心里埋怨老板连个任务都交代不清楚，只会支使下属白忙活。可见有效沟通的确有必要。

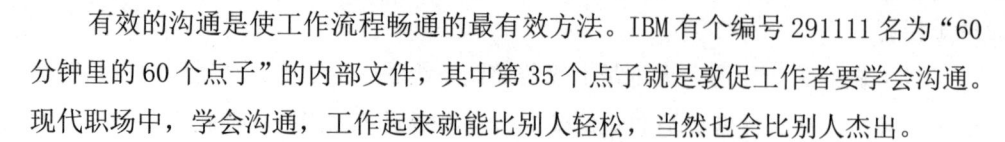

有效的沟通是使工作流程畅通的最有效方法。IBM 有个编号 291111 名为 "60 分钟里的 60 个点子" 的内部文件，其中第 35 个点子就是敦促工作者要学会沟通。现代职场中，学会沟通，工作起来就能比别人轻松，当然也会比别人杰出。

三、及时充电、完善自我

职业生涯的发展充满坎坷，如果不能以积极、主动的态度学习，在就业后不断及时进行自我充电、自我完善，是很难通过重重考验的。以下我们将讨论一些进行自我学习的途径和方法，帮助职场新人找到有效的学习方式。

（一）调适心理，适应新的学习方式

作为人生的第一个职业阶段，底子薄、经验不足是职场新人的最大弱点，必须尽快熟悉组织文化、了解组织管理、提升自身能力，积累知识与经验，才能扩展自我发展的空间。现代社会是一个生理寿命延长、知识寿命缩短的社会。大学时期学习到的专业知识大约在五年内会失去价值，而随着人类知识更新的速度加快，知识的衰退期也会大大缩短，因此必须不断地学习。

1. 自主学习

要建立自主学习的意愿、态度，从心理上接受必须终身学习的现实。

大学毕业后，很多人会认为学习阶段到此画上句点，殊不知此时才刚刚开始。从时间上看，人的一生中在学校度过的时间只占 20%，而从事工作的时间、退休之后的晚年约占 70%。这个生命时间分布的简单数字说明了在工作、生活中学习的重要性。从内容上讲，学校教育传授的知识主要是基础性的，而且是非常有限的，无论从广度上还是深度上都不可能完全满足现代社会中人们所应有的知识需求。在大学中学习的内容专业性强，而且对知识应用的训练比较少。社会则不同，在社会中学习专业知识是一方面，更多的是学习工作能力及与自己职业方向或兴趣有关的其他知识，可以说学习的层面更广了。在大学时期，学习主要是靠导师的引导和自律，具有一定的被动性。而在社会中，学习不再有人引导或约束，完全要靠自己的主动性。

因此大学生在步入社会的初期，必须建立起终身学习的心态。

2. 适应新的学习方式

职场新人要熟悉新的学习方式，获取多元的学习渠道，抓住一切机会学习。

（1）在实践中摸索着学。在实践中学习一般会经历这样几个阶段，每个阶段都需要掌握不同的学习方法。

第一阶段，浅薄期。刚刚工作时知识浅薄，不但会因此感到工作很累，也经常会感到没有时间学，更会因为自己的浅薄而失意。这一阶段的学习需要延续大学生时代的学习习惯，抓住每一个学习机会，并把学到的知识用于实践，在工作中获取学习带来的成果，以鼓励自己继续学习。

第二阶段，模仿期。这一阶段不但要懂得理论，更要懂得原理和应用于实践的意义。学习在此时仍然是艰苦的，因为积累还不够丰厚，处于向周围同事学习的模仿期。但这一时期自信大大增强，达到了学习主动性比较强的时期，应利用这一阶段的学习特点，多向同事、领导、客户请教。

第三阶段，适应期。经过长期的自我学习约束，慢慢养成了在工作中学习的职业习惯，学习和工作都不再是一种负累。此时应该拓展自己的知识信息来源，进行多渠道学习。

第四阶段，发展期。此时，专业技能更加全面、熟练，工作经验更加丰富，呈稳定发展的态势。可以在工作中一边学一边思考，并尝试探索创新。

在以上的四个阶段中，应该让学习的动机和学习的成果循环作用，不断激励自己学习，同时学习的媒介应该是多元化的，运用包括书本、网络、电视、讲座、培训等一切媒介。

（2）在交流中靠倾听去学。学会"倾听"，也就是学会捕捉信息，在工作中学习的过程也就是捕捉信息，并对信息进行分析整理的过程。不管是学习专业知识还是工作技能，都需要发现自身的学习诉求，在这个诉求的推动下抓住各种学习机会。而交流往往是工作中学习的最好方式，无论是与同事交流经验、开会讨论工作、听取工作报告、接受领导任务安排还是工作辩论，都是学习积累的机会。

（3）在失败中不断总结。这里所提到的总结，不但是对工作成果和过程的总结，也包括对自身态度的总结。总结失败的经验应该落实到每一个工作步骤和每一个工作想法中，不断地纠正自我就可以不断地获取新知识、新经验。

3. 有目的性地学习

要明确在工作中学什么，有针对性地获取学习的信息。学习的内容大体上包括：专业知识、工作方法、公司思维、核心技术、处理人际关系的方法、管理自身的职业素养以及公司规章制度及行业规范。

（二）自我学习的途径

1. 依靠书本

步入职场初期，延续大学生时代的学习方法，从书本中学习，依然是相当重要的。书中往往汇集了成功人士已经总结好的经验教训，且知识范围很广。可根据职业需要选择具有针对性的读物，本着缺什么、补什么的原则，在最短的时间内接收大量的有效知识，快速消化吸收，完成职场初期的知识储备。

2. 参加职业培训

参加公司组织的培训活动可以帮助职场新人直接了解公司业务和管理，针对工作内容进行知识补充，这种学习的特点是针对性强。

公司组织入职培训的主要目的是帮助职场新人快速进入状态，熟悉公司业务，了解企业管理和企业文化，掌握一定的工作技巧，因此具有比较初期和浅显的特点。这种培训可以帮助职场新人在工作初期少犯错误、节约时间，能够对工作快速上手；同时公司也会通过培训向员工说明职位特点以及公司的要求和期望。员工还可以在培训中与同事建立友好互助的关系，尽快适应自己的角色。

有些公司在入职培训后还会组织业务培训，其目的是针对岗位工作展开更强的深入性、专业性、操作性学习。它是入职培训的拓展和延伸，涉及更多行业信息和专业技巧，需要潜心学习和掌握。

3. 向身边的每个人学习

身边的每个人都是自己的老师，他们具有模范作用，是职场新人最直接的学习对象。从他们身上，不但可以学习相关的工作知识和经验，还应该学习他们的职业态度、人际交往方法、处世哲学等。

4. 关注市场动态

从业人员与大学生学习上的最大差别，就是步入职场后必须时刻关注所在行业的市场动态，并且要善于观察、分析和归纳，从中得出用以指导工作发展和提升工作质量的信息，也就是说要用实践来指导工作。

（1）向市场学习，要学习经典案例。案例分析中可以看出行业特性与商业处境，寻找出优秀的管理模式或发生问题的根源，结合自身的工作特点和工作方向，才能做出可行的工作方案。

案例分析的方法：首先，先将案例快速浏览一遍，粗略归纳出核心内容；其次，详细阅读的同时找出案例中必须解决的基本问题是什么，把自己放在该情境中，分析设想应该如何解决；再次，把关键问题记录下来，重读一遍案例，找出与设想的解决问题的方法有关的事实与论据；最后，将自己目前的工作拟订出一套建议，并利用案例分析后的资料来支持所提的建议。

案例分析的技巧。

第一，所分析并准备借鉴的案例要与现实需要解决的问题情境类似。不能与现实脱节或根本无法借鉴，也不能超过自己的职责范围。否则即使通过案例分析得出了有益结论，也不能用来指导工作。

第二，根据职业特点或工作性质确定案例分析的重点。例如，要想明确"推出什么样的产品，卖给什么样的顾客"，这些问题就应该将分析的重点放在"市场趋势""竞争状况""消费者行为""损益分析"等方面。

第三，分析要有理有据。不要靠直觉随意判断，而要运用头脑中储备的知识，有理有据，分析恰当。一旦发现自己知识不足时，要适时补充和更新。

（2）向市场学习，要分析市场动态。仅仅学习案例是不够的，还要时刻关注最新的市场变化信息。首先要分析行业动态。整个行业目前的发展状况，未来走势预测等，都需要通过市场调查进行详细分析；其次要具体到项目。重点调查最近一年、一个月甚至一周的项目波动状态，并对其进行预测，以达到把握市场的目的；最后要关注从业人员。该行业或项目的从业人员能力和素质的普遍性变化将影响整个行业的发展趋势。

进行市场调查一方面要勤，不能拖拉，以免延误时机；另一方面要细，关注每个容易遗漏的细节，有价值的信息往往隐藏在细节之中。

5. 通过电视、报纸、杂志等其他途径学习

闲暇时候看电视、报纸、杂志，或者上网浏览的时候，要主动搜索行业相关知识及信息，利用这些具有时效性的媒体信息第一时间了解最新行情。有时有用的信息总是在被忽略的瞬间与机会一并偷偷溜走，因此一定要培养自己的行业敏锐度，如同服装设计师总是会不由自主随时随地观察人们的衣着一样，要将收集行业知识和信息变成一种顺理成章的生活习惯。

6. 及时自我总结

知识以信息的形式进入头脑中，如果没有得到很好的消化吸收，很快就会被遗忘或者变得模糊。因此，要及时进行自我总结，提炼要点和重点，将新知识与过往经验糅合到一起，不断修正和融合，直到融会贯通，变成自身的财富。

四、职业危机处理

（一）职业危机易感人群

经过调查显示，两类人较容易出现职业危机：一类是初入职场的新人；另一类则是处在事业上升期的人。初入职场的新人（30岁以下）由于首先需要适应工作，在这个过程中通常会产生"我能不能胜任这份工作，能否把这个职位守住"的疑问和危机感；而事业发展到了一定阶段时（30岁以上），能否在职位和薪水上得到飞跃以及是否会被后辈赶超则成为很多人不得不面对的状况。

（二）引发职业危机的原因

1. 竞争压力大

无论是职场新人，还是事业上升的老员工，其产生职业危机的最大原因都是因为竞争压力太大。前者往往工作业绩不高，担心自己能力不足而无法胜任工作，不能在人才辈出的"菜鸟群"里脱颖而出；后者担心"菜鸟群"里的人才太多了，稍不留神就有被取代的危险。这也是开篇案例中引起危机的主要原因。

2. 发展空间小

一部分人工作一段时间后，感到工作上已经不能得到进一步的发展，死守下去必然会陷入困境，于是甩手跳槽。到了新公司，一切又要从头做起，优厚的工资和待遇都将消失，即使去了新公司，也不能肯定其真的适合自己发展，而自己一个老资历，又要和职场"菜鸟"们一起竞争。这种心理让他们决定不了何去何从，从而陷入苦苦地思索。

3. 超负荷工作

现下的白领，在工作和生活的压力下，很多人都在将自己"超频"使用。"过劳死、工作倦怠"已经是亮给白领们的红色警报。这种情况下要学会给自己减压，当自己同事业一起高速运行时,一定要注意别耗损过大。

4. 工作效率低

有些员工什么错误都没有犯,只是工作效率低下。工作效率低就会拖整个公司的后腿,如果遇到裁员,会是第一个被裁掉的对象。要懂得合理安排工作,运用正确的工作方法提高工作效率,这样才能得到公司的认可,稳定发展。

5. 工作失误

有一些人犯了错,脸面薄,面对领导的责罚,即使不是自己的错也疏于解释,结果被打入"冷宫",再不换个地方就无出头之日了。

6. 与公司文化不兼容

工作不比自己在家那般逍遥,很多事情更不能随自己喜好而定,而是要遵守公司的相关制度,而且企业就像人一样,每一个都有自己的个性,这是企业文化所决定的。如有的单位注重人情味,有的单位却更习惯于用业绩来说话;有的单位迟到了无所谓,有的单位却把考勤当成头等大事。只有完全适应了本单位的文化,更好地跟单位兼容,才会如鱼得水,规避危机,获得更好的发展。

7. 人际危机

有些人陷入职业危机的理由很简单,就是因为人际关系处理不当,导致工作没人愿意配合,自然效率低下,业绩不高。如果在公司总是一脸严肃或者苦大仇深的样子,那就应该明白,自己已经陷入人际危机了。人际危机会大大影响工作,有时不只是同事不愿配合,还会殃及与客户合作等大事。

(三)职业危机的处理方式

遇到职业危机,更多的人第一反应都是"跳槽"。可是跳槽并不能从根本上解决问题,反而会引发更大的危机。因此,面对危机要从容,找出问题的根本原因并切实加以解决,才是度过危机的终极解决之道。

1. 平时培养危机意识

平时就要培养自己的危机意识,明白居安思危的道理,未雨绸缪,将危机挡在门外。现实中的许多从业人员都是在适应了新的工作岗位后便产生了不思求变和进取的惰性,没事先培养自己"生于忧患死于安乐"的危机意识,对外界的竞争敏感度降低,结果遭到被淘汰的厄运。

2. 遇到危机不恐慌

一旦遭遇了危机，不要懊恼或恐慌。要知道绝大多数人都有同等的压力。这种时候不要先忙着轻易否定自己，而是应该秉持积极的态度寻找解决的方法，从心理上先树立起强大的堡垒。

3. 补齐能力

如果因为担心自己能力不足而紧张，那么就需罗列出胜任工作需要的所有能力，假如该岗位要求具备十种能力，而自己已经具备了种，此时只要通过学习的途径把另外两种能力补齐就好了。有时工作进展缓慢和学习遇到障碍都只是一时的问题，只要坚持下去，全力以赴就会渡过难关。

需要注意的是，就算安然度过了眼前的危机，也不能就此松懈，要继续努力完善自己，找准方向充实自己，才能避免让下一个危机再来打扰。

（四）职业规划

在实际工作中，要不断审视自己的职业生涯规划，在明确大方向的前提下，根据实际情况做出合理的调整，按照规划好的方向去完善自己，才能避免在职场竞争的洪流中迷失方向。

总之，每个人在职场中都可能遇到障碍，但是这个障碍会成为事业上的危机还是转机，都不能一概而论。有句俗语：有危就有机，就看个人如何面对。转变心态，坚强面对，就能获得最终的成功。

第三节　新入职大学生的角色转换

人的一生中，都会不断在社会这个舞台上扮演不同的角色，不同的身份、地位，都会令个人的角色有所不同，有时还会身兼多种角色。不同的角色都有其特定的要求和期待，也就是处在什么样的位置就需要做什么样的事。

从社会角度而言，角色是社会赋予人的不同权利和义务。例如，大学生的主要任务是学习知识，其主要角色就是大学生，同时大学生又是父母的孩子，担负着孩子的角色。根据人的社会任务和人生意义的变化，角色也会有所变化，有时就需要从一个角色过渡到另一个角色，这个过程就是角色转换。

作为大学生，在高校中主要担负的角色就是大学生，但在不断学习和成长的过程中,其大学生角色会逐渐向职业人的角色转换。不过大学生角色向职业角色的转换并非一蹴而就,通常是一个较为艰难的蜕变过程。

一、学生角色与职业角色的关系

在整个社会角色分类及发展演变中,有两种角色显得尤为突出,因为它们将对角色主体产生巨大而深远的影响。它们就是大学生角色与职业角色。从两者的发展历程上看,其具有紧密的联系,但从年龄、中心任务、人际关系等方面看,其又有着巨大差别。

作为大学生,在经济上主要是依靠家庭供应或社会资助,大多没有社会负担和家务负担。在校园里,大学生以学习为主,上课、实验、自习、考试,自由地参加课外兴趣项目、体育锻炼和文化娱乐活动,彼此之间的关系比较单纯,没有什么利害冲突,偶有小的矛盾或摩擦也会很快化解。而作为职员,有固定的合法收入,经济上相对独立,有能力对社会、工作、家庭承担相应的责任。从事任何职业的员工,都有特定的权利、义务和行为方式,都有自身的价值。在单位里,每位职员都有自己确定的工作岗位,职员要在这个岗位上进行脑力劳动和体力劳动,创造一定的劳动成果。各种方式的劳动成果为本单位积累了经济效益或社会效益。职员依靠个人的劳动从单位领取定额的薪金,作为独立生活的经济基础,个人在从业过程中感受到这一社会角色的成就和价值。在单位里,一名职员的职业前途固然依赖于其工作态度、劳动纪律和业绩好坏,但在一定程度上还依赖于自己能否处理好人际关系。周围那些不同身份、地位、年龄、性别、道德和文化素质的领导和同事,他们都在一种既定的"文化氛围"内各行其是,维持和推动着本单位的运作和发展。因此,作为职员,还要注重掌握一些为人处世的技巧和方法,建立良好的人际关系,营造融洽的工作氛围,并为个人进一步发展打下坚实的基础。

由于身份和社会地位存在的差异,大学生角色和职业角色的最大不同体现在所承担的社会责任上。在学校里,大学生如果不认真学习,考试成绩较差,或违反了学校或班级纪律,只对自己有影响,并不会产生什么社会后果。但在工作单位里,如果职员因违反单位规章制度,导致生产事故的发生,或生产出的产品不合格,或由于工程设计的失误造成了重大损失,或由于疏忽大意造成了医疗事故,这就不仅与个人有关系,还会产生不良的社会影响。这时,则有可能承担纪律、民事、行政甚至刑事责任了。

二、学生角色和职业角色的差异

通常情况下,角色的转换过程由3个部分组成,分别是角色领悟、角色认知、角色实现;而从大学生角色向职业角色的转换,则主要包括取得角色和进入角色两个环节。大学生在校学习和实践期间,会通过接触社会和学习理解,完成角色领悟和角色认知的环节,即明白进入职场需要完成职业角色的蜕变,并对职业角色产生一定的了解,认识到职业角色应该具备的能力和特点。

当大学生进入就业阶段,通过向期望的企业和岗位投递推荐材料,获得面试机会,并最终得到企业的入职通知,即完成了取得角色的环节。自此时起,大学生角色向职业角色的转换正式开始。角色转换的过程中,大学生需要先详细了解两种角色的差异,以便快速完成转换。二者间的差异主要体现在以下三个方面。

(一)角色拥有权利的不同

不同的角色会拥有不同的权利,如大学生拥有的主要权利之一是受教育权,受教育者在入学、升学、就业等方面依法享有平等权利;父母或其他监护人应尊重未成年人受教育的权利,必须使适龄未成年人依法入学,接受并完成义务教育。

职业角色所拥有的基本权利是依法行使职位职权,并依法获取薪酬的权利等。例如,职员可以按照企业与其的约定,在法律允许的范围内获取对应的劳动报酬,享受休假、企业福利等;国家机关的相关工作人员可以依法行使对应的权利等。

通过对比可以发现,大学生角色的依赖性更强,在很大程度上需要父母的支持和支撑,且拥有的权利具有较强的被动性;而职业角色的独立性更强,当获取角色时,对应的权利就会获得,具有极强的自主性。

(二)角色的义务不同

不同的角色需要履行的义务有所不同。大学生角色最主要的义务就是在接受教育的过程中,遵纪守法、勤奋学习、积极进取、肩负富国强民的责任,力求成为社会合格的接班人和建设者。除此之外,储备知识并锤炼思想、健全体质并培养人格、积累能量并完成蜕变也是其需要履行的义务。大学生履行义务的成效如何,主要是看大学生个体掌握的知识量、能力培养的强弱程度等,追求的是德智体美劳全面发展和提高。

职业角色需要履行的义务则是运用自身的知识、经验、智慧、技能等，完成对企业和对社会的服务，较好地安排各种具体的工作事项、担负起职业岗位需承担的职责，为企业和社会作出贡献。职员履行义务的成效如何，主要是看其完成工作任务的质量和速度，为企业和社会所作贡献的大小等。

相对而言，大学生角色需要履行的义务主要是针对个体，影响范围小，而职业角色需要履行的义务，产生影响的范围大，如出现失职，都会对企业，乃至社会造成损失和负面影响。若大学生角色没有履行好义务，产生的社会影响一般不会太大，而且通过后续的补救措施，通常可以得到妥善处理；而职业角色若没有履行好义务，产生的负面影响会较为严重，不仅会带来较大的损失，而且很难补救。

（三）角色的规范不同

角色的规范，指的是社会环境下为对应角色提供的具有一定标准的行为模式。大学生角色的规范，就是通过教育引导，实现大学生全方面发展和提升，使大学生逐渐成长为社会所需的合格人才的行为模式。职业角色的规范，则会因为角色职位和岗位的不同产生很大的不同，其中的标准差异性极大，但通常都极为严格，且会依托标准制定不同的奖惩措施，以推动职员能够遵守规范并恪尽职守。

总体而言，大学生角色的规范较为宽松，奖惩措施通常不会过于严重；而职业角色的规范则极为严格，若违反且造成严重后果，会进行极为严厉的惩罚，如国家机关单位人员若出现玩忽职守、收受贿赂等违反规范的行为，就会受到法律的制裁和惩罚。

三、学生角色向职业角色转换的主要变化

从上述内容可以看出，大学生角色和职业角色之间的差异极为明显，不仅二者之间的权利、义务和规范有巨大不同，而且在其影响下的个体活动、对个体的要求、个体所承担的社会责任等都有很大不同。

（一）活动方式的巨大变化

大学生角色是以学习各种知识、锻炼体魄、培养健康人格和心理等为主要活动，很长一段时间以来，大学生角色的特殊性也令其所处的环境极为安稳，多

数处在外界赋予角色成长、免受侵害和巨大影响的空间中，即大学生的活动环境以校园为主体；而大学生的主要活动是学习知识，通过记忆、理解、练习等促使知识内化，是极为明显的吸纳类活动。

职业角色则和大学生角色完全相反，其拥有的权利和担负的义务要求其必须在规范允许的范围内运用积累的知识和经验、能力等，向企业等提供劳动，通过劳动来换取对应的报酬。职业角色的活动环境以社会为主体，环境差异性极大，甚至会因为职业的不同而承担不同的风险等，其主要活动是进行能力、知识等的输出，即通过自身的技术、经验、能力等，将已经内化的知识结合现实情况，创造性地发挥和运用，是极为明显的输出类活动。

从大学生角色向职业角色转换也是吸纳类活动向输出类活动转变的过程，活动方式的巨大变化，会令绝大多数毕业生难以适应，这也是两个角色顺利转换过程中较大的障碍。

（二）角色要求的巨大变化

不同的角色定位对角色的要求也有很大不同，大学生角色和职业角色对应的角色要求差别巨大，主要体现在两个方面：一个是经济和生活的独立性要求；另一个是工作和心理的独立性要求。

在大学生时代，大学生的主要角色任务是学习知识、锻炼体魄和培养人格，对生活和经济的独立性要求并不高，尤其是经济层面。通常在学习阶段，大学生所需要的资金主要都是依靠家庭资助，也可以说对大学生角色的独立性要求并不太高。

进入职业生涯时代，大学生角色转换为职业角色，已经拥有通过劳动获取劳动报酬的能力，在经济和生活方面开始逐步向独立者蜕变。家庭和社会向其提出了快速全面独立的要求，不仅经济上能自给自足，生活上也需要自我照顾，学习方面要能够自我提高和自我掌控，工作方面要独当一面，社会方面则需充分履行责任等。另外，进入职业生涯后，飞速发展的社会也对其提出了更高的要求，包括能够自力更生且自我管理、妥善规划人生并逐步实现价值等。虽然这种全面独立的要求给予了新晋职业人更加自由和广阔的发展空间和发展道路，但同时也加强了对其的压力。

这种角色要求的巨大变化，对多年一直依赖家庭和学校的大学生而言是极大的挑战，但同时也是推动大学生快速蜕变和成长成熟的最佳渠道。若大学生能够在较短的时间内适应全面独立的要求，不仅对个体未来发展和事业成功有推动作用，而且可以推动个体快速成为社会所需要的建设者。

（三）社会责任的巨大变化

从大学生角色转换为职业角色后，其所承担的社会责任也会发生巨大的变化。大学生角色需要承担的最主要的社会责任就是在学习过程中对自己负责，且学习好坏只对个体和家庭有影响，对整个社会的影响不会太大；而职业角色需要承担的社会责任则更加全面，也更加重大，不仅需要对工作任务负责，而且需要对企业负责，还需要承担对应的社会责任，即对由工作失误造成的社会危害负责。因为作为职业人，其工作过程中的行为、态度、工作质量等都会产生对应的影响，如销售过程中对顾客冷漠会引发顾客反感，从而影响企业经营，进而使同事、企业的发展受到影响，甚至会遭受公共舆论的批判等。

四、角色转换的方法和问题对策

从大学生角色向职业角色转换，是一个艰难且持续的过程。进入职业生涯后，首先需要从姿态方面做好准备，其次要根据角色转换过程中遇到的障碍采取相应的对策，最后通过准确的角色转换途径和方法，完成角色的转换，迎接即将到来的职业生涯。

（一）姿态准备

新晋职业人进入职场之后第一步需要从姿态方面进行角色转换，一方面树立正确的职业认知，另一方面积极主动地进行自我调整，做好准备，以全新的姿态去迎接职场的挑战和蜕变。姿态的准备需要从以下四个方面入手。

首先，要调整好自身心态，降低自己的姿态去面对职场。虽然作为大学毕业生具有较高的知识储备和良好的学习成绩，但都是过去的收获，在职场上的实践经验较少。因此，必须要拿出在学校学习的心态，放低自己的姿态，在工作中心怀感恩并虚心请教，同时遇到问题和困难要先凭借自身的经验去解决，实践永远是检验真理的最佳手段，多思考、多咨询，全身心投入新工作，自然会有收获且进步飞速。

其次，要秉承少说多做的行为准则，尤其是在进入职场后听到质疑或不信任的声音，不要急着反驳，应该谨言慎行，通过工作展示自身的价值，用实际成果赢得尊重。信任通常都是双向的，只有在工作中尽职尽责，树立责任意识，勇于承担工作的责任，才能够赢得同事的信任。在职场需要注意的一点是"万千反驳不如一份成果"，最终的业绩才是在职场稳步立足的最佳手段。

再次，新晋职业人进入新的职场环境，要主动适应环境，尤其是已经形成较为稳定团队的企业，团队行事风格、领导者特性、企业模式等都具有自身的特点，作为新人应该主动揣摩，尽最大的努力快速融入职场环境，与同事和谐共处，共同向同一个目标前进。

最后，进入职场仅仅代表个体成功开启了职业生涯，并不意味着已经成功。要清楚地知道未来职业生涯道路还极为长久，激烈的竞争会继续，想实现自身的职业目标、人生价值，就要不断加强学习并充实自身，树立终身学习、不断进取的意识。一方面可以适应职场的竞争；另一方面也能不断提高自身的竞争力，最终实现自己的职业理想。

（二）角色转换障碍及对策

大学生毕业之后，在进入职场进行角色转换的过程中，有时会由对角色的特性把握不准且认知模糊造成角色转换障碍，若不及时处理很容易导致角色转换失败，影响职业生涯的发展。通常比较容易出现的角色转换障碍有以下几种类型。

第一种是对自我的评价过高且不切实际，无法真正放下身段从职场基层做起。有些大学生会认为自己毕业于高等学府，能力和知识已经足够成为职场中的扛鼎之人，从而表现出眼高于顶、夸夸其谈，甚至目中无人。这种心态会使新晋职业人无法放低身段，从而无法从实践之中获得真正的能力和经验。

第二种是对大学生角色过分依恋。留恋过去拥有的角色是多数人的习惯和心理，大学毕业生的这种感受更为强烈，毕竟十几年的大学生角色并不会一朝改变和舍弃。虽然大学生角色需要一个较长的过程才能逐步转换到职业角色，但是有一部分新晋职业人容易长期沉溺在大学时代的回忆中，无法从大学生角色的定位中脱离，依旧会从大学生角色的角度去考虑在职场中遇到的问题和事件。因为看待问题的角度不同，所以很容易造成处理方式与工作环境脱节，从而影响职业生涯的发展。

第三种是目标不确定，对自身角色的定位不准。在角色转换过程中，如果不能精准定位，并明确自身的目标，就无法找准努力方向，甚至一会儿想做这些，一会儿想做那些，最终找不到适合的发展道路，影响职业生涯的发展。

针对以上这些角色转换障碍，可以通过以下四个方面缓解和解决，并找到最适合自身的角色转换方式。

首先，要保持归零心态，毕竟在职业工作方面新晋职业人没有任何经验，所以要放下所有的架子，将自己当作小大学生般从头学起。姿态放低就容易和他人打成一片，并能够快速积累更多的经验。

其次，学会观察和思考，作为新晋职场人，需要眼观六路耳听八方，通过观察发现问题，并根据职场前辈的处理方法思考最佳的解决方法，甚至可以尝试解决问题。经过长期的观察和思考，就能够提升自身能力，并完成角色转换。

再次，无论进入的职场是否是个体期待的发展方向或企业，都应该稳定心态，安心做好本职工作，尽快适应职场环境并找到工作规律，认识工作的流程和特性，为后续的职业生涯发展打下基础。一定要注意，任何职业及岗位都拥有其独特之处，都可以对个体未来职业生涯的发展产生促进作用。

最后，态度才是成功的基础，培养自身干一行爱一行的态度，以积极乐观、乐于奉献的态度去面对工作。尤其是新晋职业人更应该培养积极的工作态度，通过对工作强烈的责任感和使命感来推动个人的职业发展。

五、角色转换的适应方法

就业过程中的角色转换，并非完全从进入职业生涯才开始，而是自大学生毕业之前就已经开始，整个过程贯穿毕业前和进入职场后的试用期。

（一）大学生毕业前的角色转换准备

大学生毕业前就应该做好角色转换的身心准备，很多时候新晋职业人无法快速完成角色转换，主要是因为没有足够的心理准备和清晰的心理定位，缺乏良好的转换心态，从而造成角色转换不顺畅。

其实在大学生毕业之前就应该先对自我进行清晰的认知，并做好自我定位，通过对职业的了解和自我的深入认知及定位，更好地完成角色转换的心理准备。在求职过程中，多数大学生会遭遇各种择业困难、求职困难、面试挫折、不公待遇等，因此还需要学会及时并恰当地进行自我心理和心态调适，要清楚地明白求职路上遇到困难和挫折在所难免，而绝大多数困难和挫折都能够转化为个体的经验，促进个体成长，只有心胸开阔、心态平稳、乐观积极，才能够在困境之中找到有益于自身发展的宝藏。

（二）进入职场后试用期的角色转换方式

当大学生进入职场后都会经历试用期，虽然试用期相对个体的职业生涯而言极为短暂，但其很大程度上决定着个体未来职业生涯道路是否顺畅。之所以称为试用期，对企业而言是一个考验和考察的过程，而对于新晋职业人而言，是一个快速熟悉和学习的关键阶段。虽然试用期并不会太长，但这段时间却能够带给个体丰富的学习内容，尤其是职业学习内容。

通常情况下，新晋职业人经历了高校的学习生涯，更习惯学校中偏重基础知识和普通技能的学习方式，因此进入职场后会感到手足无措，乃至无所适从。进入职场后对新晋职业人最关键的一点就是任何工作任务都需要行动和实施，要将知识和实际相结合。

除此之外，基本的职场礼仪、交际技能总结汇报、基本公务（写工作报告、发电子文件、使用办公用品等），都需要新晋职业人放下姿态努力学习。

通过上述方式，新晋职业人能够快速实现从大学生角色向职业角色的转换，并顺利适应职场环境和工作特性，成为一名真正意义上的职业人。

第四节 新入职大学生的职业适应及培养路径

一、新入职大学生就业环境及人际关系适应

大学生获得职业工作岗位之后，除了需要进行快速的角色转换，还需要加强就业初期对职业环境、人际关系的适应，这是影响未来职业生涯发展的关键因素。

（一）新入职高校大学生职业环境的适应

大学生走上新的职业岗位后，有一个对新环境、新任务、新模式的适应过程，即对环境进行认识、对工作进行认可，此过程也被称为大学生的职业适应期。

1. 大学生的职业适应期

职业适应期有长有短,根据个体不同的适应能力和调适能力会有所不同,但通常都有以下四个阶段。

一是大学生获得职业时的兴奋期,在就业形势极为严峻的情况下,毕业生得到了企业的垂青,拥有了职业及岗位,不再为毕业去向担忧,自然会对新的职业、环境、工作等充满好奇,通常心情都会愉悦而激动,处于兴奋状态,因此称为兴奋期。

二是进入职场之后,因为职业理想和职业现实的不匹配所产生的冲突期。通常大学生会对未来拥有极为美好的构想,对职业生涯同样如此,当正式进入职业生涯后,理想和现实的反差极易令其产生强烈的思想认知冲突。除此之外,大学生还会遇到个人能力和工作能力、自我评价和社会评价产生的冲突,即自我感觉良好,自我评价较高,但工作效率和质量都无法令人满意,他人对其评价褒贬不一,从而形成了较大的心理矛盾,易令其进入冲突期。

三是冲突的出现和激化推动毕业生主动进行自我调适,自此开始进入协调期。协调期是大学生产生职业生涯差距的关键时期,冲突的持续下,有一部分人会逐步放下原本不切实际的幻想,开始寻找完全融入职场环境的方式;有一部分人则会冷静思考,并深入挖掘自身特性,思考自身与社会环境的内在关系,并重新调整自身的职业生涯规划,再次树立更贴近实际的目标;还有一部分人则开始放弃对职业理想的追求,选择逃避现实,用妥协、得过且过来掩盖自身的失落感和忧郁感等。

四是通过自我的反思和调适,逐渐适应新的职场环境和工作模式后的稳定期。该阶段个体开始对外在人际关系圈精细化筛选,并将关注度和精力逐渐集中到从事职业的具体工作上,并逐步培养对职业工作的兴趣且稳定下来,其中一部分人会协调企业内部的人际关系,逐步培养自身的职场人际圈。

2. 职业环境的熟悉和适应

相对而言,职业适应期越长,对大学生的成长越不利,快速完成适应期的蜕变,才能够更快地适应新环境,并依据职业目标按部就班地提升与成长,因此任何一个大学生都应该尽可能缩短职业适应期,这主要与个体的独立生活能力、人际交往能力、专业技能水平、社会活动能力、工作责任心和态度有关。

不论上述能力的水平如何，任何一个大学生在职业适应期都需要完成熟悉和适应职业环境的过程。熟悉职业环境是快速度过职业适应期的基础，对于任何一个大学生而言，面对新的环境和新的人群，只有尽快了解，才能够令自身适应工作，从而逐步稳定下来。通常熟悉职业环境有以下三个内容必须快速了解。

一是企业的情况，包括企业的规章制度、发展态势、内部架构、部门关系等，尤其是熟悉规章制度，这是任何职业人都需要遵守的规范，也是融入职业环境所需要完成的第一步。这些内容都是个体完成本职工作必须知晓的要素。

二是工作的具体环境，包括企业的周围外部环境，如企业所处地理位置的特性、交通情况、超市商场情况等；企业的内部环境，如各部门及其办公室的分布、卫生间位置、功能室的情况和位置等。这些细节看似不起眼，却对高质高效完成工作有巨大的作用。

三是具体的本职工作，即企业安排给个体的本职工作到底是什么，需要了解工作内容、工作步骤、工作过程、工作评审方式等，通过对本职工作的了解，结合对企业情况和工作环境的了解，熟悉和规划工作资源，争取早日适应企业的工作模式。

（二）新入职大学生人际关系的适应

大学生进入职场后，会面对新的人群。对于企业中原本就存在的众人而言，新人相对较少，且因为其已经对职场足够熟悉，所以对新人的了解会更加快速；而作为新人而言，其他同事都属于陌生人，在这样的环境中，大学生必须要快速适应职场人际关系，从而尽快融入职场。具体可以通过以下方法来适应人际关系。

1. 初步了解同事情况

刚进入职场时，需要多观察多请教，少说话多倾听，通常可以从同事之间的沟通中，了解同事们的基本信息、明晰企业中人际关系的情况。要尽量做到快速记清同事们的姓名，简单了解同事们的工作内容和工作关系，以便为自身的工作打好基础。

2. 对同事多理解但谨慎支持

进入职场一段时间后，会逐渐对同事的情况拥有一定了解，包括同事的性格、兴趣、生活状态等，作为同事不能苛求对方为自己效力，出现工作上的误解或争执，需要多从对方角度思考，多理解同事。

另外，虽然在职场工作需要足够的热情，但对同事的做法要谨慎支持，即对同事的观点、思想等不能盲目遵从，而是要具有自己的思考和想法，在广泛听取周边同事建议和想法的同时，也要拥有自己独到的见解和看法，培养自己独立思考的能力，以便为后续的职业生涯发展奠定基础。

3. 对领导先尊重后磨合

进入职场之后，会与企业内部的各级领导层打交道，在对领导了解不深的初期，要清楚地知道对方能够成为领导必然拥有其过人之处，不论是其工作经验还是为人处世，必然拥有值得借鉴和学习的地方，因此作为新晋职业人要放低姿态，尊重领导的能力和特性。

在尊重领导的基础之上，随着时间推移和彼此了解的深入，可能会发现领导的一些缺点和错误，尤其是工作方面应该逐渐和领导磨合，不必唯命是从，而应该拥有自己的想法和风格。需要注意的是向领导提出自己的观点和建议，只是本职工作中很小的一部分，在提出观点时一定要给予对方足够的尊重，有礼仪、有分寸地提出适当的建议，才更容易让领导接纳。向领导提出建议并非职场中的主要工作内容，大学生更应该尽力去完善自身，以职业生涯规划为标准步步为营，逐步向属于自己的职业理想和职业发展方向努力。

二、新入职大学生职业培养路径

人生在世，事业为本。每一个有远大抱负的大学生在踏上工作岗位时，都有立志成才的愿望，都有宏伟的事业蓝图。岗位是成才的舞台，是一个人奉献社会、施展才华、取得成就的条件。一个人只有确定自己的职业发展方向，踏实肯干，提高竞争力，抓住机遇，才能尽快实现自己的人生价值。

（一）确定职业发展方向

在我国工业化和现代化的进程中，许多技术含量低的旧职业岗位不断消失，高技术含量的新产业、新职业岗位不断出现。新岗位所需的职业知识和技能以越来越短的周期在更新，要求就业者的综合素质越来越高。"一次择业定终身"的时代已经一去不复还了，对此，我们应有清醒的认识。就业后，一定要立足现有的职业岗位，主动地适应社会变革，摸索、调整和确定自己的职业发展方向，谋求更长远的发展。

一个人的职业发展方向是根据个人志向、自身条件，结合社会发展对职业的需要来确定的。一定要清楚了解个人爱好、性格特点、身心素质，知道自己的长处和短处，再根据自身条件，在当前社会现实需要的职业中寻找比较"对口"的岗位，由此选定自己职业的切入点。在初选职业的磨炼中，坚定信心，发挥和扩展个人才干。要分析当前所选职业在目前和未来社会中的地位，考虑单位在本行业未来发展中的前景，分析本人在本单位是否具备利于成才的工作条件与和谐的人际关系，考虑是否需要为转向另一种职业而创造条件。经过此番深思熟虑后，职业发展方向便不难确定了。

（二）踏实肯干，岗位成才

确定了职业发展方向，要想在新的工作岗位上一展身手，还必须踏实肯干，通过刻苦学习，不断提高自己。初次上岗就业，要努力钻研业务，认真履行职责，一丝不苟地完成任务，千万不能以"工资太低""工作单调乏味"或者"工作没啥前途"为借口而不安心工作。应当注意培养良好的职业品德，树立正确的职业理想和职业价值观，具有忠于职守、敬业乐业、献身事业的精神，坚持严肃认真、实事求是的劳动态度，保持不断进取、精益求精的工作作风，尊重他人，注重协作，牢记为人民服务的宗旨。这些品德不仅是做好工作、为自己开拓未来道路的基础，而且是能够处理好各种人际关系的必要条件，是取得同事认可和领导赏识的基本依据。

艰苦奋斗是中华民族的优良传统，也是新时期现代化建设所需要的敬业精神。一个人只有立足岗位、踏实肯干，才能获得好成绩。许多杰出人物的事例都说明，不平凡的成绩往往源自在平凡岗位上的艰苦奋斗。

事业之路充满艰辛，要取得事业成功，必须要有顽强的毅力和埋头苦干的精神，通过不懈地努力，付出辛勤的劳动。为此，刚刚步入社会的毕业生应努力做到热爱本职工作，踏实肯干，敬业奉献。

（三）提高竞争力，奋斗成才

当今社会发展迅速，竞争非常激烈。要牢记人才优胜劣汰的原则，强化竞争意识，围绕本职工作和期望的职业方向自觉地"充电"，不断补充新知识、新技能，通过各种方式提高个人的综合素质，培养和强化职业兴趣。要做到"干一行，爱一行"。一个劳动者，一旦对自己的职业有了兴趣，就会产生勇往直前的动力，孜孜不倦地去追求工作的尽善尽美；有了兴趣，就会敬业乐业，在职业岗位的深度和广度上刻苦钻研，扩展职业适应面，具备获取更加理想的新职业的能力。如果对自己并未从事的某种职业产生了兴趣，那么就应主动钻研该种职业所需的有关知识和技能，使自己具备胜任该种职业的条件，并为以后的长远发展打下坚实的基础。

（四）抓住机遇，成就事业

当今社会，充满各种成功的好机遇。良好的机遇稍纵即逝，它是事业取得成功的重要条件，但它不会凭空而来，也不会必然把人带向成功的巅峰，因为机遇只垂青那些有准备的人。如果自己不注重平时的积累和准备，不具备符合机遇要求的主客观条件，那么当机遇来临时，也只能看着它悄悄溜走。即使侥幸抓到机遇，也会因为自己准备不足、能力有限而错失良机。因此，在社会发展过程中，机遇在不同的人面前有着截然不同的结果，有的人与它擦肩而过，痛失个人发展良机；有的人抓住机遇，奋力拼搏，获得了事业成功。

虽然机遇对一个人的职业发展具有非常重要的作用，但也不能把希望完全寄托在机遇上。"天下之事，必作于细；合抱之木，生于毫末；九层之台，起于累土。"任何工作都必须从小处起步，从细节着手，勤勤恳恳，一旦出现了发展机遇，通过充分发挥个人的聪明才智，就一定能够获得优异的成绩，成就精彩的人生。

第六章 大学生心理健康及心理健康教育的科学认知

第一节 大学生心理发展特点及影响因素分析

一、心理健康的含义

心理健康是人们在长期实践活动中总结出来的对人类健康的新认识。"无病即健康"的传统观念一直束缚着人们对健康的正确理解。随着现代尖端科学技术的提高,新的科技手段不断地被用于人的心理和健康关系的研究,人们对人的健康有了全新的认识。研究结果表明,人的心理的、社会的和文化的因素同人的生物因素一样,直接或间接地对人的健康和疾病产生影响,使人们不仅关心自己的身体健康状况,更关注自身的心理素质和社会适应能力,以便使自身发展适应社会发展的需要,去实现自己在为社会服务中追求的完美的人生价值。

世界卫生组织(WHO)1989年对健康下的定义是:"健康不仅是没有疾病,而且包括躯体健康、心理健康、社会适应良好和道德健康。"可见,健康不仅是身体各器官系统发育良好、功能正常、体质健全、精力充沛,而且包括心理、生理、社会适应和道德健康等诸方面,这是相互影响、相辅相成的一个整体,使人处于一种身体上、精神上、社会上的完满状态,从而能够充分发挥个人的最大潜能,妥善地处理和适应人与人之间、人与社会环境的相互关系。

二、大学生心理发展的特点

（一）自我意识逐渐走向成熟

认识自己是一个非常漫长的过程，也是一个人心理成熟的重要标志。大学生也正是在人与人的交往过程中，在完成一个个学习任务的过程中，不断地认识自己，逐渐走向成熟。

（二）情绪强烈而不稳定

进入高校后，随着生活空间的扩大和文化层次的逐渐提高，大学生的思维异常活跃，情感丰富而强烈。虽然大学生已经具有了一定的自控能力和情感驾驭能力，但由于其价值观尚不稳定和平衡，加之他们的社会阅历较少，所以他们的情绪控制能力和情感控制能力还不健全和稳定，具有极大的可变性。大学生的这种情绪和情感往往具有明显的两极性：他们高兴起来经常忘乎所以，而也经常因为一点小事就痛苦万分。大学生的这种情绪强烈但不稳定的特征是由大学生的年龄特点和社会阅历等决定的，属于正常的现象，但大学生一定要及时意识到这种特点，并及时调整，以免影响心理健康。

（三）性意识的萌动和稳定

随着大学生生理的不断发展和成熟，他们的性意识也不断发展，第二性征进入了性成熟期，这一时期的男女大学生不会因为自己第二性征的出现而感到羞涩，相反，他们会通过各种方式去展示自己的魅力。同时，对于男女之间的性别差异，大学生也基本都有了正确的认识，他们的各种性知识和性观念等基本达到了成人的水平，对于性问题，他们基本上能够妥善处理。

（四）形成自己稳定的心理结构和特点的过程中表现出强烈的冲突和矛盾

大学生心理发展过程中的矛盾和冲突主要表现在以下四方面。

1. 独立性与依赖性的矛盾

由于大学生缺乏社会经验，他们往往是刚离开父母独立生活，还没有摆脱依赖的习惯，往往不能独立地处理好各种问题。他们一方面渴望能够独立，另一方面又无法独立，于是便产生了独立性和依赖性之间的矛盾。

2. 理想自我与现实自我的矛盾

进入高校后，大学生认识了许多新的优秀的朋友，他们经常在一起畅谈人生，规划自己的人生目标，他们在学习中也学到了各种文化知识，于是，他们认为高校是一个他们能够得到发展的地方，他们雄心勃勃，希望理想的自我能够越来越好，希望自己定的远大目标能够尽快实现。然而，基本每一名大学生都会遇到不同的挫折，这些挫折让很多大学生的美好理想破灭，他们很多人慢慢会发现理想自我在现实面前变得困难重重。在理想和现实的巨大落差中感到茫然，会对自己的看法、自己的理想产生动摇情绪。

3. 自负与自卑的矛盾

进入高校后，大学生渴望成功，特别是在取得了一定的成功后，他们就暗自得意，表现出自负的举动，但当他们看到其他同学取得了更大的成功后，往往又对自己建立起来的优越感持有否定的态度，尤其是在表现出了一定的自负后受挫，他们更容易出现自卑的情绪，他们开始怀疑自己的能力，有的甚至自暴自弃。这些都和大学生对自己的不完整认识有关。

4. 交往需要与孤独感的矛盾

大学生在进入高校后，由于环境比较陌生，他们往往希望认识更多的人来使自己的高校生活丰富起来，于是，他们除了在自己的班级和学院开始人际交往外，他们还经常去参加一些社团以认识更多的朋友和丰富自己的高校生活。但在交往的过程中，由于很多大学生存在敏感、脆弱等特点，有时他们在交往的过程中缺乏主动性或者将自己的内心封锁起来，不轻易向别人吐露自己真实的想法，于是便产生了难以诉说的孤独感，这就导致大学生在发展过程中存在交往需要与孤独感的矛盾。

三、大学生心理健康的影响因素

大学生心理健康的影响因素很多，概括来说主要包括以下几方面。

（一）家庭因素

影响大学生心理健康的家庭因素主要包括以下五方面。

1. 家庭的经济地位

家庭经济状况会对大学生的心理健康产生一定的影响。一般来说，家庭经济收入越低，大学生的心理健康水平越低，家庭条件贫困的大学生更容易出现心理健康问题。来自农村和城镇出现心理健康问题的大学生远高于来自城市的大学生。经济水平显著影响着大学生的心理健康水平，贫困大学生在生活中更容易表现出强迫、抑郁、焦虑和人际障碍等心理问题。

2. 家庭结构

家庭结构主要涉及家庭结构是否完整和是否是独生子女。

（1）在家庭结构是否完整方面。在家庭结构是否完整方面，父母一方去世或父母离异及后组建家庭等家庭结构发生变化对大学生的心理健康会产生影响。家庭结构对心理健康总体水平及人际敏感、抑郁、精神病性均具有显著影响。调查显示，单亲家庭大学生发生抑郁的概率明显高于完整家庭。

（2）在是否是独生子女方面。家庭中孩子数对大学生心理健康的影响也十分显著。一般情况下，独生子女的心理健康水平要高于非独生子女。

3. 父母的文化程度

父母的文化程度，尤其是母亲的文化程度对大学生具有显著的影响。调查显示，母亲的文化程度越高，其子女的心理健康水平就越低，低学历母亲子女的心理健康水平居次，母亲的文化程度中等，则其子女的心理健康水平偏好。而父亲的文化程度对子女的影响不是那么明显。

4. 父母的职业

父母的职业会对大学生心理健康具有一定的影响。父母是公务员或知识分子的大学生的心理健康水平相对好于父母是下岗职工或个体户的大学生；父母从事技术或管理工作的大学生的心理健康水平相对好于父母职业是工人、农民或待业的大学生。

5. 家庭的教育方式

父母采用的教育方式对大学生心理健康也有明显的影响。父母婚姻状况好、民主型教养方式的大学生心理健康水平高于父母婚姻状况不良、专断型教养方式的大学生。

（二）个体因素

从人生的发展阶段来看，大学生正处于青年中期。这个时期是脱离少年的稳定世界以后进入成人期的固定心理结构之前不稳定的时期。在大学生的心理发展历程中，他们在校园期间也面临着沉重的心理发展课题，特别是刚刚进入校园的大学生，他们的心理发展相对来说并不是很成熟，情绪也不是很稳定，而且对于高校生活还充满了未知。由于周围生活环境和学习环境的改变，大学生很容易对新的生活和环境产生不良的心理情绪，从而出现各种各样的心理问题。大多数大学生的心理问题都是由于个体在发展和成长过程中面临的困难和挫折感到不安、迷茫、恐惧等产生的。

（三）生物遗传因素

第一，生物遗传因素是影响大学生心理健康的先天因素。虽然人的心理活动不能遗传，但心理活动的生理基础是受遗传因素影响的。统计数据与临床观察都表明，在精神疾病患者的家族中，其他成员患有精神疾病或某些心理异常的概率要显著高于无家族病史的人。

第二，脑外伤、中毒或病毒感染等也有可能造成脑损伤而导致器质性心理障碍或精神失常。如酒精中毒、煤气中毒、某些药物中毒可以对中枢神经系统造成伤害，出现心理障碍。

此外，严重的躯体疾病或生理机能障碍也可能成为心理障碍的致病原因，如甲状腺机能低下可导致思维迟滞、感觉迟钝、情绪低落等类似抑郁的表现；反之，甲亢则可能导致情绪高涨、精力活跃、易冲动等异常表现。因此，对大学生心理问题的关注与干预不能忽视生物遗传因素的影响。

（四）学校因素

校园是大学生学习与生活的重要场所，学校环境因素也会进一步影响大学生心理健康。好的校园氛围能够促进大学生的健康成长，而高校生活中的各种变动也会成为压力的主要来源。

第一，进入高校意味着学习生活环境的改变。高校生活是独立的但又是集体式的，既需要自己安排衣食住行、学业与课余生活，又要调和与室友之间的关系。许多大学生第一次离开家庭，自理能力不足；与室友之间也可能因为地域差异、生活习惯等原因产生摩擦。对学校环境适应不良，很容易让大学生陷入孤独、落寞等负面情绪。

第二，进入高校也使人际关系模式变得更为多元。同学之间的合作与竞争并存，在学业、择业等方面直接的竞争压力更大；师生关系也变得更加平等，交流更多。如果社交技能不足，缺少适当的人际关系策略，就会更容易在人际关系中遇到挫折，也更容易一蹶不振。

（五）社会环境因素

现代社会是一个竞争激烈的社会。竞争在促进社会进步和发展的同时，也给处于竞争中的每个人带来了巨大的心理压力。激烈的社会竞争也必然会给在校大学生带来种种压力，使他们的心理出现种种变化。例如，考试压力、就业压力、工作压力，还有恋爱、结婚等各种社会压力，无形中增加了大学生的心理压力，越是敏感的大学生，这种压力感和紧迫感就越明显，以致相当一部分大学生在未进入社会之前就感到紧张、恐惧。

（六）互联网因素

互联网已经成为当代大学生学习和生活不可或缺的重要组成部分，同时也成为影响大学生身心发展的重要因素。就积极方面来讲，网络可以在一定程度上缓解大学生的心理压力。除积极影响外，网络对大学生的心理健康也具有一定的消极影响，这主要表现在以下几方面。

1. 网络孤独

网络孤独是指大学生想通过上网来获得大量的信息，在网上进行各种娱乐活动，他们想通过这种方式来提高自己，并且使自己能够获得一定的改变，但长时间上网之后，他们发现自己忽视了现实生活中的人际关系，在网络上他们无法得到现实中的那种友谊和温暖，反而出现了一些孤独的感觉。

2. 网络依赖

网络依赖是指轻度网络沉溺行为。大学生网络依赖往往没有一定的理由，通常表现为无节制地花费大量时间和精力在互联网上持续聊天、浏览，造成对网络的依赖，以致出现各种行为异常、人格障碍、交感神经功能部分失调，影响大学生的身心健康。

3. 网络成瘾

网络成瘾是指在无成瘾物质作用下的上网行为冲动失控，表现为由于过度使用互联网而导致个体明显的社会、心理功能损害。网络成瘾会使大学生沉迷网络，忽视现实，往往会造成人际交往等一系列心理问题。

第二节　大学生心理健康的标准设定

大学生心理健康的标准主要包括以下九方面。

一、智力正常

智力正常的大学生应该珍惜学习机会，保持对学习较浓厚的兴趣，求知欲望强烈，能克服学习中的困难，学习成绩稳定，能保持一定的学习效率，并能从学习中体验到满足与快乐。

二、意志健全

意志健全的大学生在进行各种活动时都目的明确，能够用积极的心态对待活动中出现的各种问题，并且会努力想办法去解决各种问题。另外，意志健全的大学生能够有效控制自己的情绪和言行，清楚地明白不良情绪可能会带来的各种后果。意志健全的大学生能较长时间保持专注和控制行动去实现某一既定目标，不为任何外来干扰所动摇，不达目的决不罢休。良好的意志品质一经形成，将对人的一生产生极为重大的影响。一个意志健全的大学生，肯定会自觉寻求自身最大的发展，实现自己的价值。

三、情绪健康

情绪健康的大学生常表现出愉快、乐观、开朗、满意等积极的情绪状态。心理健康的大学生并不是没有悲、怨、忧、怒等消极情绪体验，而是在遇到各种问题时，善于控制与调节自己的情绪，既能克制又能合理宣泄自己的情绪，不会被情绪左右而导致言行失调。

四、人格完善

完善的人格包括客观的自我认识和积极的自我态度；能准确地从别人的言语、行为中体察别人的思想；对别人的了解是建立在事实根据上的而不是主观臆测；有统一的世界观和人生观，人格结构包括气质、性格、能力、理想、信念、需要、兴趣和动机等各方面都会平衡发展。

五、人际关系和谐

和谐的人际关系是事业成功和人生幸福的前提。心理健康的大学生尊敬老师、团结同学，善于和别人交往，并能和多数人建立良好的人际关系。在人际交往中，对所有的人，无论职务高低、年龄大小，都平等对待，同样尊重；恪守诚信，与人为善；不在背后说别人的坏话，能换位思考；善于沟通，宽容待人；在学习和工作中善于与他人合作，在合作的基础上竞争，在竞争的基础上合作。

六、反应适度

个体的行为反应都是由一定刺激或者刺激的强化产生的，有反应是正常的，但一定要注意适度。例如，失恋时悲伤，朋友相聚时高兴，中彩票后异常兴奋，这些都是适度的反应，如果反应不适度，就会出现一些心理问题，所以一定要想办法去调节。例如，某大学生在考试中取得了较差的成绩，在看到成绩后，他非常失望和难过，这是非常正常的反应，但如果过了很长时间之后，他还是对此事耿耿于怀，并且因此而长期睡不着觉，那么这就是不正常的、不适度的反应。又如，在公交车上别人不小心踩了你一脚，别人对你道歉之后，你仍然不满意，还继续破口大骂，这也属于反应过度。

七、社会适应正常

心理健康的大学生能够正确认识社会、了解社会，并且通过各种方式尽快融入社会，与社会保持良好的接触，使自己的思想、信念和目标等跟上社会进步的步伐，使自己不落后于社会，并且努力尝试为社会作出自己的贡献。如果社会的进步与发展和个人的发展存在一定的冲突时，要努力调整，修正或放弃自己的计划和行动。

八、自我评价客观

自我评价是主体对自己思想、愿望、行为和个性特点的判断和评价。全面、客观的自我评价是衡量大学生心理健康的重要条件。大学生在日常生活、学习和工作中如果能够客观评价自我，就能够清楚地明白自己的优缺点，能够合理摆正自己的位置，既不妄自尊大，也不妄自菲薄，能够提出切合自身实际的人生目标，面对挫折与困境,能够自我悦纳,喜欢自己,接受自己,并能很好地约束和控制自己的行为和情感,能根据自己的认识和评价来调控自己的行为,使自身与客观环境等保持平衡。

九、心理行为符合年龄特征

大学生个体应该具有与其年龄特征相符合的心理行为,如果大学生的行为严重偏离自己所处的年龄阶段,无论是发展滞后还是超前,都是行为异常和心理不健康的表现,对此,一定要引起足够的重视,当发现问题后要及时进行调整,以免产生更为严重的心理问题。

第三节 大学生心理健康教育的目标、原则及方法

一、大学生心理健康教育的目标

科学制订大学生心理健康教育目标对于大学生心理健康教育工作的顺利开展有着重要的意义。它能够指明大学生心理健康教育的方向,确定大学生心理健康教育的内容,同时也为大学生心理健康教育评价提供参照标准。由于大学生心理健康教育目标的制订涉及多角度、多层面,下面主要从心理素质的结构,即认知、情感、意志、个性四个基本层面出发,对大学生心理健康教育目标进行探讨。

(一)大学生心理健康教育的认知目标

感知、记忆、思维、注意、想象等认识形式都属于认知。对认知进行研究,能够清楚地了解人类接受信息、整理信息、记忆和提取信息的方式方法。认知作为心理过程的"知",与"情"和"意"是一种相辅相成的关系。由于学习活动是大学生活的主要内容,因此,大学生心理健康教育的认知目标应包括开发大学生的智能、掌握学习策略、改善学习品质三方面内容,以促进大学生更好地进行学习,不断提高大学生的学习品质。

(二)大学生心理健康教育的情感目标

情感是人在认识客观事物过程中所表现出的情绪与态度。对大学生进行情

感教育，有利于培养大学生积极、成熟的情绪与情感，有利于促进大学生心理健康发展，使其潜能得以充分发挥。具体而言，大学生心理健康教育的情感目标主要包括培养大学生的社会性情感品质，增强大学生的自控能力等。这就需要高校通过大学生心理健康教育帮助大学生对情绪、情感有一定的认识，能够做到合理表达、控制情绪、情感。

（三）大学生心理健康教育的意志目标

对大学生开展心理健康教育，主要是为了使大学生能够根据自己的实际情况制订行动计划，采取有效的方法，克服各种困难，逐渐完成自己的计划。因此，大学生心理健康教育的意志目标是提高大学生承受挫折的能力，培养其良好的意志品质，同时引导大学生消除自身消极的思想观念。

（四）大学生心理健康教育的个性目标

个性是一个人的整体精神面貌，其主要涉及三个层次，即个性动力结构（需要、动机、兴趣、信念等）；个性的自我调节结构（自我评价、自我控制等）；个性的特征结构（能力特征和性格特性）。个性品质包括许多方面的个性特点，它是人与人之间相互区别的心理本质特征。一个人的个性品质主要通过他的性格特征、成熟程度及个人修养等体现出来。具有完善的个性品质是心理健康的重要表现，大学生心理健康教育的一个主要目的就是对个体不良的个性品质进行矫正，培养其良好的个性品质。因此，大学生心理健康教育的个性目标主要是通过培养大学生完善的个性品质来实现的。

二、大学生心理健康教育的原则

大学生心理健康教育的原则主要包括以下十三个方面。

（一）面向全体学生原则

心理健康本身是一个动态的调适过程。大学生正处于从青少年向成人的过渡时期，面临一系列生理、心理、社会方面的适应问题。处在这一特定发展阶段的大学生们，由于心理发展的不成熟、不稳定，心理冲突与矛盾时有发生，甚至产生心理障碍或心理疾病。因此，在心理健康教育过程中，要贴近实际、贴近生活、贴近大学生，充分调动大学生参与教育活动的积极性和主动性。离开了大学生的主动参与和自觉努力，学校心理健康教育的种种努力都可能是枉费心机。人都有理解自己、不断走向成熟的心理潜能，心理健康教育就是要启发和鼓励大学生发挥这种潜能，促使其心理健康成长，而不是面对少数大学生群体进行被动的、消极的、诊治式的心理咨询和心态矫治。

（二）系统性原则

大学生的心理具有系统性的特点，他们的心理过程、心理特征以及心理倾向是相互影响的，生理因素和心理因素也是一个有机的整体，因此，不能孤立、静止地看待大学生的心理健康问题，而应该遵循系统性原则，从总体出发。

（三）发展性原则

发展性原则是指在学校心理健康教育工作中，教师要注意以发展变化的观点来看待大学生身上出现的问题。发展性原则有两层含义。

第一，在心理健康教育过程中教育者必须以发展的观点来看待大学生的心理。

第二，心理健康教育活动必须立足于促进人的心理发展。

从发展性原则的第二层含义来看，是要全面地、正确地理解心理健康教育的目标。但即使是心理健康者也有心理品质的高下，唯有发展才是心理健康教育的最高目的。

（四）主体性原则

大学生是心理健康教育的主体，所以，学校在进行心理健康教育的过程中一定要注意充分调动大学生参与的积极性与主动性，只有大学生充分参与进来，大学生的心理健康教育才能取得理想的效果，否则做任何其他努力都是枉然。

（五）平等性原则

学校在进行心理健康教育的过程中，教师一定要遵循平等性原则，用平等的态度对待每一位大学生，尤其是那些心理上有一定问题的大学生。研究表明，在进行心理健康教育的过程中，教育者与受教育者之间建立一种相互信任的关系是营造和谐的心理教育氛围的前提，也是心理健康教育取得较好效果的关键之一。

（六）整体性原则

众所周知，大学生的心理活动是由多种因素构成的有机整体。因此，在心理健康教育中，必须树立系统观、整体观，考察大学生成长的各种相关因素，分

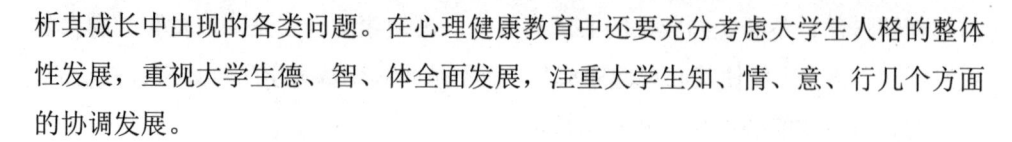

析其成长中出现的各类问题。在心理健康教育中还要充分考虑大学生人格的整体性发展，重视大学生德、智、体全面发展，注重大学生知、情、意、行几个方面的协调发展。

（七）尊重与理解原则

尊重，就是尊重大学生的人格与尊严，尊重每个大学生的个人价值以及个别差异，以平等的态度对待每位大学生的个体差异性。尊重是理解的基础。所谓理解，即站在大学生的角度看待问题，达到"感同身受"的效果。当大学生因做了有违纪律、公德的事情而感到苦恼来找咨询老师倾诉时，咨询老师一定不能采取言语批评的方式。如果站在大学生的对立面，那么心理健康教育将无法正常有效地开展。

（八）保密性原则

保密可以说是对心理咨询与治疗工作者的一项基本而普遍的要求，也最能体现心理学工作者的职业道德。保密性原则同样适用于学校的心理健康教育，保密既是教育者与受教育者双方建立相互信赖的关系的基础，又关系到学校心理健康教育工作的声誉。

（九）多样性原则

心理健康问题是复杂而多样的，因此，心理健康教育在形式上应该是灵活多样的，在内容上应该是开放的。为此，在实施心理健康教育的过程中，教师除了注意形式上要富于变化外，还应注意鼓励、引导大学生表达不同的内心体验、感受和看法，并充分肯定其合理性。

（十）非价值性评价原则

心理学中有一种"自我证实循环"理论，这种理论认为，当我们对某人形成了某种看法时，我们就可能以某种态度来对待他。事实上，原来的"聪明"大学生和"愚笨"大学生的分类是随意选择的，他们在能力上并没有什么真正的差异。测试的目的，仅仅是联系大学生实际心理，实施有效的心理健康教育。心理健康教育承认心理发展有先后之别。一切受教育者的心理状况都能得到良好的发展。

（十一）因材施教原则

"因材施教"历来是教育大学生的一条基本原则，也是心理健康教育的一项基本原则。每一个大学生都是独特的个体。学校心理健康教育的目的不是要消除每个大学生身上的独特性以及每个大学生之间的差异性，而是要使每个大学生的独特性、独创性在积极的方向上得到最充分、最完美的体现。"面向全体大学生原则"是就心理健康教育的对象而言的；这里所说的"因材施教原则"是就辅导的具体方法和内容而言的。实际上，只有对具体问题做具体分析，个性化地对待每一个大学生，才能给全体大学生提供有效的服务，才能保证心理健康教育落到实处。

（十二）针对性原则

针对性原则是指在进行心理健康教育过程中，教育必须根据大学生的身心特点和规律，有针对性地对大学生实施心理健康教育。具体体现在以下五个方面。

第一，要与大学生的年龄特点相结合。

第二，要与大学生的性别相结合。

第三，要与大学生的个性特点相结合。

第四，要结合大学生的表现特点，有针对性地进行教育。

第五，要结合大学生的发展特点，做好预防性教育与引导。只有根据不同阶段的发展特点，对大学生进行教育和引导，才能做到防患于未然。

（十三）相容性原则

这一原则是指在心理健康教育过程中，教育者（教师）和受教育者（大学生）在人格上是平等的，在情感上是相容的。贯彻相容性原则要尊重大学生，淡化教育与受教育的痕迹。心理健康教育要想实现促进人的心理发展、开发人的潜能的目的，首先要求教育者必须对大学生心理发展的实际状况有一个比较清楚的了解，这就要求教育者主动接受受教育者，设身处地为他们着想，并予以真诚的关心和爱护。创造师生间最佳的"心理场"，"心理场"主要由师生之间的心理相互影响构成，它对心理教育效果的作用是不可低估的。彼此认知共识、情感融洽、行为相似，这种相容的人际关系有利于师生之间最佳"心理场"的形成，对大学生心理的发展无疑具有促进作用。

三、大学生心理健康教育的方法

大学生心理健康教育是一项艰苦而长期的任务，只有立足于现实，不断拓宽大学生心理健康教育的方法和途径，才能促进大学生的健康成长，使他们成为真正意义上的高素质人才。具体而言，当前大学生心理健康教育的方法主要有以下四种。

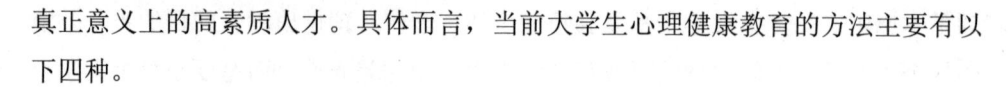

（一）设置系统化的课程

设置系统化的课程，让大学生系统地学习心理学知识，对自身发展变化的规律和特点有一个清楚的了解，做到合理调节和控制不良的心理情绪，进而实现心理的健康发展。

心理健康的课堂教育应充分考虑大学生身心发展的特点以及生活环境的现状，对大学生中普遍存在的心理问题进行集体心理指导。心理健康教育课堂教学应注重对大学生健康的情绪、良好的生活态度等方面的培养，而不是侧重对心理障碍和疾病的分析。营造良好的课堂教学环境，对个别案例进行研讨，定期开展心理健康方面的讲座是大学生心理健康教育的常用手段。

（二）建立学校心理咨询中心

建立学校心理咨询中心是大学生心理健康教育的一个重要途径，具体包括以下四方面。

1. 通过发展性辅导提高大学生的心理素质

（1）利用团体辅导提高大学生整体心理素质。团体辅导又称团体咨询，是一种在团体情境中提供心理学帮助与指导的重要方式，通过团体内的人际交互作用，促使个体在交往中通过观察、学习、体验，认识自我，探讨自我，接纳自我，调整和改善与他人的关系，学习新的态度和行为方式，以发展良好的生活适应能力。

咨询心理学家奈特认为，大学生在团体咨询中可以学到以下十项内容：了解到真正存在的问题，并采取改进措施；逐渐掌握分析问题的能力；能够做到利用现有资源对问题进行研究和解决；对自我的内心有一定的认识；了解别人，并做到和谐共处；拟定长期的人生规划；平衡处理短期目标和长期目标；学习选择经验的标准；做到理论与实践结合；根据实际情况对目标和计划进行调整。可见，通过团体辅导能够有效提高大学生的自我认识、自我规划的能力，并不断提升自己的心理素质。

（2）利用个别心理咨询提高大学生个体心理素质。个别心理咨询是指咨询员与大学生采取一对一的面谈形式，就大学生所面临的苦恼和困惑通过讨论、分析和指导，改变原有的认知方式或行为方式，提高其社会适应能力和心理素质的辅导方式。

一些学者将大学生的个别心理咨询分为大学生心理发展性咨询、大学生心理适应性咨询、大学生心理障碍性咨询三种。其中，发展性咨询的大学生心理是正常的，没有明显的心理冲突，能够基本适应环境，这类咨询主要是为了让大学生更充分地认识自己，做到扬长避短，充分发挥自身的潜能，进而提高学习质量；适应性咨询的大学生具有明显的心理矛盾和冲突，这类咨询主要是为大学生排解心理上的烦恼，减轻其心理压力，以更好地适应环境；心理障碍性咨询的大学生通常患有某种心理疾病，已经影响到自己正常的学习和生活，这类心理咨询主要是对大学生存在的心理问题进行矫正，并对其进行积极引导，排除心理障碍，进而促进其心理健康发展。

个别心理咨询的内容涉及多个方面，具体包括新生的适应问题、学习辅导、人际关系、情绪性格、就业择业、恋爱问题等。个别心理咨询主要采取一对一的形式，在充分尊重大学生个别差异的基础上，对大学生进行针对性的指导。要重点关注那些患有心理疾病或心理不健康的大学生，保障他们的身心健康发展。

2. 通过拓展性心理训练提升大学生的心理能力

20世纪90年代，拓展性心理训练传入中国，并引起国人普遍关注。从本质上讲，拓展性心理训练是一种体验式培训，参加训练的大学生能够在活动中获得个人的体验和感悟，然后在培训者的指导下，进行相互交流，分享个人体验，从而提高自我认识。拓展性心理训练不同于传统的以"教"为主的教育模式，重视大学生在实践中获得认识，让大学生在活动过程中不断提升自己，充分开发自己的潜能，培养其创新精神和实践能力，进而形成优良的品格。

3. 通过心理普查了解大学生的心理健康状况

随着社会的快速发展，社会环境对大学生心理健康的影响越来越大，当然，这种影响既有积极的，也有消极的。相关调查显示，近年来大学生的心理健康情况越来越复杂和多变，把握大学生心理变化情况和心理健康状况对于心理健康教育工作的开展发挥着重要的作用，这就需要积极落实心理普查工作。

心理普查工作的落实要做到全面、规范、深入、灵活。首先，心理普查工作要面对全体大学生，积极争取不愿意参加心理普查的大学生。其次，心理普查应采用规范的心理测量量表，心理咨询师结合心理谈话、大学生谈话、教师和同学的访谈等方式，通过质性评价和量化评价相结合，得出比较客观的结果。再次，心理普查工作不应停留在表面的普查结果上，还应根据大学生个体的特殊情况，做进一步的咨询、调查，帮助检查出问题的大学生进行心理康复。最后，根据大学生的心理问题及恢复情况，对其进行灵活的指导。

4. 通过校园文化建设营造良好的校园心理环境

广播、学报、校刊、网站等媒体对大学生的健康成长起着潜移默化的作用。高校可以充分利用这些媒介向大学生宣传各种心理调节的方法，使大学生自觉关注自身的心理健康水平，并能够主动开展自主性的心理健康教育。

（三）完善心理健康教育工作队伍

大学生心理健康教育工作的开展，还需要建立一支以专业人员为主体的工作队伍，根据师生比例配备专职人员，并注重对心理健康教育工作人员进行业务培训。专职人员要进行定期的专业培训及督导，确保其能够准确了解和把握大学生心理发展的特点和规律。

除此之外，应在高校建立一个完善的心理健康教育组织系统。在心理健康咨询机构下，以大学生政治辅导员、大学生班主任等为联系纽带，建立班级心理健康联络组，及时发现大学生的心理问题和心理疾病，并及时进行解决，促进大学生身心的健康发展。

（四）建立健全大学生心理危机干预机制

心理危机是指人在遇到各种各样的应激事件，自己不能解决和处理时发生的一种严重的心理失衡状态。当个体无法利用个人的资源和应对机制解决面临的困难时，就会产生紧张、焦虑的情绪，如果这种情绪得不到及时缓解和控制，就会导致个体出现心理问题。

危机既可以造成危险，也可能变成一种机遇。这主要是因为危机能驱动个体积极寻找机遇化险为夷，进而使自己获得健康成长。因此，建立健全大学生心理危机干预机制是十分必要的。

第四节 大学生心理健康教育的任务及发展特征

一、大学生心理健康教育的任务

高校开展素质教育，不仅要培养大学生良好的思想道德素质、科学文化素质和身体素质，还要培养其良好的心理素质。因此，加强大学生心理健康教育是全面贯彻党的教育方针、实施素质教育的需要，也是促进大学生全面发展的重要途径和手段。

《教育部关于加强普通高等学校大学生心理健康教育工作的意见》明确指出，大学生心理健康教育的主要任务是，根据大学生的心理特点，有针对性地讲授心理健康知识，开展辅导或咨询活动，帮助大学生树立心理健康意识，优化心理品质，增强心理调整能力和社会生活的适应能力，预防和缓解心理问题。帮助他们处理好环境适应、自我管理、学习成才、人际交往、交友恋爱、求职择业、人格发展和情绪调节等方面的困惑，提高健康水平，促进德、智、体、美等全面发展。具体而言，大学生心理健康教育的任务包括多个方面，主要有以下八点。

（1）帮助大学生准确认识自我，树立自尊、自爱、自强、自信的意识和积极向上、乐观豁达的人生态度。

（2）培养大学生具有坚强的意志品质和战胜各种困难的勇气和决心，学会积极面对和处理生活中遇到的各种问题，以适应社会环境的变化。

（3）培养大学生具有健康的情绪情感，能够合理控制、调节自己的不良情绪，能够与他人进行和谐交往，树立团队精神。

（4）积极培养大学生的创新精神和实践动手能力，学会学习，促进大学生各种潜能的综合开发与发展。

（5）帮助大学生解决成长过程中遇到的各种心理问题，排除心理障碍，不断优化他们的心理品质。

（6）指导大学生树立健康的性意识和性心理，使他们能够正确处理成长过程中遇到的各种性问题和恋爱问题，逐渐具备建设婚姻家庭的能力。

（7）指导大学生做好职业生涯规划，使他们掌握对自我的资源开发、补充、整合和利用的能力。

（8）积极预防大学生心理问题引发的各种突发事件，建立健全大学生心理危机干预系统，进行必要的危机干预。

大学生心理健康教育的任务应根据大学的阶段性以及大学生的具体情况进行安排。例如，大一新生心理健康教育的重点应放在适应新环境等内容上，帮助他们尽快完成从中学到大学的心理转变；大二、大三大学生心理健康教育主要侧重于帮助他们了解心理科学基础知识、初步掌握心理调适技能以及处理好各种心理问题；对于大四毕业生，要配合就业指导工作，帮助他们在对自我有一个准确认识的基础上做好职业生涯规划，做好就业心理准备。

总之，在具体实施大学生心理健康教育过程中，不仅要重视智力因素的影响，更要重视智力因素以外的、对智力活动产生重要影响的因素。心理健康教育不仅要预防大学生的心理疾病，更应重视对大学生非智力资源的开发，通过心理教育优化大学生的心理品质，开发其心理潜能，进而促进其健康全面发展。

二、大学生心理健康教育的发展特征

在新的时代背景下，我国大学生心理健康教育在发展过程中表现出一些新的特征，具体有以下七点。

（一）系统规范化

大学生心理健康教育在发展过程中逐渐形成科学的、系统的、规范的工作模式，这主要以教育工作者专业化水平的提高为重要标志。教师是学校职能的集中体现，这就要求教师不仅要有专业知识和教学能力，而且必须要了解大学生的身心发展规律，了解心理健康教育的重要性，具备对大学生开展心理健康教育的能力，在教育实践中自觉体现和渗透心理健康教育。缺乏心理健康教育能力的教师不是合格的教师。随着时代的发展，教师的传统教育功能将逐渐减弱，而人格培养的功能将不断加强。因此，国家不断通过鼓励和引导继续教育，制定执教人员的专业标准等措施逐步建立掌握专业知识和技能的师资队伍，这些都使得我国的心理健康教育越来越规范化。

（二）对象普遍化

随着人们对健康问题认识的不断深入，心理健康与身体健康具有了同样重要的地位，人们认识到心理健康对个人发展乃至社会发展具有非常重要的作用。

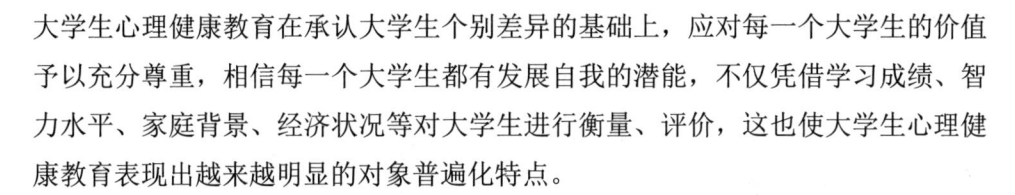

大学生心理健康教育在承认大学生个别差异的基础上，应对每一个大学生的价值予以充分尊重，相信每一个大学生都有发展自我的潜能，不仅凭借学习成绩、智力水平、家庭背景、经济状况等对大学生进行衡量、评价，这也使大学生心理健康教育表现出越来越明显的对象普遍化特点。

（三）途径现代化

随着信息技术的高速发展，以及计算机网络技术的广泛应用，大学生心理健康教育的实施途径更加现代化。高校逐渐通过网络技术开辟网上心理咨询，对大学生各种心理档案的管理都将实现网络化，大学生可以在网上进行心理测验或直接向专家咨询。另外，可以在网上对教师进行专业培训，与其他高校建立大学生心理健康教育网络系统和心理咨询与治疗的专家系统，实现不同地区的信息交流和资源共享。

（四）形式团体化

目前，大学生心理健康教育多采取团体辅导的形式。团体辅导形式多样，生动有趣，具有很强的实践性，有利于成员之间进行互动，而且适用面比较广，如心理健康教育课、课外活动等。因此，团体辅导在大学生心理健康教育中得到广泛运用，以此促进大学生身心健康发展。

（五）功能齐全化

之前，由于我国大学生心理健康教育发展尚未成熟，即使是其固有的功能也没有得到很好的发挥。随着社会、学校、家庭及大学生自身对开发心理潜能的重视，大学生心理健康教育越来越重视人的全面发展和自我实现这一目标，高校也在最大限度地集中教育的人力资源，给大学生以更全面的影响，达到初级、中级和高级三层功能，这些都使大学生心理健康教育的功能更加齐全。

（六）内容潜能化

我国大学生心理健康教育最初只是为了指导大学生提高心理适应能力，减少心理问题。随着心理健康教育不断普及和深化，大学生心理健康教育越来越注重对大学生心理潜能的开发，进而为其今后长远的发展打下良好的基础。因此，大学生心理健康教育的内容也开始转向大学生创造力的培养、心理潜能开发、情绪管理、压力处理以及人际交往训练等方面，从而使大学生心理健康教育的内容表现出潜能化特点。

(七)领域狭窄化

目前,我国大学生心理健康教育侧重于培养大学生良好的个性,对心理障碍进行防治,虽然也涉及学习指导和个人发展指导,但针对全体大学生开展的学习辅导、就业辅导仍比较少。我国大学生心理健康教育的领域有进一步拓宽的趋势,根据大学生的需要为大学生成长和发展提供多元的服务与指导。

总之,我国大学生心理健康教育工作会随着社会不断发展得到进一步的发展、完善和提高。

第七章 大学生自我意识与人格健康教育

自我意识是隐藏在个体内心深处的心理结构，是个体意识发展的最高阶段。个体正是通过自我意识来认识自己、激励自己、控制自己，与环境求得动态的、和谐的平衡。自我意识是自我教育的基础，它的发展直接影响着大学生人格的形成与发展，标志着其心理成熟的水平。人格是伴随着人的一生不断成长的心理品质，人格的成熟意味着个体心理的成熟，人格的魅力展示着个体心灵的完善。因此，创造良好的社会心理条件，培养、增进、塑造健全的自我意识与人格就成为心理健康教育的一项重要任务。特别是大学生身心发展正处于青年期，这期间不仅身心会发生急剧的变化，自我意识也将由分化、矛盾冲突逐渐走向统一，这正是大学生自我意识与人格发展、完善的重要时期。所以每个大学生都应该关注自己的自我意识与人格状况，积极主动地塑造自己，逐步使自己的人格走向健康、完善。

第一节 大学生自我意识与人格的一般规律

一、大学生自我意识的一般规律

（一）自我意识的结构

同对客体的意识一样，自我意识也可从知（自我认识）、情（自我体验）、意（自我调节）三个方面进行分析。自我意识正是通过自我认识、自我体验、自我调节这三种形式表现出来。

1. 自我认识

自我认识是自我意识的认知成分。它是人对自己的身体面貌、个性品质、自身社会价值与周围世界关系等方面进行的自我感觉、自我观察、自我分析和自我评价等。人的自我评价尽管不是固定不变的，但自我评价毕竟是个体在一定时刻对自身进行自我感觉、自我观察和自我分析的结果，集中体现着自我认知的一般状况和发展水平，它是自我意识的核心部分，也是自我体验和自我调节的基础。目前心理学关于自我意识的研究，大量地集中在自我评价方面。

2. 自我体验

自我体验是自我意识的情绪成分。它其实就是人对自己的情绪状态的体验。如果说对客体的情绪体验是他对客体的认知同其主观需要之间关系的反映，那么自我体验就是他对自身的认知同其主观需要之间关系的反映。一个人如果希望在某件事上获得成功，但他失败了，他认识到行动的失败不符合他成功的需要，就会对自己产生不满的情绪体验。自我体验可以表现为自尊、自豪、自怜等情绪状态。人的自尊程度直接维系于他的自我评价状况，一般与自我评价成正比关系。如果个体自我评价越积极、肯定，它就越能接受、尊重自己，从而促使个体自我积极进取、不断发展。在自我体验中，自尊和自信是最重要的成分。自尊、自信的程度也会对个体自我调节的方向和力度造成不可忽视的影响。

3. 自我调节

自我调节是自我意识的意志成分。这里的自我调节指的是个体自觉的过程。人的某些能力，特别是某些简单行为可实现无意识的自动调节，不在此处讨论的自我调节之列。自觉的自我调节是对自己的主观世界，包括自己的行为、心理活动、个性品质等方面的调节。正常的人都是凭着自我意识来调节自己的思想和行为，使之适宜恰当。自我调节包括自我检查、自我监督、自我控制、自我暗示、自我教育等形式，其中主要的调节方式是自我控制和自我教育。所谓自我控制是个体为达到自己的某种目标对自身和行为的主动掌握、约束和控制。体现了意志力量的"自制力"。所谓自我教育是指个人主动提出道德修养目标，并以实际行动努力完善或培养自己人格品质的过程。自我教育是自我调节的最高级形式，集中体现了意志品质中的自我激励力量。

自我调节的实现受自我认识、自我体验的影响和制约。生活中可以看到，某些人对自己的评价特别高，而他心中理想自我的标准又特别低，于是这种人便自己感觉良好，骄傲自满，他们在自我调节方面通常不大在意，表现在行动上是刚愎自用、放纵自己，难以做到严格地约束自己，审慎地对待别人。当然，个体自我调节的状况也可以反过来通过心理和行为的调节，对他的自我认识和自我体验的过程产生影响。既然自我调节是自我意识中直接作用于个体行为的环节，它就是一个人自我教育、自我发展的重要机制，自我调节的实现是自我意识的能动性质的集中表现。

由上所述，自我意识的结构包括自我认识、自我体验、自我调节，三者共同构成了个性心理面貌的一个重要组成部分。通过自我认识，使人明确自己到底是一个什么样的人；通过自我体验，可以认识到自己能否真正接受自己；通过自我调节，尤其是自我控制和自我教育，可以最终发现自己应当成为一个什么样的人。

（二）自我意识发展的形式

人类在与外在世界的相互作用过程中，尤其是在同社会的人的相互作用中逐渐形成自我意识的能力。自我意识在人类婴幼儿时期形成之后，一直持续地发展着。但在整个儿童期，自我意识的发展是平缓的、渐进的、自我上是一个笼统的整体，自我意识的内容是反映自我的外部行为特征以及外部周围世界，很少或没有触及自己的内心世界。进入少年期后，自我意识急剧发展，出现了分裂—矛盾—统一的基本形式。

1. 自我意识的分裂

进入少年期，个体的抽象思维能力发展起来，认识能力得到极大的提高。同时，生理方面出现了第二个发育高峰，促使少年增强了自我存在的意识。据调查研究，12～14岁是自我意识急剧发展的关键时期。这时的少年突然发现了自己，令其激动、兴奋，同时又紧张、焦虑。他们热衷于探索自己内心深处的心理奥秘，逐渐窥视到自己的内部心理活动和个性品质，于是，自我意识发生了裂变，原有的整体的"我"一分为二，一个是主体的我，观察者、认识者的我；一个是客体的我，即被观察者、被认识者的我。自我意识的分裂，使少年的内心活动变得越来越复杂，他们表现得好反思、内省，一般伴随着困惑和焦虑，喜欢通过写日记诉说自己的苦恼，实际上这些日记中的内容就是主体的我对客体的我的认识、观察和评价。自我意识的裂变，使得自我意识的发展进入一个崭新的阶段，并为主体改造主观世界提供了可能。

2. 自我意识的矛盾

自我意识未分裂前，整个自我是笼统的、一体化的，没有矛盾产生。儿童很少有激烈的内心冲突以及由此产生的苦闷等深刻的情绪体验。一旦自我发生裂变，主体的我和客体的我就要发生矛盾斗争，突出表现为"现实的我"和"理想的我"之间的矛盾。"理想的我"与主体的我相联系，反映了个体希望成为什么样的人，具有什么样的形象，它作为个体奋斗、成才的目标而存在；另外，与客体的我相联系的便是"现实的我"，它反映个体实际上是什么样的人，具有什么样的品质，它作为个体的现实目标而存在。正是由于"理想的我"和"现实的我"不可能完全吻合、统一，那么它们就永远存在矛盾和冲突。在青少年时期，由于自我意识的矛盾，个体经常表现出激烈的思想斗争和冲突，内心动荡不安，总是伴随着强烈的情绪体验。

3. 自我意识的统一

任何事物的发展都是矛盾的双方相互依存、相互斗争而推动的。青少年自我意识矛盾的存在，使主体的内心产生冲突，主体就要设法使"现实的我"和"理想的我"在新的水平和方向上达到协调统一，从而清除冲突感、紧张感。自我意识的统一，是自我意识发展的关键环节。青少年的自我意识经过不断的分裂—矛盾—统一的螺旋上升过程，自我意识得到发展并逐渐成熟，自我形象逐渐树立，自我观念逐渐形成。当然，这是一个充满艰辛、曲折的过程，需要有一个优良的外部教育环境的引导，更需要个体发挥主观积极性，形成自我教育机制。

（三）自我意识发展的过程

自我意识的发展表现为自我意识内容的发展以及自我意识各成分的发展，它们分别有着一般的发展过程。

1. 自我意识内容的发展

自我意识的内容，就是主体从哪些方面观察、认识客观的我，从而形成自我形象。在自我意识尚未分化前，儿童主要意识到自己与周围人的关系，自己在家庭、学校中的角色，自己的外部行为特征。自我意识的内容较贫乏和狭窄。在自我意识急剧发展分化的少年时期，由于身体的急剧变化和第二性征的出现，男女少年都会异常关心自己的外貌和身体仪表。少年们对自己的容貌仪表的评定非常苛刻，通常以所崇拜的偶像为标准。随着年龄的增长，个体才逐渐从对身体外表的关心转向热衷于探索审视自己的内心世界。心理学家们曾多次在不同国家和不同的环境中让不同年龄的儿童续写尚未完成的故事或照图编故事，结果往往是一致的，儿童和少年初期一般是描写外貌、动作、事件，少年晚期和青年期则主要对人物的思想和情感进行描写。少年的年龄越大，他就越易被故事的心理内容所触动，而"事件"的外部结构就越对他失去意义。由此，可以说自我意识的内容有一个从外部到内部的发展过程。自我意识发展到比较成熟的阶段，个体尽管还会在一定程度上关注自己的外貌仪表等，但自我认识的侧重点逐渐转移，个体不再满足于片面地、零星地、肤浅地了解自己的内心世界，而希望全方位地、深入地认识和了解自己的心理活动及个性品质。他们十分注重自己的能力、特长、性格、气质等，希望以此来赢得他人的尊重和喜爱，获得自尊和自信。随着个体社会生活的深入，他们还在更加广阔的社会背景下对自己的个性品质进行重新认识，并产生完善自我个性的愿望。

2. 自我意识中各成分的发展

（1）自我认识的发展。自我认识的发展是自我意识发展的主要成分。其中，自我评价集中代表了自我认识的发展状况，它的发展表现出以下三个特征。

第一，从自我评价的主动性和独立性而言，儿童期个体自我评价主要是依据教师、家长等的权威性评价，具有依附性和被动性。之后，逐渐发展到依据周围更多的人对自己的态度来进行自我评价，最后，能够达到依据自己的理想、价值体系等进行主动的、独立的自我评价，而对他人的评价持辩证的、批判的态度。

第二，从自我评价的广泛性和全面性来看，儿童在进行自我评价时，经常从外表、长相、外部行为、与周围人狭隘的人际关系的角度来进行评价，显得空泛、狭窄、片面；到少年和青年时期，自我评价的范围得到极大地拓宽，能从各个角度、从内外各个层次上对自我进行全面、广泛的评价，使自我形象日益丰富、细腻、立体化。但在少年期依旧表现为对自己的自我评价能力落后于评价别人能力，在多数情况下，他们对自己的评价偏高，出现"严于责人，宽于律己"的现象。

第三，从自我评价的概括性和抽象性来看，儿童只能从片面的、个别的、具体的情境中的某些外部行为现象做出肤浅的、零星的、感性的评价；到少年和青年时期，随着思维能力的提高，个性的自我评价逐渐带有概括性、理论性、整合性、辩证性。

（2）自我体验的发展。自我体验是在自我认识，特别是在自我评价的基础上发展起来的。它的发展表现为以下两个特征。

第一，自我体验日益丰富、细致。儿童的自我体验是粗糙的、贫乏的，而少年和青年时期个体的自我体验却日益丰富细腻，对于自我评价较高的方面，产生喜悦、兴奋、自豪或幸福的情绪体验；反之，则产生苦闷、彷徨、忧郁甚至痛苦的情绪体验。他们的自尊心和自信心日益强烈、突出，成为自我体验中两个最重要的成分。

第二，自我体验日益深刻、稳定。儿童的自我体验较为肤浅、平缓，发展到少年和青年时期，经过最初的矛盾和动荡后，变得稳定、深刻。少年和青年时期自我体验的发展落后于自我评价能力的发展，出现了明显的滞后状态。这是由于理性认识能力发展了，但转化为情感还需要有一个过程，因而造成了二者发展不同步的现象。

（3）自我调节的发展。儿童时期，由于缺乏自我认识和自我评价，他们对自己的某些思想和行为的约束和制止主要是靠外部环节（如教师、家长等）的压力和干预而实现的，是被动的自我控制。少年和青年时期，在教育者的正确引导下，这种被动的自我控制才发展成为主动的自我控制，并且日益经常化、稳定化，进而导致个体自我教育机制的形成。作为自我调节的最高形式，自我教育使大学生通过自励来不断地发展和完善自我，促进自我的积极统一。

（四）大学生自我意识的发展

在个体的发展过程中，童年期是人格开始形成的时期，少年期和青年期则是人格初步形成并定型的时期，成年期是人格成熟时期。大学生的自我意识正处于从定型到成熟的时期，期间其自我意识经历了分化—矛盾—整合的过程。

1. 自我意识的分化

（1）主我与客我的分化。青年期的自我意识是分化的，大学生自我意识的发展也是以此为基础。自我意识的分化，意味着"我"一分为二——主观的我（I，主我）与客观的我（me，客我）。当个体进行自我觉察时，主我是认识的主体，是行为的发起者，同时还是观察者和评价者，客我则是认识的对象，即被观察者和被评价者,它包括一个人所持有的关于他自己的所有的知识与信念。主我和客我的分化使大学生得以观察自我、评价自我和提升自我。

(2) 理想自我与现实自我的分化。除了主我与客我之分,大学生的自我还特别存在着"理想自我"与"现实自我"的分化。前者指个体的自我期待,即"我希望自己未来成为什么样的人";后者则涉及对真实自身的觉察,即"我当下的真实情况是什么样子的"。

2. 自我意识的矛盾

自我意识的矛盾主要表现为以下六个方面的冲突。

(1) 主观我与客观我的冲突。主观我与客观我本应是统一的,但由于自我结构的多样性及个体所处社会环境不同,主观我与客观我并不总是统一的。大学生是同龄人中的佼佼者,他们对自身的正面评价很高。但是,由于他们没有经历过太多的事情,缺乏社会经验,再加上高等教育大众化的发展和社会对他们认知的回归,因此大学生身上的光环渐渐褪去,这就造成了他们的主观我和客观我之间的矛盾比较突出。

(2) 理想自我与现实自我的冲突。在现实生活中,理想的自我和真实的自我之间总会存在一定差距,合理的差距可以促使一个人不断进步。但是,当落差太大时,又会造成个体的自我分裂,从而引发一系列的心理问题。因此,对于大学生来说,在理想自我与现实自我发生冲突的时候,很有必要重新调整并评估自己,积极地进行自我调适。

(3) 自负与自卑的冲突。自信代表着一个完整的自我意识和成熟的个性。但是,因为大学生的心理还没有完全成熟,他们的自我意识还处于发展过程中,因此对自己的认知经常会有一些自信的偏差:自卑或者自负。相对于其他人群而言,大学生们展现出了更高的自尊和自信,他们不愿意被人甩在后面,总是想要往前走,对成功充满了强烈的渴望,在获得了成功之后,他们很容易表现出骄傲自满、自我中心和极度自负。在遇到挫折和困难的时候,往往会对自己的能力产生怀疑,甚至是自暴自弃,变得自卑起来。这与大学生对自我认识的偏差和自我定位的偏差密不可分。

（4）独立与依附的冲突。大学生身心的发育和成熟，使得他们在生活、学习和工作上都有了独立的意识。但是，因为长时间的大学生活，使得他们缺乏相应的社会经历和经验，所以在遇到压力的时候，他们希望自己的家人、老师和同学可以帮助他们解决问题。此外，在社会生活中，他们在精神上的自立和经济上的自立之间，也存在着鲜明的对比。他们渴望摆脱束缚，追求独立，但又无法真正脱离父母和教师的支持。特别是对于一些独生子女家庭来说，独立性和依赖性之间的矛盾更加明显。

（5）理智与情感的冲突。大学生的情绪有一个明显的特征，那就是两极分化严重，波动较大，易冲动，难以控制。但是，伴随着身体和心理的发展，以及大学生认知水平的提升，他们逐渐变得成熟起来。当大学生面对客观问题的时候，他们不仅想要满足自己的情绪与情感的要求，还想要服从于社会及他人的需求。特别是在感情受到巨大冲击的时候，虽然理性上可以理解，但从感情上来说，却是无法接受的。

（6）渴望交往与心灵闭锁的冲突。大学生从来没有像现在这样，对友谊和爱情充满渴望，期待获得同龄人的认可和接纳。但是，大学生的自我表露又受心灵闭锁的影响，他们总是不经意地将自己的真实感情隐藏起来，有意无意地与同学保持着一定的距离，不能彻底打开心扉与人交流，这使大学生经常觉得大学之间的交往没有中小学之间的交往那么纯粹和真诚。

3. 大学生自我意识的整合

自我意识的矛盾冲突，往往使大学生产生一种心理上的困惑，促使大学生追求自我意识的统一性，实现自我意识的统一性。因为自我意识的复杂和多维性，所以大学生们会从多个角度来审视和调节自己，不断地接近自己的理想自我，这也就是自我认同的确立。从多维角度来看，个体的自我认同程度较高，个体的个性也较完整。然而，由于大学生的成长环境、家庭教养方式、个人志向和职业目标等方面存在着很大的差别，因而其自我意识的整合效果和方式也各不相同。从自我意识的本质来看，大学生对自我意识的综合评价结果，如表7-1所示。

表 7-1　大学生自我意识的整合结果

综合评价结果	具体表现
自我肯定	自我肯定，是积极自我，即对自我的认识比较清晰、客观、全面、深刻 这种积极自我的特点是大学生在经过痛苦的选择与调整之后，逐渐成长，使自己的理想我与现实我趋于统一，主观我与客观我趋于一致。积极的自我不仅了解自己的长处与优势，也了解自己的不足与劣势，能够分析哪些是通过努力可以达到的，哪些是属于无法企及的，从而进行积极的自我肯定，向着理想自我迈进
自我否定	自我否定是消极自我，包括自我贬损与自我夸大两种类型 自我贬损型的人由于总是积累失败与挫折的经历，对现实自我的评价较低，并常伴有没有价值感、自我排斥、自我否定。表现为没有朝气、随波逐流、缺少激情，生活没有目标，结果则更加自卑，失去进取动力 自我夸大型的人对自我的评价非常高，往往脱离客观实际，常常以理想我代替现实我，盲目自尊，虚荣心强。其行为结果要么表现为缺乏理智，情绪冲动；要么自吹自擂、自我陶醉，却不去为实现自我做出努力
自我冲突	自我冲突是难以达到整合的自我意识，包括自我矛盾型与自我萎缩型两种类型 自我矛盾型的大学生内心冲突激烈，持续时间长，自我控制不稳定 自我萎缩型的大学生缺乏理想我，但又对现实我深感不满，他们消极放任、自怨自艾、甚至麻木、自卑，以至于越来越消沉、对自己丧失信心，严重的还可能导致精神分裂症或绝望轻生

二、大学生人格的一般规律

（一）人格的结构

人格是一个复杂的结构系统，它包含着各种成分。简单地说，主要包括人格的倾向性和人格的心理特征两个方面。

1. 人格的倾向性

人格的倾向性是指人格的动力，是与人们在行动中的需要、动机和兴趣等有关的一种心理特性。需要指的是有机体内部不平衡状态的反映，表现为有机体对内外环境条件的欲求，是有机体活动的动力和源泉。动机是一种基于需要而产生的，能促使人们向某一目标而行动，并使之保持下去的一种内在的心理行为。兴趣是指人对某一件事情或从事某一活动期望有所认识的一种心理倾向。人格的倾向性对人对现实的态度、人对认识对象的趋向和选择起着决定性作用，是人格结构中最活跃的因素。

2. 人格的心理特征

人格的心理特征是人与人之间的不同，是人的各种心理特征的一种特殊组合，最终形成了一个人的心理面貌，并解释了心理面貌的个体差异。人格的心理特征由三个方面构成：性格、气质和能力。性格指的是人对客观事物的态度，以及与这种态度相适应的行为方式上的人格心理特征。比如，有的人大公无私，有的人斤斤计较，有的人朴实肯干，有的人懒散拖拉等。气质指的是可以体现在心理活动的强度、灵活性等动力特征方面的人格心理特征。比如，有的人活泼好动，有的人沉默寡言，有的人暴躁，有的人温柔等。能力指的是人们可以顺利、有效地完成某种活动，所必须具备的心理条件的一种个性心理特点。比如，有些人善于用语言表达，有些人具有想象力，有些人在音乐上表现出了自己的天赋。性格反映着一个人的基本精神面貌，在人格的心理特征中处于核心的位置。

人格的倾向性和人格的心理特征是相互联系又相互制约的，是一个有机的整体。人格对心理活动有积极的引导作用，能促使个体有针对性地、有选择性地对客观事实进行反映。健全的人格是保持大学生心理健康的关键。

（二）人格的发展与大学生人格的特点

人格形成和发展的过程，就是人的社会化过程。人作为一个生物性个体，一来到这个世界上，就置身于错综复杂的社会环境之中，从幼年到老年，人格在社会化过程中持续地形成与发展。通过社会化过程，个人从自然人转化为社会人，形成不同于他人的心理与行为特征，即形成和发展自己独特的人格。

心理学针对人格形成和发展过程具有各自不同的看法，这里主要引用新精神分析理论的代表——埃里克森的理论进行叙述。根据埃里克森的观点，人格形成和发展的过程会持续人的一生，其动力不是性本能，而是机体生物学上的成熟和社会文化环境之间的矛盾与冲突。埃里克森提出，人格形成和发展的过程可以分成婴儿期（0～1.5岁）、幼儿前期（1.5～3岁）、幼儿后期（3～6岁）、学龄期（6～12岁）、青春期（12～18岁）、青春后期（18～25岁）、成年期（25～50岁）、成年晚期（50岁以后）八个时期。其中大学生正处于青春后期和成年期，期间，大学生人格形成与发展主要表现出以下两方面的特征。

第一，在青春后期，大学生人格发展任务是建立自我同一感，防止同一感混乱。自我同一感是一种关于自己是谁，在社会上应占什么样的地位，将来准备成为什么样的人以及怎样努力成为理想中的人等一系列的感觉。同一性并不产生于青春期，早在学前期，大学生便已经形成了各种同一性，但是进入青春后期后，早期形成的同一性已经难以应付眼前必须做出的各种选择和决断。因为大学生身体迅速发展，性成熟开始以及新的指向未来的思维能力的出现，加之即将面临的各种社会义务和多种选择，如异性朋友、职业理想等，就使大学生开始怀疑原已形成的自我同一性。此时，大学生迫切要求了解自我，以形成一个真正独立的自我。而如果大学生在幼儿前期、幼儿后期、学龄期便已经形成了积极的人格品质（信任感、自主感、主动感、勤奋感），他就能够较好地解决同一性危机；反之，同一性危机将持续到其人生发展的后继生活之中。

第二，到了成年期，恋爱与婚姻是这一阶段的主要特征，所以大学生的人格发展任务是获得亲密感，避免孤立感，体验着爱情的实现，积极的成果是亲爱。

第二节　大学生常见的自我意识与人格心理问题

一、大学生常见的自我意识问题

大学生常见的自我意识问题主要包括以下几方面。

（一）自我体验方面的偏差

适度的自尊心和自卑感是个人健康成长中的一种心理品质，同时也是个体自我意识发展的一种表现。这两种表现普遍存在于大学生中，这两种品质只要适度，对大学生就不会产生太大的影响，但如果不适度，就会成为自我体验偏差的表现。

1. 自尊心过强

自尊心是指一个人接纳并尊重自己，包括责任感、进取心等多种积极的心理品质。自尊心较强的大学生拥有自信，能够努力克服遇到的困难，取得成功，但如果自尊心过强，那么就往往和骄傲、自大联系在一起，拥有过强自尊心的人缺乏自我批评，也受不了别人批评自己，这样的人往往以自我为中心，凡事都考虑自己，不能与人很好地相处，人际关系不和谐。

2. 自卑感过强

自卑感是一种对自己持有否定态度的情感体验。自卑感过强的人凡事都认为自己不行，缺乏主见，遇事从众。在高校期间，优秀的大学生很多，无论是容貌、品德、学习成绩还是人际交往等方面，优秀的人有很多，自己的某一方面无法与这样的大学生相比也是很正常的，因为人无完人，但如果因此而贬低自己，无法看到自己拥有的缺点，自卑感过强，那么这名大学生无论做什么事情，注定是失败的。只有认清自己的优缺点，才能树立信心，为自己定好目标，从而朝着目标不断努力。

（二）理想我与现实我之间的偏差

理想我是个体完善自我的最终目标，是个人想要达到的完美形象。现实我是个人根据自己的实际情况认识自己，往往主观性较强。通常情况下，现实我要远远落后于理想我，个体希望通过采取一些措施来减少这种差距。当二者的差距处于合理的范围时，个体就能够产生动力，努力缩小二者之间的差距。反之，如果二者的差距超出了合理的范围，那么就可能给个体的心理造成过大的压力，使个体产生自卑，导致一系列心理问题。

大学生成就动机强烈，渴望有朝一日到达辉煌的大洋彼岸。他们为自己描绘了一幅美丽的蓝图，在这幅蓝图中为自己做了清晰的定位。

此时，理想我与现实我的冲突和差距成为他们自我意识发展中的一个重要问题。在这里，需要注意以下两个方面的问题。

第一，理想我与现实我二者之间必然会存在一定的差距，这种差距在一定的范围内其实是正常的，适当的差距可以使大学生向着理想我不断努力，产生源源不断的动力。

第二，理想我与现实我的差距过大时，容易给大学生的心理造成负担，使其产生心理问题，不能正确看待自己，甘于平庸，变得没有动力。

（三）主体我与客体我之间的偏差

自我可以分成两种，即主体我与客体我，主体我用来表示我会怎么样，是个体主观能动性的积极反映；客体我则用来表示别人会对我怎么样，是一种被动的反映。事实上，二者应该是互相统一的。但是，由于自我意识的多层次性和多结构性，再加上生活环境的差异，主体我与客体我也会出现分歧。

大学生的主体我与客体我的矛盾相对突出。因为在同龄人中，他们接受了相对高水平的教育，希望对自我有一个较高的评价，但由于他们远离社会，缺乏社会经验，长期生活在安逸、和谐的校园，对社会的了解缺乏切肤的感受与客观的目光，所以他们对主体我的定位并不准确。另外，由于我们国家教育体制存在的弊端，导致许多大学生重理论轻实践。大学生身上光环的消失使他们产生失落感。

（四）追求上进与自我消沉之间的偏差

许多大学生都有强烈的自尊心和上进心，他们希望依靠自己的努力来实现自身的价值。但是在实现自己价值的过程中，难免会遇到各种各样的困难，对此，不少大学生常常出现情绪波动，在困难面前望而生畏、消极退缩，但是在内心深处又不想对其放弃，还想奋力一搏，故而内心极为矛盾。

（五）渴望交往与心门紧锁之间的偏差

大学生渴望得到他人的感情，尤其是来自同伴的感情。这种感情既包括友情，也包括爱情。在这个时期，一方面，大学生不愿意成为孤独的个体，渴望与他人交流，分享有无，渴望自己的身边能够有精神沟通的知音和知己，希望成为群体中受尊敬与欢迎的人；另一方面，大学生又不愿意完全把自己的内心敞开，他们总是喜欢隐藏自己，在不经意间与同学保持着距离。具体来说，形成这种冲突的原因主要有以下两个方面。

1. 过度从众

许多人都有从众心理，大学生也不例外。因为个体生活在群体中，会不知不觉地遵从群体压力，放弃自己的主张，趋向于与群体中的多数人保持一致。适当的从众其实也是一种正常的心理现象，但如果从众心理过强，就会导致个体缺乏自己的主张，自我意识薄弱，独立性差。如果大学生的从众心理过强，一旦在学习和生活中遇到问题，就不能独立应对，很容易自乱阵脚，甚至迷失方向。

2. 过度以自我为中心

过度以自我为中心的最大特点就是凡事从"我"出发，不顾及他人的感受，当自我的需求不能得到满足时就会发脾气。虽然此时的大学生已经处于成年时期，但他们还是会出现过度以自我为中心的可能。

（六）自我评价方面的偏差

1. 自我为中心

在自我意识的发展中，一些人表现出以自我为中心，突出表现是凡事从"我"出发，对他人的感受、建议不屑一顾，当愿望不能满足时就会发脾气。那些以自我为中心的大学生，想问题和做事情都从自己出发，人际关系也会出现不和谐。

2. 分裂的自我

外在的自我和内在的自我缺乏同一性，即个体物质的我、社会的我、心理的我的各个方面不能彼此相互联系，不能整合成一个完整的自我。内在的我与外在的我的不统一，会导致对自己缺乏信心，常常出现退缩、逃避等行为表现。

3. 自负的自我

自负是一种自我膨胀，即过度的自信。多数人有较强的自尊心、好强、不甘落后，但如果把握不好度，就会物极必反，导致骄傲、自大、自我膨胀。

除了上述的自我意识问题外，还有其他一些自我意识的问题，如个人的我与社会的我互相冲突等，其实，这些问题的出现是正常的，大学生自我意识发展的过程中必然会出现这样或那样的问题，关键是要对其进行正确的引导和解决。

二、大学生常见的人格心理问题

大学时代既是学习掌握知识的黄金时代，也是人格发展的重要阶段。但在大学生人格发展中普遍存在着人格发展不足，出现了一些人格心理问题。大学生常见的人格心理问题如下所示。

（一）无聊

无聊心理的主要特点是空虚、幻想、被动，感觉不到自我存在的意义与人生的价值，其核心在于没有确立合适的人生目标。空虚是因为没有制订目标或制订的目标太低，人一旦失去目标的牵引，就会缺乏生活的动力，不能对生命意义形成正确的、深刻的认识，从而出现混日子的现象，对生命意义的否定发展到极端是对生命的否定；幻想是由于目标定位不准确或者目标太多而导致的心理负担，实质是对责任的恐惧；被动是由于目标不是自己内心的渴望，没有获得内心的自觉与认同，只是为学习而学习，为考试而考试，缺乏主动性和创造性。克服无聊心理的根本方法是确立恰当的人生目标，并由人生目标牵引着实现自己的人生价值。

（二）不良意志品质

不良意志品质是指意志发展的不良倾向，主要表现为：生活缺乏目标、无所事事、懒散倦怠、浑浑噩噩、醉生梦死、沉溺网恋或者网游；还有的意志发展不成熟，对意志品质缺乏正确的理解，甚至把我行我素、率性而为视为果断，把徘徊、踌躇视为沉着、理性，把自以为是、不听劝告视为顽强、个性十足等，不良意志品质一经形成，会带来很多性格缺陷，最后发展为人格缺陷。克服不良意志品质的办法是及时发现并改正自我认知中的非理性观念，对意志品质的内涵予以正确理解，发展自觉性、果断性、坚韧性和自制力。远大的理想、坚定的信念和正确的世界观是人奋斗的动力之源，确立适当的行动目标并付诸实践。

（三）懒散

大学生本应该是充满朝气和活力、开拓进取的群体，但事实并非如此。部分大学生表现得十分慵懒、疲沓、闲散、拖拉、松垮，情绪不佳，犹豫不决，顾此失彼，做事磨蹭，活力不足，缺乏计划，随波逐流，常常是踏着铃声进教室，无法将精力集中在学业中，无法从事自己喜欢的事，得过且过，做一天和尚撞一天钟，缺乏进取精神。懒惰是不少大学生为之感到苦恼却又难以克服的一种人格发展缺陷，是意志活动无力的表现。处于懒散状态的大学生也因此常常感到内疚、自责，但又觉得无能为力，心有余而力不足，其主要原因是：想得多而做得少，缺乏毅力。克服这种人格缺陷的方法是要充分认识到懒散的危害性，确立一个坚定而有价值的理想；振作精神立即行动，从日常小事做起，并努力做到不给自己找借口，不原谅自己的偷懒，力争今日的事今日毕；多与人交往，多参加有益于身心的社会活动，多关心外部世界。

（四）偏狭

偏狭是人们常常说的"小心眼"，主要表现为心量小，爱记仇，对人对事挑剔，容易对他人嫉妒。偏狭是一种有百害而无一利的人格特征。偏狭人格多出现于性格内向者，特别是女性。偏狭是后天形成的，因此，克服偏狭人格首先要学会宽

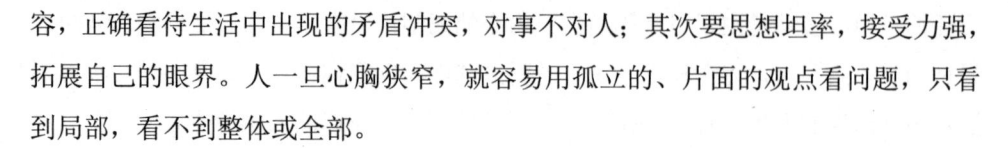

容,正确看待生活中出现的矛盾冲突,对事不对人;其次要思想坦率,接受力强,拓展自己的眼界。人一旦心胸狭窄,就容易用孤立的、片面的观点看问题,只看到局部,看不到整体或全部。

(五)环境适应不良

环境适应不良主要是指大学生对大学学习、人际关系、异性交往等方面表现出的不适应,表现为强烈的失落感、孤独感,不能够适应环境的改变。事实上,在构成环境的诸多要素中,人是最重要的要素,个体不仅受制于环境,而且影响与改变着环境,因此大学生要多了解自己所处的环境,培养自我调节的能力,能够主动适应环境并成为环境的改造者。

第三节 大学生健康自我意识与人格的塑造

一、大学生健康自我意识的塑造

(一)正确认识自我

有人说,每个人都是一座"金矿",关键是要真正地认识自我,有自知之明。大学生正确认识自我需要从多角度认识自己。

1. 通过他人的看法来认识自我

心理学家库利提出了"镜中我"的理论,即通过他人对自己的评价来了解自己。这一理论给人们带来了很多的启示。确实,人们常常会从他人身上看到自己的影子,所以通过他人的看法来更好地认识自己是一种非常有效的方法。大学生应该积极投身于各种社会活动中,在行动中不断丰富自己对自然、社会和他人的认知,学会从他人对自己的看法中客观地看待自己,认真地分析自己,对自己有一个清晰的了解。

2. 通过正确的自我评价与反思认识自我

自我评价和反思就是指通过对自己外部行为表现进行评价,并实施一定的反思。通过自我评价来认识自己,大学生最应该注意的就是,制订健康、正确的自我评价参照标准。具体来说,大学生的自我评价参照标准不应是片面的、割裂的,而应是全面的;不应是消极的、负面的,而应是积极的;不应是静态的、固定的，而应是动态的、持续变化的；不应是盲目从众的，而应是适合大学生的实际发展情况的。这就需要大学生积极参与到生活中，不断积累社会经验与人生经历，并根据自己的心理分析与反思，建立自我评价参照标准。没有自我反思就很难实现自我完善，因而大学生在自我评价的基础上还应当认真分析自己成功或失败的原因，以正确定位自己、调整自己，提高对自我的认识程度。

3. 通过有效的社会比较了解自我

大学生进行有效的社会比较，需要打开自我信息通道，以此来保证信息渠道的畅通无阻，也就是说大学生要积极参与到各项社会活动中，同时在此过程中做自我观察的有心人，进而积极主动地搜集并整理有关自我的信息。在进行有效社会比较时，首先大学生应当学会欣赏他人，寻找他人身上的优点；其次要站在客观的角度，对自己进行动态的、多方位的社会比较，寻找自己身上的不足，从另一角度把握真实的自我。

（二）积极悦纳自我

悦纳自我就是在正确认识和全面评价自我的基础上，欣然接受自我，恰当地评价自我，喜欢并接受自己，具有较高的自我价值感，是发展健康自我意识的关键。积极悦纳自我要做到以下九方面。

1. 全面、正确地评价自己

悦纳自己首先就要全面、正确地评价自己，要实事求是地评价自己。大学生对自己的长处、短处不能夸大，也不要贬低。

2. 要理智、乐观地善待自我

大学生要用全面的、发展的眼光来分析自己，既要看到自己的长处，又要看到自己的不足。要做到胜不骄、败不馁，树立远大的理想和志向，培养开朗的性格和乐观的生活态度。

3. 要坦荡、无条件地接受自我

大学生对于自身存在的而又无法改变的东西要敢于面对，并欣然地接受；而对于可以改变的缺点，要主动地通过自己的努力去改变。

4. 寻找个人自信的支点

个人自信的支点就是指自己的长处和优势。我们可以通过这些长处和优势，去创造成功的记录，从而在这个过程中逐步提高自己的自尊与自信。大学生可从以下四方面入手寻找个人自信的支点。

第一，要善于扬长避短。"八仙过海，各显神通"，以点带面，利用优势，促进自己的进步。

第二，及时了解自己各方面的发展、进步和成绩，从而肯定自己的能力。

第三，不能只注意自己的不足，更不要因为一两次失败就全盘否定自己。其实，"尺有所短，寸有所长"，每个人都有自己的优势。

第四，找好正确的参照标准。不能以己之长比人之短，也不应该以己之短比人之长。应该从各个方面综合地比较，从中找出自己的优势和长处，提高自己的自信心。比如：也许我比别人的经济条件差一些，但是我比较能吃苦。这样做的目的是通过比较，比出勇气，比出信心。

5. 要有正确的方向

正确的方向是大学生成功的基础，因此，只有确立和把握正确的方向，树立远大的志向，才有可能成功，才能增强大学生的自信心。

6. 要正确认识挫折和失败

每个人的一生都会遭遇挫折和失败，但不同的人会有不同的反应。有的大学生对自己的期望过高，总希望自己在各方面都表现很出色，但往往越是这样就越容易导致失败，从而灰心丧气，而有的大学生能够从失败中吸取教训，最终走向成功。

7. 及时调整自我的期望值

自我的期望值是指个体在从事某项实际工作之前估计自我所能达到的成绩目标或水平状态。在现实生活中，自我期望值与实际成就之间总是存在着差距，当自我期望值小于实际成就时，就会体验到成功的喜悦，而当自我期望值大于实际成就时，就会体验到失败的痛苦。大学生既不能树立过高的目标，也不能期望值太低，要把自己的期望与自身的实际情况相结合，学会不断调整和控制自己的期望值，建立一个适度的理想目标，以保证理想的顺利实现。

8. 努力创造成功的记录

成功是一个人自信的基础，所以创造成功的记录也是增强个人自信的重要方面。大学生可从以下三方面入手创造成功的记录。

第一，选择适当的目标，即根据自己的能力量力而行。一步步地积小胜为大胜，有了成功的经验，自信心就会越来越强。

第二，要勇敢地实践自己所制订的目标。光说不做只是一句空话，只有在实际行动中，才能逐步提高自己的能力，体验到成功的喜悦，从而不断地增强自信心。如果不能当众很好地表达自己，就应该多举手发言，不能因为自己表达能力不强就不去做，这样能力永远也不可能得到提高。

第三，在实践过程中要注意克服依赖心理。一般情况下，依赖心较强的人，在独自完成一件事的过程中会感到很吃力，没有主见，缺乏自信，很难成功。因此，大学生要注意纠正平时养成的不良习惯，提高自己的动手能力，自己能做的事一定要自己做，自己没做过的事要锻炼做，而且可以主动要求担任一些院系或班级工作，慢慢培养自己独立做事的能力，使自己有机会去独立地面对问题，能够独立地思考，增强自己独立的信心。

9. 适当运用积极的自我暗示

为了避免自尊心受到伤害，大学生不妨采取一些策略性的自我美化的暗示。大学生可以采取"比下有余"的社会比较方式；可以采取自我照顾归因，将成功归于自己的努力和能力，将失败归因于自己的不努力和运气不佳；可以采取选择性遗忘，忘记失败和挫折，记住成功和快乐。当然，大学生只能适当运用这种积极的自我暗示，过多或过少则会影响大学生对自我的正确认识和由此产生的应对行为。

（三）有效控制自我

有效控制自我的过程，即大学生主动定向对自我进行改造的过程，也就是通过主动改变"现实我"来实现"理想我"的过程。这一过程也是培养积极自我意识的重要途径。大学生要实现自我的有效控制，需要从以下四个方面努力。

1. 确立合适的"理想我"

美国的心理学家艾金逊曾经进行过一个有关抱负水平的投环实验。他通过让被试者自由对投环距离进行选择，从而按照投中与否、距离远近等指标来进行综合评估与计算成绩。实验结果表明，一般成就动机较高的人，也就是那种努力工作追求成功的人，他们通常会选择中等距离的位置进行投掷；而那些成就动机相对较低的人，则大多会选择很近或很远的位置来进行投掷。上述实验表明，成功者大多希望在适度又有一定的风险的情况下做出一定的努力，因而他们的抱负水平相对而言是比较适中的；但是那些成就动机低的人，则是在完全没有把握或完全碰运气的情况下进行工作，因而其抱负水平通常不是偏低就是过高。可见，大学生在确立抱负水平的时候，必须立足实际现状，从自身的具体情况出发，制订出通过一定努力便能够实现的恰当的目标，也就是确立合适的"理想我"。

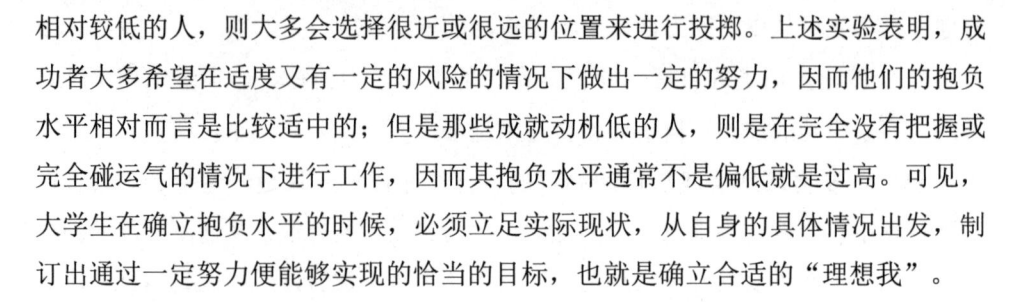

2. 培养顽强的意志力

对自我有效的控制几乎都离不开坚强的意志。一个人的意志力主要表现为：对目标认识的主动性与自觉性，对实现目标的决心，排除干扰的能力，克服困难的能力，对成功的态度，以及对失败与挫折的承受能力。因此，培养大学生的意志力首先应当使他们与目标相结合，注意分解目标，并经常检查目标的实现情况，及时进行自我反馈；其次应当使他们树立正确的成败观，让他们将自己在某件事情上的成功归功于稳定因素，如能力很强或任务相对比较容易等。

3. 进行自我批评

可以从以下两方面来进行自我批评。

第一，进行自我反省，看到自身存在的不足，从而使自己成为更好的自己。

第二，自责。对于某些失败的事情，首先应该从自身寻找原因，以免后期出现同样的后果。

4. 进行自我监督

对自己进行检查、督促，包括以下四方面。

第一，自知，正确评价自己，不卑不亢。

第二，自尊，要有个人自尊心和民族自尊心。

第三，自警，暗示、提醒，克服不良的心理习惯。

第四，自勉，鼓励自己成为对社会有用的人。

（四）不断完善自我

自我完善，追求有意义的人生，使人生达到相当完满的境界，这是一个自我改造、自我塑造的过程。具体来说，大学生完善自我应该从以下六方面努力。

1. 摆脱错误的信念

我们每个人都会在内心给自己一定的心理暗示：长期流传下来的观念没有错误；别人的观点都是正确的；某些事情的形成一定是这样的。但其实，这些暗示都是不应该出现的。不管你是什么人，不管你自认为多么失败，你本身仍然具有才能和力量去做使自己快乐而成功的事。例如，很多人都不相信自己有完成某件事情的能力，于是他们对自己产生了怀疑，这种怀疑在很大程度上阻碍了人们通向成功，或是寻找到幸福，因此，人们只有尽快从这种状态中脱离出来，才能走向成功，也才能使自我更加完善。

2. 制订合理的目标

制订合理的目标是大学生走向成功的关键。也就是说合理的目标能够为大学生指引正确的方向。因此对大学生来说，提出自己的目标，并能够有步骤地实现目标是非常重要的。在实现目标的过程中，应该把远大的目标分成不同的阶段，这样大学生就可以按阶段来评价自己实现目标的情况。每一个阶段的目标都是总目标的一个分支，最终大学生在实现了一个个阶段目标之后实现总目标。

需要注意的是，目标可以作为一种刺激，因为理想可以把大学生的现在和将来的区别摆在眼前。对大学生来说，理想是他们前进的动力，催促他们不断挑战自己、改变自己。如果大学生只是空想，而没有把这种理想转换成动力，那么即使有理想也没有任何改进。

3. 做出正确的决策

要想做出正确决策，大学生就应该明白，在传统观念的影响下，一旦毫不怀疑地认可之后，就会产生错误的决策。因此，要想改变这一情况，大学生就必须在决策的过程中基于事实而不是基于之前的理论。一味地照搬之前的理论或者是靠感觉来判断事物，很容易走上错误的决策之路。

4. 战胜各种压力

人有压力才会有动力。一定程度的压力对大学生来说可以认为是一件好事，因为它可以促使大学生的"内部机制"加速运转。但是，如果压力过重，转化成焦虑情绪，那么它就会产生不良的影响。当受压力（紧张和焦虑）支配时，大学生应该认识到，问题的关键在于自我控制情绪和积极地反应。只要正确地处理了这些压力，大学生就能够在自我完善的道路上向前迈进。

5. 从挫折中吸取经验

挫折是一种情绪上的感受,当人们的某个目标或者某种愿望不能实现时,这种感觉就会产生。对于大学生来说,如果他们的学习成绩不能达到自己预期的目标或者是不能与他人友好交往时,他们的内心就会产生受挫的情绪体验。不过大学生必须懂得,在学习和社会生活中,必然会出现这样或者那样的问题,这些问题的出现在一定程度上都是正常的,对此,大学生应该在这些挫折中吸取教训。而随着各种经验教训的不断积累,大学生也会在此过程中不断完善自我。

6. 培养自己的归属感

大学生生活在集体中,从宿舍到班级再到社团,都会让他们产生一种归属感。这种归属感可以使他们的内心感到安全、情感得到寄托。归属感越强,越容易对自己产生健康、恰当、肯定的自我认识。培养归属感的最好途径就是参加集体实践活动。主要原因包括以下三方面。

第一,实践活动有利于大学生在集体中找到自己的位置。例如,大学生最主要的活动就是学习活动。大学生自我意识发展水平的高低,对学习活动调节、影响作用的大小,只有在实际的学习活动中,才能做出正确的判断。一个大学生各方面的能力,如观察力、记忆力等,都是通过他最终的学习成绩体现出来的。这样,他们才能根据自己在学习活动中的表现找到自己在集体中的位置。

第二,实践活动是个体获得自尊心、自信心的有效途径。实践活动给每个大学生都提供了表现自我的机会。大学生可以在集体活动中尽情地展示自我,把自己的长处展现在别人面前,从而获得他人的赞美和认可,证明自己的价值,获得价值感,增强自信心。一个充满自信的人,才能在集体中具有较强的主人翁意识,从而真正建立起归属感。

第三,集体实践活动为大学生融入整个集体创造了有利的环境。在实践活动中,大学生是集体的一员,因此,在思想行动上应该与集体最终的活动目标达成统一。在集体的实践活动中,要求每个大学生努力发挥自己的聪明才智,而实践活动的效果,又可以在一定程度上鼓励每个参与者,使每个成员在心理上得到满足。大学生在这些实践活动中,能够感受到来自集体中他人的关心、尊重和爱护,感受到自己是集体中不可缺少的一部分,感受到自己被集体接纳和需要。集体的归属感正是在这样一次次的实践活动中得到培养的。

二、大学生健全人格的塑造

（一）健全人格的基本特征

1. 正确的自我意识和社会意识

能努力做到正确看待自我，认识自我；不自高自大，也不妄自菲薄；从实际出发，确立自我价值，认识和理解个人与社会的统一；人不可能脱离集体，个人也只有在集体和社会的熔炉中，才能真正实现自我。

2. 相对和谐的人际氛围

良好的人际氛围是一个人健全人格的基本特征之一，它有利于个体在与他人的交往中传递信息，不断调整行为，更新观念和态度。人格健全者的心胸往往比较开阔，善解人意，尊重自己也尊重别人，在人际交往中具有吸引力。

3. 人格整体协调与和谐

大学生应真正领悟"品学兼优"的内涵，塑造健康和谐的整体人格，这也是大学生解决"如何做人""做什么样的人"的根本问题。

在社会改革时期，面对现代文化和传统文化的冲突，大学生要注意调整自己的主体价值，注意自身的文化修养、高尚审美意识的培养。那些将调侃和庸俗视为美，热衷于厕所文化、熄灯文化、课桌文化等的毛病与高等学府学子的形象极不相配。

4. 知行合一

健康、优良的人格只有在实践中才能得以体现，也只有在实践中才能获得更好的发展。健康的人格不是只停留于口头上，而是要付诸行动，杜绝"拖拉"和克服"懒散"等不良人格也只有在实践中才能得以实现。

（二）塑造大学生健全人格的意义

1. 是时代的要求

21世纪以来，社会迅速发展，现代化带来了社会的发展和人们的幸福，也带来了负荷和危机，它在增进人们健康的同时，也制造了有害身心的因素。现代化改变了人际交往的方式，修改了人际关系的准则，它一方面使天涯如咫尺，另

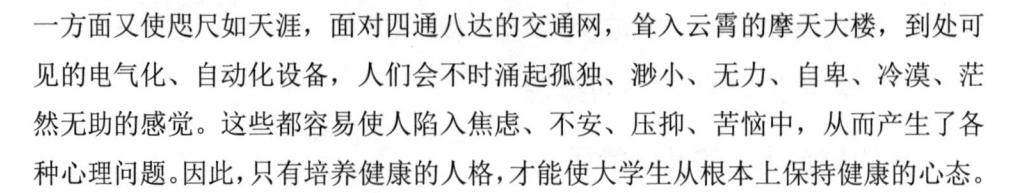

一方面又使咫尺如天涯，面对四通八达的交通网，耸入云霄的摩天大楼，到处可见的电气化、自动化设备，人们会不时涌起孤独、渺小、无力、自卑、冷漠、茫然无助的感觉。这些都容易使人陷入焦虑、不安、压抑、苦恼中，从而产生了各种心理问题。因此，只有培养健康的人格，才能使大学生从根本上保持健康的心态。

2. 是大学生自我发展的需要

社会的进步、经济的发展和科技的创新与他们的高素质和健康的人格塑造是分不开的。现在人们越来越多地认识到，影响一个人成才与成功的因素除了智力因素外，更重要的是非智力因素，而人格因素是非智力因素的重要组成部分。现在的大学生都是将来的建设者。在就业市场上，拥有健全人格的毕业生就业机会就多，事业成功的机会也相对较多。因此，培养健康的人格，具有完美、独立的人格是大学生自我发展的需要。

3. 是学校教育改革发展的需要

现代的学校教育注重大学生能力和个性，特别是创造性的培养，提出了创新学习的概念，这与健全人格的培养是一致的。但是有不少大学生虽然没有智力缺陷，却在情感和行为方面存在着明显障碍，过于冷漠甚至冷酷，或极不稳定、变化无常，或自制力差，容易受偶然动机、本能欲望的支配。可见，没有积极、健康的人格作支持，教育改革是难以成功的。

（三）塑造大学生健全人格的方法

1. 培养良好的习惯

要培养健全的人格，就要培养良好的习惯。一个人的果敢坚毅、勤劳勇敢、细致周密等都是长期慢慢形成的良好品格。例如，一个人把东西经常摆放得整整齐齐，房间打扫得干干净净，衣服穿得整洁，鞋子擦得光亮，这些日常小事"聚沙成塔"，最终形成优良的人格。

2. 培养良好的思维品质

实践证明，不良的思维容易导致不正确的认识，出现不良行为，久而久之易形成不良的人格。因此，大学生要有意识地培养良好的思维品质，必然有助于促进自己良好人格的形成。

3. 完善自我意志

意志品质是构成个体人格的稳定因素，良好的意志品质会使个体成为一个意志坚定的人。要培养一个人的坚定意志，要做到以下三方面。

第一，树立正确而高尚的行动目标。有了理想的人才能克服行动中的重重困难，不屈不挠。

第二，要在实践活动中取得锻炼意志品质的直接经验。任何成功的路都不是一帆风顺的，人在做决定、完成理想的过程中，总会遇到来自内部和外部的阻挠，这正好可以对意志品质进行磨炼和检验。如果能正确树立合理目标，将远期目标与近期目标有机结合，通过顽强努力达成预定目标，个体的意志品质就能在实现目标的过程中得到极大锻炼。

第三，要注意加强意志的自我锻炼。既可以通过分析自己意志品质在实践中的表现来获得成就感的体验，增强自我锻炼的决心；又可以通过名人名言、榜样人物、道德纪律的要求来激励自己。

4. 形成积极认知

认识自我、悦纳自我、延伸自我和创造自我是健康人格的四部曲。自我调控具有创造的功能，它可以变革自我、塑造自我，不断完善自己，将自我价值扩展到社会中，在对社会的贡献中体现自己的价值，把实现自我的个人价值变为实现自我的社会价值。具有自知的人能够客观地分析自己，会有效地利用个人资源，发挥个人长处，努力改善自己和完善自我。人的自我塑造伴随人的一生，需要不懈地为之而努力。

5. 培养良好心态

心态是指人的心理状态，它包括积极心态和消极心态两种。积极的心态有助于人们发挥潜能、积聚力量、克服困难、获得成功、拥有健康和快乐。人生的好坏取决于心态。大学生应该对身边的人或者事怀着一颗感恩的心，要感谢生活赐予我们的美好，学会珍惜所能拥有的一切。相信他人的真诚和关爱，懂得奉献和回报，这样才能感受到身边的幸福；要心存感激，产生对生活和一切美好事物的信念和向往，保持积极乐观的心态，才会获得力量。

6. 营造良好的环境氛围

人格的培养与形成受社会各方面潜移默化的影响，是个人与他人、家庭、学校、社会相互作用的过程。现在，有些家长只重视孩子智力的开发而忽视了其他方面，或家长本人的人格有缺陷，对孩子就会产生消极的影响。通过人际交往，人们可以以他人为镜，从与别人的比较中认识自己人格上的优缺点；通过交往也可以了解自己的哪些方面受到赞扬、鼓励或受到指责、批判，从而有针对性地调整自己。

7. 确定积极可行的生活目标

第一，生活态度乐观自信，对前途充满希望，对未来充满信心，在实现目标的过程中，体验到胜利的喜悦，享受到生活的乐趣。

第二，要培养健全的人格，大学生要积极进取，有自己奋斗的目标并努力实现，追求自我价值的实现。

第三，选择某些健康的人格品质作为努力的方向，如勇敢、热情、勤奋、刚毅、正直、善良、自信、开朗等，针对自己人格上的弱点予以纠正，如自卑、胆小、懒散、任性、粗心、急躁等。

8. 学会在智能结构上优化组合

学习文化、增长智慧的过程也是人格优化的过程。事实上，无知使人自卑、粗鲁，丰富的知识使人自信、坚强等，知识之间相互联系又相互促进。反之，兴趣单一、才智片面发展的人，虽然也有可能成才，但不少是非痴即怪。对大学生来说，只有处理好人格全面发展与专业成才的平衡关系，纠正人格缺陷，才能更好地适应社会。

9. 加强人际交往

发展良好的人际关系对大学生塑造健全人格是至关重要的。

第一，在与人交往互动的过程中，可以更好地以他人的人格特征或信息反馈为参照，全面客观地认识自身人格的优劣。

第二，可以从多角度、多方面审视自己，适时地对自己做出有针对性的调整，使自己的品质更加完善。

第三，可以将那些具有优良人格品质的对象作为自我完善和提升的榜样。

第四，可以培养自己宽容、博爱的心态，学会以感恩的心去对待一切事物，使自己的人格得到升华。

10. 积极参加社会实践活动

大学生应该积极参加社会实践，学校同时也应予以支持，以有利于大学生健康人格的塑造。大学生可以参加的社会实践活动一般包括以下两方面。

（1）军训。军训有利于大学生克服自我中心意识和懒散作风，树立国防观念、纪律观念和集体观念，培养吃苦耐劳的精神和克服困难的坚强意志。因此大学生在军训期间应该积极参与，而非以各种理由逃避。

（2）学科专业和学术性研讨活动。它们不仅可以在实际生产、生活运用中加深大学生对专业知识的理解，还可以增加对科学知识、科学技术价值的积极情感体验，从而让自己更加热爱知识，积极地进行创造性活动。

此外，还包括社会政治性的调查活动和各类社会服务活动，如勤工助学、社区劳动、青年志愿者活动以及科技、文化、卫生"三下乡"活动等。

第八章 大学生学习的心理问题及健康调节

第一节 大学生学习心理的一般规律

一、学习的内涵及特点

（一）学习的内涵

学习的概念有广义和狭义之分。从广义上说，学习是人和动物在生活过程中获得个体经验的过程。从狭义上说，学习是专指大学生在学校里的学习，即学习是大学生在教师的指导下，有目的、有计划、有组织、有步骤地获得知识、形成技能、培养才智的过程。

（二）学习的特点

概括来说，学习的特点主要包括以下两方面。

1. 意识性

人类是有意识的，意识使人能够按照一定的计划和目的进行学习，所以说，人的学习具有意识性的特点。

2. 社会性

人们都生活在一定的社会环境中，在这样的环境中，个体除了可以通过直接参与的方式来获得社会经验外，还可以通过学习的方式来学习人类长期积累下来的历史经验，从而使个体的知识得到不断丰富。这种社会历史经验有助于人去适应、改善和发展社会生活，使社会生活日益美好。由此可见，人的学习更主要的在于满足其社会生活的要求，这种社会性需要就成为激发人的学习动机的基本

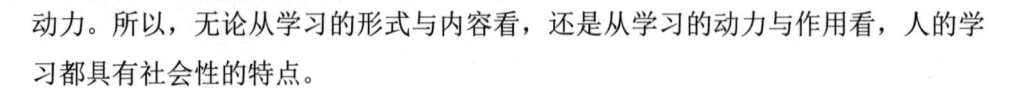

动力。所以，无论从学习的形式与内容看，还是从学习的动力与作用看，人的学习都具有社会性的特点。

二、大学生学习的特点及方法

（一）大学生学习的特点

1. 大学生学习的普遍特点

大学生学习的普遍特点主要包括以下四方面。

（1）专业性。进入大学校园之后，每个人都要根据自己的兴趣、爱好等选择自己所要学习的专业方向。大学生要在专业定向的基础上学习各类知识，努力把自己培养成为社会需要的合格人才。

（2）自主性。大学阶段的学习虽然也强调教师教学的重要性，但是除了在课堂上，其他时间的学习基本上是大学生自己去独立完成，这样一来，大学生就有很多的时间可以自由支配，这些时间如果安排得好，大学生能够利用这些时间自主学习，那么大学生基本就不会出现适应不良的情况，相反，如果这些时间不能被大学生合理支配，那么就有可能出现适应不良的问题。

（3）多样性。之所以说大学生的学习具有多样性的特点，是因为在大学阶段，大学生除了可以在课堂上获得知识外，还可以通过阅读、听讲座、上网查资料等途径来学习，这些途径虽然在中学时也采用，但被大学生采用得更多，因为他们有足够的时间去通过这些方式来学习。

（4）探索性。探索性是指大学生在学习过程中对书本结论之外新观点的寻求和钻研。爱因斯坦曾强调教育必须重视培养大学生会思考、探索问题的本领。这就要求大学生不但要掌握所学的知识，而且要掌握知识的形成过程，了解学科和专业发展状况、存在的问题以及解决这些问题的可能性，掌握学科的研究方法和培养独立思考、探索创新的精神。而死记硬背、缺乏灵活性与创造性的大学生将会感到压抑和不适应。

2. 大学生学习的阶段特点

大学阶段的学习可分为三个阶段，即进校初期、中期和毕业时期。阶段不同，大学生的学习特点也不同。

（1）进校初期。由于该阶段主要是学习基础理论课，为今后学习专业课打好基础，所以此阶段也称打基础阶段。打基础阶段的学习，需要新同学对知识、信息的理解、掌握能力发生一个质的飞跃。因此，这一阶段的学习需要由依赖教师、书本的模仿、再现知识的机械性，转变为自觉地、独立地获取知识、主动地掌握信息。

（2）进校中期。这一阶段的学习进入了专业基础课程与专业课程的学习阶段。这个阶段要完成由基础知识的掌握提高到实际运用课程或工科技术学科的学习，并获得解决实际问题的能力或实际动手的能力，培养创造精神，明确专业主攻方向，初步形成自己的才能。

因此，大学中期阶段异常重要，这一阶段要从以下四方面适应过渡。

第一，学会选择专业主攻方向。

第二，处理好必修课与选修课的关系。

第三，学会搞好课程设计或学年论文。

第四，学会做好实验，写好实验报告，或参加课堂讨论、小型学术讨论会。

（3）毕业阶段。这是大学生完成学业的阶段，也是从学校走向工作岗位的过渡阶段。此阶段学习最紧张，也是大学生学习的高峰。因此，这一阶段要求大学生要具有创造进取精神和成熟的组织管理能力。学习的方式则主要是向工厂、企业及社会获取各种信息、通过毕业设计或毕业论文，全面检查学习的成果及所具备的能力。

（二）大学生学习的方法

1. 自学的学习方法

（1）要自觉培养自学的能力。具体来说，主要包括以下三方面：

第一，培养基础知识的储存能力。基础知识是自学的前提条件，它具有对自学指导、扩展、再生的作用。因此，要储备各种基础知识。①要有意识地回顾、整理已有的基础知识，并与新的有关基础知识结合起来。②对新的基础知识本身，要把握其系统的逻辑结构、层次、基本概念、基本原理或原则定理公式，进而把握各种概念、原理等之间的关系，并将之整理归纳成容易掌握、中心突出的知识体系。

第二，培养驾驭语言、文字信息的能力。大学生的自学对象主要是书刊，方式主要是看、读、写、练。另外还有有声信息，要靠听获取。因此，要在自己的看、读、写、听、练中，不断提高对语言、文字信息的汲取、辨认、选择、整理的能力。这是自学的一种基本能力。

第三，培养对知识信息的心理反应能力。这种能力是完善大脑准确、高速处理知识信息功能的条件，是感性、理性思维能力的相互渗透、相互作用的整体效应。这里所说的感性思维，主要是指自学过程中对书本知识的感性洞察能力，对实验、实习的观察能力。感性知识量的积累会引起质变，激发同学们的创造能力。

（2）要掌握自学的技巧。自学的技巧比较多，但主要的有以下三个：

第一，循序渐进。循序渐进，由浅入深，由易入难，从基础知识到专业知识。大学的课程是按照循序渐进的原则设置的。序，就是次序，就是科学内在的规律。在学习上，跳是跳不过去的，绕也是绕不过去的，唯一的道路，是一步一个脚印地循序渐进。大学生们在学习中要克服好高骛远，急于求成，一步登天，一蹴而就的思想，克服见到困难绕着走，弄不懂就"跳"过去的思想；要踏踏实实，认认真真地学好基础知识及专业知识。

第二，多疑好问。学问，要学要问。最善于问的人，往往是学得最好的人。学习，就是由不知到知。不知，就是问题，有疑就问。问号是打开科学大门的钥匙。如果通过询问，你把一个个问号拉直，变成了惊叹号，你就大有进步。当然，问要问在点子上，问在关键处。不要钻牛角尖，那样会耗尽精力而进步不大。

第三，专深博闻。所谓专深博闻，就是专业范围之外，你尽可能多懂一些。当代科学的特点是分工越来越细。分工精细，越有利于科技工作者集中精力攻关。但是，分工不等于分家，不能"隔行如隔山"。当代科学的另一个特点是彼此交叉，在边缘地带不断产生新的学科。这就要求科技工作者尽量博闻，不能只懂一门科学。大学是培养科技精英的园地，是莘莘学子学习知识、打好基础的摇篮。大学生们在学好本专业知识的基础上，也应重视文史、社会科学知识的学习，文理兼容，更会使你如虎添翼、运用自如的。

2. 教学环节的学习方法

（1）课前预习。预习的目的是提高听课效率，加深对听课内容的理解，培养独立思考能力，赢得时间积累。但是，预习不必太细太深，也不必只图形式，而应是实实在在地思考。具体来说，课前预习应做到以下三方面：

第一，课前预习可以做到心中有数，争取听课的主动权。课前预习对原有知识是一次复习，对于新内容也有思想准备，容易抓住老师的思路，掌握重点、难点、关键点，同时听课兴趣也会相应提高。

第二，课前预习可以改变学习的被动状态。如果不预习，听课不主动，课后理解不了，作业要花更多的时间，显得时间更紧张，就更谈不上预习，这样循环的结果是更不会争取时间。因此，对于学习困难的同学，预习就显得更为重要。

第三，课前预习有利于提高课堂独立思考能力。预习是一种自学，久而久之，养成良好习惯，独立思考能力会得到提高，在老师的启发下，很容易产生创造灵感。

（2）记笔记。记笔记是大学学习区别于中学学习的一个重要特点。大学生课堂听课，不仅要记笔记，还要学会善于记笔记。记课堂笔记作用很多，如记下课堂讲授的主要内容和思路以备复习；记笔记可以集中听课思想，利于培养逻辑思维能力；记下尚未明白的疑点，有待课后钻研等。可见，记笔记是必要的。正确对待记笔记，要处理好四个关系：

第一，正确处理快与美的关系。记笔记要力争快、准、美，但对于听课吃力，课堂理解力较困难的同学，以求快和准为主。

第二，正确处理听与记的关系。课堂上听与记两者的关系，以听为主，以记为辅。"听"与"记"的比例要因人而异。对于接受力强的人，可多记一点，对于学习较吃力的人，可少记一点，或课后再补记。不记笔记的学习方法是不可取的。

第三，正确处理该记与不该记的关系。对于定义、定律、定理的推演等可不记，但对于老师指点的承上启下的关键、治学的体会、学科动向的新信息、本章节的重点难点、老师的思路，以及老师所下的结论及对章节的归纳应及时记录。

第四，正确处理死记与活记的关系。死记，就是为笔记而记笔记，这种方法是不可取的。活记，则是侧重老师的思路，记重点、难点、关键点。长期坚持活记，学习能力会得到较快的提高。总之，记笔记是一种学习功夫，有的同学在谈到记笔记的经验时说："详略得当选择记，结合理解灵活记，板书时间迅速记，不懂问题特殊记。"这个经验可资借鉴。

（3）复习。复习是用来消化、巩固、应用所学的知识。复习这一环节不仅可以弥补课堂听课的疏漏，更重要的是它可以完成知识的积累。在复习时，要抓住重点，另外，独立思考能力更为重要。因为只有通过积极的思考，才能将所学知识消化、吸收，真正变为自己的东西；只有通过积极的思考，才能真正理解所学的知识，从而把它记住。除了做好及时复习外，还要做好单元复习、阶段复习和期终总复习。总复习时应尽量将相似科目隔开，以避免干扰，提高复习效果。连续复习时间不宜太长，要注意劳逸结合。

三、大学生学习心理的一般规律

在人的生命过程中，学习是一种贯穿始终的活动。而对于大学阶段的大学生来说，学习既是其最为主要的任务，也是其生活的主旋律。因此，对大学生的学习心理进行培养，使其形成健康的学习心理，继而不断地提高学习质量是十分必要的。

（一）大学生的学习心理结构

所谓大学生的学习心理，就是大学生在学习过程中的心理反映、特点及其活动规律。而要对大学生的良好学习心理进行培养，首先需要对大学生的学习心理结构进行了解。一般来说，大学生的学习心理结构主要是由三个方面构成的：一是智力因素；二是非智力因素；三是特殊能力。

1. 智力因素

对大学生来说，要想学会学习，必须要具有智力因素这一必要的心理条件。

所谓智力，就是人脑对客观事物和信息的反映、认识、存储和处理的能力。通常认为，智力是由五个要素构成的：一是注意力；二是观察力；三是记忆力；四是思维力；五是想象力。这五个要素贯穿在学习活动中，相互联系和区别，并作为一个整体发挥重要的作用。

据相关研究表明，智力水平的高低会直接影响到学习的质量，一个在智力上存在障碍的人，往往会在学习中比其他人面临更多、更大的困难。因此，在进行学习时，不能缺乏智力这一必要的心理条件。

2. 非智力因素

对大学生来说，要想学会学习，还必须要具有非智力因素这一重要的心理条件。所谓非智力因素，从广义上来说就是除智力以外的其他因素，包括生理因素、心理因素和环境因素；从狭义上来说就是对认识过程起直接制约作用但不直接参与认识过程的心理因素。

（1）非智力因素在学习中的作用。在学习中，非智力因素起着十分重要的作用，具体来说表现在以下五个方面：

第一，非智力因素在学习中具有始动作用。这里所说的始动作用，主要是针对学习动机而言的，它对学习活动具有启动和助推的作用。

第二，非智力因素在学习中具有强化作用。比如，坚强意志、良好情感既能够促进良好学习品质的形成，也能够在一定程度上对学习效率的提高进行强化。

第三，非智力因素在学习中具有指向作用。这里所说的指向作用，指的是能够帮助大学生确定合理的智力发展目标或者说学习的目的，并促使大学生为了实现目标或目的而不断努力学习。

第四，非智力因素在学习中具有互补作用。一些大学生的智力由于受到先天或后天等客观因素的影响而存在一定的缺陷。这时，依靠一些非智力因素能够对智力起到一定的补偿作用。"勤能补拙""笨鸟先飞"便是对非智力因素在学习中的互补作用的形象描述。

第五，非智力因素在学习中具有调节作用。大学生在学习的过程中，会伴随自信、沮丧等多种多样的心理，而为了确保大学生能够始终在学习中保持良好的心理，就需要借助一些非智力因素如兴趣、意志等对不良心理进行有效调节。

（2）非智力因素对学习效率的影响。据相关研究表明，非智力因素对学习效率具有重要的影响作用。而非智力因素在对学习效率进行影响时，主要是通过以下三个方面来实现的：

第一，情感状态。所谓情感，就是一个人对自己和他人的情感进行管理的综合能力。在学习过程中，情感对学习起着一定的调节作用。若情感是积极向上的，则能对学习起到促进作用；若情感是消极堕落的，则会对学习产生阻碍作用。因此，大学生在学习中应积极培养自己积极向上的、正确的情感，随时对自己的不良情感进行调整，以便能用最佳的学习状态获得最佳的学习效果。

第二，意志水平。在学习过程中，不可避免地会遇到各种各样的困难，这时就需要依靠坚强的意志，努力克服困难，继而在学业上获得重要成果。

第三，学习动机。所谓学习动机，就是能够推动和引导学习者进行学习的内部动力，是激发学习、维持学习并将学习导向某一目标的内部动力，是大学生将学习需要和愿望转变为学习行为的心理动因。

学习动机具有多种多样的类型，而且依据不同的标准可以分成不同的类型。其中，以学习动机的来源为标准，可以将其分为两类：一类是外部学习动机，即来源于学习者之外的学习动机，通常只能保持较短的时间，且在这种学习动机下进行的学习活动具有鲜明的被动性特点；另一类是内部学习动机，即来源于学习者自身的学习动机，如学习者的兴趣、学习者的爱好等，通常能保持较长的时间，且在这种学习动机下进行的学习活动具有鲜明的主动性特点。以学习动机的内容为标准，可以将其分为两类：一类是直接的近景性动机，其与学习活动本身相联系，是对学习的直接兴趣以及对学习活动的直接结果的追求引起的；另一类是间接的远景性动机，其与社会意义相联系，在一定程度上是对社会要求的反映。以学习动机在学习活动中所起的作用为标准，可以将其分为两类：一类是主导性学习动机，另一类是辅助性学习动机。

一般来说，学习动机在学习中主要表现为三个方面：其一，有强烈的求知欲；其二，对未知世界充满好奇和兴趣；其三，学习态度认真且积极。而且，不论是学习的方向，还是学习的进度、学习的效果，都深受学习动机的影响。因此，大学生在学习过程中，应对学习动机形成正确认知，并积极培养自己的学习动机。

学习动机对学习具有推动作用，但学习动机的强度与学习效果之间不存在正相关关系。据相关研究表明，在学习活动中存在着最佳的学习动机水平，并会因任务性质的不同而表现出一定的差异，具体如图 8-1 所示。因此，大学生在学习过程中，也能以学习任务难度为依据对自己的学习动机强度进行纠正，以尽可能使自己的学习动机始终保持在最佳水平。

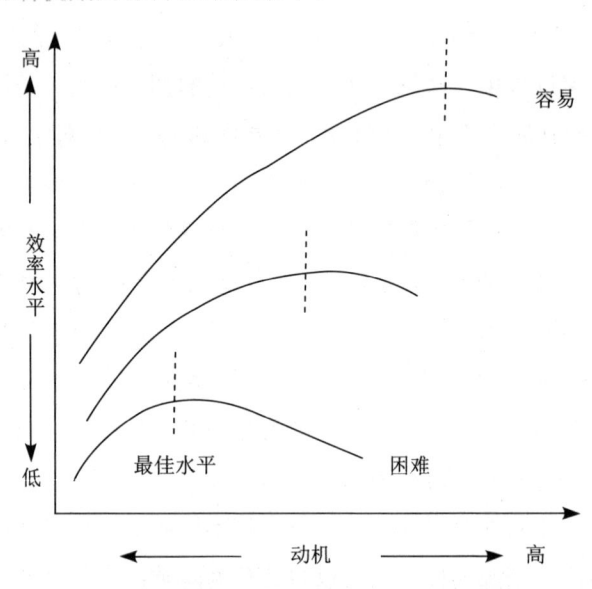

图 8-1　学习任务难度对学习动机水平的影响

3. 特殊能力

人的特殊能力是受人的智力支配的、改造事物的各种操作动作组成的、稳固的实际行动能力，是在某种专业活动中表现出来的能力，它是顺利完成某种专业活动的心理条件。如音乐家区别曲调的能力以及画家的形象记忆力等都属于特殊能力。

（二）大学生的学习心理特点

大学生在大学学习阶段，相比中学学习阶段来说，会呈现出独特的学习心理特点。具体来说，大学生的学习心理特点主要表现为以下三方面。

1. 因学习转折而产生心理不适应

大学生从中学进入大学，在学习上会面临一系列的转折，其中最为主要的有两个：一是从中学学习到大学学习的转折；二是从大学低年级基础理论学习到高年级专业技能学习的转折。

（1）因从中学学习到大学学习转折而产生心理不适应。从中学学习到大学学习的转折，会导致大学生产生一系列的心理不适应，具体来说表现为以下两个方面：

首先，不适应大学的学习方式，具体表现为既不会自学和主动学习，也不会有重点、抓难点地进行学习。因此，一些大学生虽然很用功地学习，却无法取得较好的学习效果；一些大学生在课后总是感觉无事可做，学习效果也可想而知。

其次，不适应大学的专业学习。一些大学生在选择专业时，要么是受到父母的影响，要么是对专业不够了解。因此，当其进入大学开始专业学习时，会由于这样或那样的原因对专业学习提不起兴趣，从而导致专业学习困难。

（2）从大学低年级基础理论学习到高年级专业技能学习转折而产生心理不适应。从大学低年级基础理论学习到高年级专业技能学习的转折，会导致大学生产生一系列的心理不适应，具体来说表现为以下四个方面：

第一，无法快速、有效地确定科研选题。

第二，创造性思维能力比较差。

第三，想要在择业的人际关系处理中花费较多的时间，又担心这会对自己的学习产生不利影响。

第四，想要考研，又担心考研失利使自己失去主动择业的机会，即面临考研与就业的冲突。

2. 学习意识日益成熟

对人们来说，只有形成良好的自我学习意识，才能真正地学会学习。而大学生随着主体意识的萌芽，自我意识会不断得到发展，学习意识也会日益成熟，最为鲜明的表现就是在学习中具有了更强的独立性、自主性和可控性。

3. 自我学习评价能力不断增强

大学生随着自身知识的不断丰富以及能力的不断提高，对自我学习包括学习动机、学习方向、学习内容、学习效率、知识和技能掌握程度等进行评价的能力也大大增强。在其影响下，大学生能够以自身的实际为依据，合理安排、调节自己的学习活动，进而获得最佳的学习效果。

第二节 大学生常见的学习心理问题

一、学习适应不良

（一）学习适应不良的表现

1. 学习环境不适应

进入高校后，由于学习环境和学习方式的变化，大学生的自尊心受到了挫伤，优越感荡然无存，如若不能正确对待，很容易由"自尊"转为"自卑"，常常由于"理想之我"与"现实之我"的矛盾，而处于苦恼不安之中，甚至对学习失去信心。

2. 学习方法不适应

自觉自主的学习是高校学习活动的核心。面对不断增加的新课程，日益加深的学习内容，不少大学生学习不得法，几次考试成绩不理想，便对今后的学习产生很大的心理压力。心理素质差的整天垂头丧气，情绪低落。更有甚者，会由此发展成为精神崩溃，甚至轻生；而心理素质较好的大学生，则会努力去适应学习方法的变化，将压力变为前进的动力，从而激发自己的学习热情。

3. 专业学习不适应

大学生的学习有一定的专业方向，是围绕着培养目标进行学习的，所以说，专业学习是大学生成才的需要，是大学生走向成功、实现理想的重要起点。但新生入校后，有不少大学生对自己所学的专业没兴趣。甚至一上专业课就头痛，有的认为自己的兴趣、爱好都不在此，为此感到前途渺茫，导致学习动力不足。有些人因此变得消沉或厌学，学习情绪低落，学习成绩上不去。此外，还有些大学生对感兴趣的东西花大量的时间去兼顾，为此占用了大量学习专业课的时间，结果导致专业学习考试不及格，于是，人总处在烦躁不安、怨天尤人的状态之中，结果是专业学不好，爱好也没有兼顾到，最终一无所获。

4. 自主择业不适应

随着毕业生就业制度改革的不断深入，多数大学生在毕业后将在国家有关政策指导下，通过人才市场自主择业。在应聘中，大学生的学习状况、专业需求状况和个人素质是决定能否找到满意职业的关键所在，因此，专业对口，企业急需，个人素质好，实际工作能力强的毕业生普遍受到用人单位的欢迎，反之，用人单位则不愿意接收。这种双向选择的竞争态势直接影响着在校大学生，并给部分大学生造成心理压力。在竞争中成才已成为大学生的普遍心理，这本是市场经济的必然要求，但有的同学在竞争的学习氛围中，却表现出一种畏惧心理。另外，比较容易的专业，大学生学习积极性就高。反之，冷门专业、择业比较困难的专业，这些专业的大学生补考率往往高于其他专业的大学生，有的大学生甚至留级、退学。

（二）学习适应不良的原因

1. 客观原因

相对于中学来讲，高校的学习在教学特点、方式和内容上有着很大的不同。高校的老师上课时来，讲完就走，一堂课讲述的内容多，而且有时会与教科书上有出入，注重教学的内在逻辑严谨，而不太注意大学生的反映。另外，在陌生的新环境中，一切要从头开始，从自己做起，这种种巨大变化，给心理素质尚未成熟的新大学生带来了情绪的波动和不安，从而影响了学习的正常进行。

2. 主观因素

一般来讲，大学生的自我意识觉醒，独立的成人意识强烈。但是由于现在的大学生绝大多数是从中学直接升入的，生活阅历浅、经验少，形成了强烈的成人认同意识与欠缺丰富的社会经验之间的矛盾。加上中学时在高考竞争的压力之下，无论是学校还是家庭，大多都只重视知识的学习，强调分数，而忽视了能力的培养，这就使得大学生虽然有着强烈的成人意识，但在心理上仍然不自觉地对父母、师长有着强烈的依赖性。在学习上，还希望教师日日在侧，父母天天督促，因而在现实的学习生活中感到很不适应，产生了消极甚至厌烦的情绪，妨碍了学习。

二、学习过度焦虑

造成学习过度焦虑的原因是多方面的。有些同学在环境影响下，学习目标定得过高，或是希望通过学习保护自己的自尊心，而自信心又不足，于是心理压力很大。此外，个性偏敏感、易焦虑的大学生往往容易产生学习过度焦虑。

由于过度焦虑，这些大学生在学习中不能正常发挥心理效能，注意力难以有效集中，有些大学生为了减轻学习焦虑，对学习采取回避、退缩的态度和方式，逃避、害怕、厌烦学习和考试。或是因心理压力过大，导致神经衰弱等心理障碍。

三、缺乏学习动机

刚进入高校，课余时间比较自由宽裕，竞争意识弱化，部分大学生便产生了"松口气，歇歇脚"的心理，结果生活懒散，学习松懈，学业荒疏，成绩下降，甚至出现多门功课考试不及格，并因此心理受挫，产生苦闷和悲观的情绪，所以作为一名大学生，学习动机的确定是至关重要的，没有学习动机的大学生，胸无大志，缺乏学习内驱力，学习成绩因而下降，有的甚至留级、退学。

四、学习无助感

（一）考试焦虑和怯场

考试焦虑是指因各种原因造成的情绪紧张致使原来已形成的熟练的识记内容不能重新再现。严重焦虑会导致应试中出现"晕场休克"。其实，应试时的紧张感是一种正常的应激——指由外界情况变化，主要指比较紧急的或危险的状态所引起的一种情绪表现。考试焦虑和怯场的原因有以下三个方面。

1. 缺乏自信

有些同学由于种种原因曾经经历了考试失败的打击，这在心理上就会形成

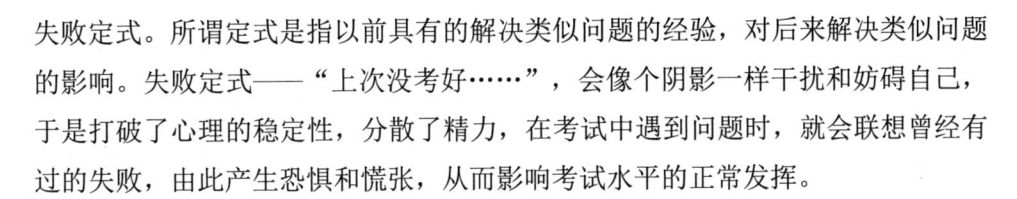

失败定式。所谓定式是指以前具有的解决类似问题的经验，对后来解决类似问题的影响。失败定式——"上次没考好……"，会像个阴影一样干扰和妨碍自己，于是打破了心理的稳定性，分散了精力，在考试中遇到问题时，就会联想曾经有过的失败，由此产生恐惧和慌张，从而影响考试水平的正常发挥。

2. 动机超强

对考试成绩的要求很高，把分数看得过重。在这种强烈动机的促使下，造成精神的极度紧张，过分担忧自己考试的成败。而进入考场中，一旦真的遇到难题，更是联想万千，从而影响了应试的正常顺利进行。

3. 身心过度疲劳

一方面，作为正常的应试，已使自身在体力和体能上有所消耗，考试本身就让人有一种压力感和紧张感，所以，每当考完最后一门课时，都会感到轻松。

另一方面，是人为的紧张因素。为了能考得好，拿高分，有的同学打乱了以往的生活规律，头悬梁，锥刺股，夜以继日地复习，使得身心极度疲劳，因而产生了负诱导。即在大脑皮层的兴奋点周围产生抑制作用，抑制兴奋过程的扩散，这也是大脑的一种自我保护功能，而且这两种神经活动过程永远是相互引起和相互加强的作用。所以，抑制作用一出现，就会出现记忆再现的障碍。越心急，越加强负诱导，越想不起来就越急，最后达到超限抑制——晕场休克。

（二）作弊心理

每一次考试，总会有人不惜以身试法，并因此而受到处分。但凡作弊者，一般都是以下三种。

一是前面讲到的由于学习动力的缺乏而"混日子"的同学。一入学就等着拿毕业文凭，所以平时学习松懈，考试时不愿费劲，但拿文凭就靠科科合格，所以把希望寄托在作弊上，既不费劲，又可以及格。于是视考场纪律不顾，以身试法。

二是平时学习比较用功，但是自尊心太强，把分看得高于一切，是一种优势的保证，所以唯恐自己的考分低于他人，一旦不顺利时就不惜铤而走险。

三是偶尔为之。所谓一念之差者，比如怯场，本来准备得很充分，却因为过度紧张想不起来了而影响了成绩，太不甘心，所以，豁出去了，就这一回。

总之，无论出于什么心态，何种原因，作弊者的目的是一致的，就是得到自己所期望的分数：起码及格，力争良好。所以，在这个目标的驱动和侥幸心理的支配下，选择了一种错误的行为方式。

可以说，作弊有百害而无一利。一方面，既欺人，又自欺。不仅妨碍良好校风的树立，更重要的是恶化了自己的人格品质，与大学生本应追求和拥有的真、善、美相差甚远。

作弊还有另一方面的问题，就是助人为弊，且人数不在少数。每当因作弊者被抓而自己也受到批评和处分时，总是感到很委屈，甚至产生心理障碍。

但凡助人者，一般都出于以下心态。

第一，"侠肝义胆"，为朋友两肋插刀。用同学们自己的话说："大家能考上大学本已不容易，走到一起更不容易，总不能见死不救啊！怎么也得帮一把。"

第二，因为不愿为这点"小事""得罪"人，反正我自己没作弊，能帮就帮，否则被称为不近人情，伤害相互之间的感情。

第三，功利思想——礼尚往来。今天你有困难我帮了你，今后我有什么麻烦你就可以帮我了，所谓投桃报李，来而不往非礼也。

无论怎样的想法，有一点，助人者都不认为自己是在作弊。虽然也知道这样做不对，但他们认为不对只是违反学校的纪律，从"良心"来讲，还是无伤大雅的。应该说，作弊无论对人对己都是一种欺骗。所以，这种"忙"不应该帮。

五、学习心理疲劳

心理疲劳不同于生理疲劳，生理疲劳是由于肌肉活动过度，使血液中代谢废物如二氧化碳和乳酸增多，导致腰酸背痛、乏力等。心理疲劳是大脑细胞活动持续时间较长，导致脑细胞处于抑制状态。学习心理疲劳在大学生中并不少见，造成这种现象的原因包括以下四方面。

第一，在学习活动中不注意用眼卫生，学习内容过于单调、时间长或生活中缺乏劳逸结合。

第二，学习内容难度较大、学习过于紧张，使大脑神经持续处于高度紧张状态。

第三，对学习活动缺乏兴趣，学习中情绪低落，从而导致大脑神经活动处于抑制状态。

第四，学习心理疲劳若得不到及时有效的缓解，不但影响学习效果，而且导致精神状态不佳，甚至引起神经衰弱等心理障碍。

第三节 大学生学习心理问题的健康调节

一、提高心理效能

可以从以下三方面努力提高心理效能,具体如表 8-1 所示。

表 8-1 提高心理效能的途径

提高心理效能的途径	具体阐述
确立明确的奋斗目标	目标明确性是人的意志特征之一,是指一个人能控制自己行为,使之服从于自己稳定的人生目标。这一目标能指导人的一切行动,使人有决心、有计划、有能力为实现这一目标而奋斗
增强学习动力	增强学习动力,从外部的环境而言,需要一种重视教育、重视知识、尊重人才的良好社会氛围和学校浓厚的学习、学术风气。但这有赖于社会的发展、教育改革的深化,并不是一朝一夕就可以达到的。因此,增强学习动力更需要自身的调节能力
培养学习兴趣	兴趣是情感的凝聚。一个人若是对一件事有兴趣,就会深入持久地去做,以达到预想的目的。它是重要的心理动力之一,推动人们的实践和创造活动。例如,许许多多的科学家就是在兴趣的引导下,尽其毕生心血去为人类科学文化的进步而奋斗

二、顺利完成角色转换

高校生活对每一位新生来说,无疑是一次很大的变化。这就要求我们能尽快调整自己、寻找自己在新的大学生活中的最佳位置。具体来说,应做到以下三方面。

第一,要平定情绪,不要被一时的不适应吓倒。"角色转换"在人的一生中会经常出现,其间所出现的不适应到适应是很正常的。

第二,尽快从成功的陶醉和入学的新奇中摆脱出来,使自己及早进入角色。

第三,努力去摸索和掌握高校学习的特点和规律,做学习的主人。

三、科学统筹时间

时间最不偏私,给任何人都是24小时;时间也最偏私,给任何人都不是24小时。也就是说差异在于你是否能合理和充分地利用时间。

对于时间在学习中的价值谁都明白,特别是对于处于集中学习的大学生而言尤为宝贵。但是,由于一下子从紧张的中学学习进入宽松的高校学习,一个很明显的感觉——时间特别宽裕,加之目标不明确,于是有些同学总是会"等明天再……",等意识到了,为时已晚。所以,大学生应该科学统筹时间,具体来说应做到以下三方面。

第一,要善于安排时间。大学生要充分利用有限的时间去多做些工作。此外,要学会巧用时间,积少成多。

第二,养成珍惜时间的好习惯。有人说人的一生有三分之二的时间是用在睡眠、吃饭和娱乐,真正用于学习和工作的时间只有三分之一。所以,前人才会感叹"一寸光阴一寸金,寸金难买寸光阴"。

第三,丰富充实自己的生活。高校的有形学习只是其生活的一部分,同学们还要善于无形学习,即在生活实践中去提高自己。充实自己的生活,丰富自己的阅历。

四、寻找最佳的学习方法

寻找最佳的学习方法,是保证学习顺利进行并且取得良好效果的一个重要的前提条件,特别是对大学生而言。什么是最佳的学习方法呢?其标准一是符合自己的实际情况,二是能提高学习效益。大学生寻找最佳学习方法应在以下这些方面给予重视。

(一)阅读

阅读是获取知识的必由之路。当今知识的更新与发展越来越迅速,以个人的有限精力一切从头做起是不可能的。所以,掌握阅读的方法,对于学习特别是学习书本知识是十分重要的,尤其是对处在集中学习阶段的大学生而言。但是,能阅读不等于会阅读。因为对识字的人来说,阅读是一种自发的活动,凡是识字的人都能阅读,但是"大多数人不会阅读"。区别就在于"能"阅读的人,读书的过程只是个并不复杂的过程,把自己的头脑变成了名家名著的复印机和保存室。而"会"阅读的人,会在书中找到有利于自身发展的智慧,以此为基础去发挥自己的潜能，为社会做贡献。

（二）积累文献资料

高校的学习以自学为主，它有一位非常好的帮手——图书馆。作为知识的宝库，也可以说它是一位无声的老师。每一位大学生都应该成为图书馆的朋友和大学生。要想充分有效地利用图书馆，应做到以下三方面。

第一，提高检索能力。前人云："凡读书最切要者，目录之学。目录明，方可读书；不明，终是乱读。"

第二，做索引和卡片。把有用的资料按自己的方式做成索引，或是制成卡片，一旦需要的时候，可以及时准确地查找到，提高了学习的效率。

第三，记笔记。俗话说："好记性不如烂笔头。"

此外，还有很多的手段。无论是什么，关键在于"勤"：手勤、脑勤，养成良好的习惯。

五、预防、消除心理疲劳

（一）选择良好的学习环境

避免杂乱、昏暗、吵闹、空气混浊的环境，学习场所整洁、明亮优雅、宁静，使人感到心情舒畅，也有利于提高大脑活动的效率。

（二）善于科学用脑

现代科学揭示了大脑两半球的不同功能：大脑的左半球与逻辑思维有关，右半球则与形象思维有关；此外，大脑活动还有一种"优势现象"，即当大脑某一功能区的活动占优势时，可使其他功能区的活动相对地处于休息状态，应该不同学科尤其是文、理科穿插学习，就可有效地预防学习心理疲劳，提高学习效率。

（三）注意劳逸结合

大脑神经活动是兴奋—抑制的交替过程，因此，劳逸结合是预防心理疲劳之道。

第一，在学习了一段时间之后可以休息片刻，通过听听歌等办法让自己轻松一下。

第二，在学习之余，可以去参加一些文体活动，使自己的身心得到放松。

第三，一定要保证有充足的睡眠时间。

第四，培养广泛的兴趣，使自己的生活丰富多彩。

六、培养应试能力

（一）养成良好的学习习惯

学习是持之以恒的工作。所谓冰冻三尺，非一日之寒，要达到学习的真正目的，除了靠"歼灭战"，更要有打"持久战"的作风。平时注意养成良好的习惯，应试时才能艺高人胆大，不会被打乱阵脚。

（二）提高应试技巧

对于考试，大学生应该做好以下三方面准备。

1. 做好考前的准备

第一，系统地整理一学期所学的内容，使所学的内容可以形成一个体系，然后进行复习。

第二，复习的时候要列一个时间表，合理分配每门课程的复习时间。

第三，临考的前一天晚上再进行最后一次强化，以保证考试可以取得好的效果。

2. 合理安排作息时间

第一，作息时间一定要安排好，避免大脑过度疲劳，影响水平的发挥。

第二，临考的前一天一定要有充足的休息时间，保证头脑清醒、精力充沛。

3. 正确应对"怯场"

第一，考试时先做有把握或比较简单的题目，这样可以缓解紧张心情、消除紧张情绪，还可以增强自信心。

第二，如果考试中出现"怯场"情况，强烈焦虑、紧张、思维混乱或一片空白，手脚发颤，头昏脑胀，此时应立即停止答卷，伏在桌上休息片刻。同时想一件令你高兴的事，转移注意力使大脑兴奋起来，缓和紧张情绪；或反复自我暗示："我很安静""我很轻松"，并适当地舒展身体；或闭眼、放松、做几次深呼吸，使情绪趋于镇定后再答题。

（三）正确对待考试

大学生应该以平和的心态对待考试，要认识到，考试是衡量自己学习好坏

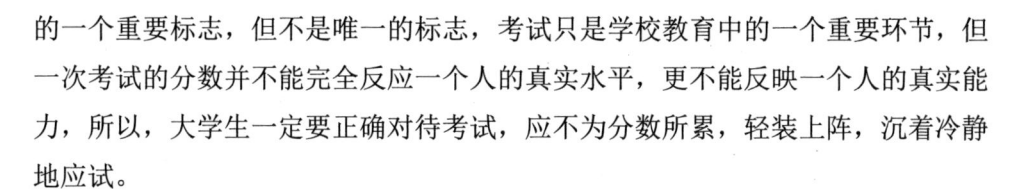

的一个重要标志，但不是唯一的标志，考试只是学校教育中的一个重要环节，但一次考试的分数并不能完全反应一个人的真实水平，更不能反映一个人的真实能力，所以，大学生一定要正确对待考试，应不为分数所累，轻装上阵，沉着冷静地应试。

（四）寻求心理咨询指导

这里指的是对过度的考试焦虑和怯场的同学，必要时应该寻求专业心理咨询人员的帮助，通过有针对性的科学的训练和心理调适改变这种状态，顺利完成考试。

第九章 大学生人际交往的心理问题及健康调节

交往是人类的本质特征，没有交往就没有人类社会的形成和发展；同时，交往是个体发展的需要，离开了人际交往，其心理就不能形成与发展，也就不能成为真正的人。大学生正处于学习知识和不断社会化的过程中，因而大学生总要不断地遇到和处理这样那样的人与人的关系。正确认识和处理这些关系，对于实现人生目的和人生价值，对于确立正确的人生态度具有重要意义。

第一节 大学生人际交往的认知与发展

一、人际交往基础认知

（一）人际交往的内涵

人际交往是指社会活动中人与人之间相互沟通信息、相互施加影响的过程。从本质上看，人际交往的过程是信息交流的过程，交流的内容就是思想、观点、情感、态度等信息。信息交流，主要是借助于语言符号来进行，也以非语言符号为辅助手段，最终达到心理沟通、理解、协调和建立一定的人际关系之目的。

人际交往的双方互为社会的主体和客体。当甲方是信息源发出信息为乙方所接收、并对接收到的信息内容加工处理做出反应时，甲方就是主体，而乙方就是客体；反之，则乙方是主体，而甲方是客体。在双方交往过程中，每一个参加者既是信息的发送者，又是信息的接收者，交往的双方反复发生着位置互换过程。

人际交往的双方都要求自己的伙伴有积极性。这就是说，作为信息发送者在发送信息时都有一定的动机和目的，即他所发出的信息内容和目的，同时还必须预测到对方如何反应。信息的接收者对接收到的信息并不是机械地做出反应，而是通过自己的知识经验、价值观、态度等来决定自己如何反应。

（二）人际交往的原则

1. 宽容原则

宽容就是在人际交往中对非原则性的人或事，采取一种原谅、饶恕、不予计较和追究的态度。

2. 诚信原则

诚信原则要求人们在交往中说真话、讲信用、重承诺，要直率坦荡、实事求是，要遵守交往双方的约定，不随意推脱敷衍。遵守诚信原则才能使交往对象感到踏实和放心，才能在交往过程中赢得信任和尊重。

3. 尊重原则

每个人都期望在人际交往中得到尊重，尊重能使人产生信任和坦诚等情感，缩短人们交往的心理距离。尊重包括自尊和尊重他人两个方面。自尊就是保持自身人格的尊严，即人的自重与自爱。每个人都有自己的尊严，也特别期望获得他人的尊重。

在现实生活中，与我们打交道的人并不一定都是自己所喜欢的对象，但即便如此，也应该在平等原则的基础上尊重对方，包括尊重他人的人格、权利和劳动成果。只有如此，才能获得他人的尊重。

4. 平等原则

平等原则是建立良好人际关系的前提条件。人们在交往的过程中都希望受到平等的待遇、建立平等的关系、进行平等的相处，这是人们对于交往的需要。虽然人际关系中的交往双方因社会角色不同对对方产生的影响是不对等的，但这并不影响双方交往中的平等地位。大学生年龄、经历、文化水平等大体相似，无论来自农村还是城市，学文或学理，年级高低，都应以平等原则与人相处和交往。若是自视特殊、居高临下，鄙视他人，就会被集体孤立，产生心理上的孤独感。

5. 互助原则

人际交往是以能否满足交往双方某种需要为基础的。互助即在一方需要帮助时，另一方在能力范围之内及时地提供帮助，这种帮助包括物质、精神和情感等多个方面。在个体的人际交往过程中，互助原则是必不可少的。遵循互助原则可以进一步增进双方的情感交流，建立稳固的人际关系。

6. 适度原则

遵守这一原则，在主观上必须认识到，即使在最亲密的人际关系中，双方的心理世界也不可能达到完全的重合，即取得完全一致，而只存在多大程度上取得一致的问题。无论是同学之间、朋友之间还是夫妻之间，无论关系多么亲密、感情多么融洽，也无论双方在主观感觉上认为彼此是如何得完全拥有，双方都不可能达到认知、行为、态度和情感的完全一致。所以，要保持良好的人际关系，一定要坚持适度原则。

7. 互利原则

互利原则就是要求人们在人际交往的过程中，双方都能得到好处和利益，获得心理上的平衡。这种互利既有精神上的互利，也有物质利益上的互利。人际交往中的精神互利就是指交往的双方互相接纳、互相肯定、互相支持、彼此宽容、共同发展。人际交往中的另一种互利体现为利益上的对等交换，即在人际关系中，交往的双方总是在价值观的指导下来衡量交往是否有价值，如果在两人的交往过程中，一方付出了很多，却没有或很少有回报，那么他就会心理失衡，觉得这种交往不对等，进而回避或主动结束交往。大学生在人际交往中，应在互利原则的指导下，彼此求同存异、互相容纳，不但要欣赏、接纳对方的优点与长处，还要宽容、谅解他人的缺点与过失，在感情上相融相通，在物质利益上互惠互利，只有这样才能获得良好的人际关系。

（三）人际交往的功能

人们只有在交往过程中，才能保证共同活动和目标的实现。人际交往具有以下功能：

1. 交流信息

通过交往，人们能很快地沟通信息、增长知识、启发思考。交往是一种思想交换的过程。信息沟通是人际交往的重要功能。每个大学生不仅应从书本上学习知识，而且应当在人际交往中学习知识，况且在人际交往中能学习到书本上学不到的东西。在学校，除了同学之间、师生之间的交往外，还应当参加一些以学习为目的的郊游、参观、社团活动等，在有组织的活动中进行各种各样的思想交流，以达到相互学习、相互理解、提高能力、丰富情感的目的。

2. 协调人际关系

人际交往具有能够使团体或组织内部各个个体之间保持行动上的协调和默契，以保证实现共同目标的功能。共青团中央组织的青年志愿者活动，吸引了许许多多的大学生。他们自愿结成活动小组，为社会服务。在服务中，他们加强了与社会的交往，而且内部成员之间也结成亲密的朋友。当代大学生的心理特点之一，是希望通过自己的人际交往，结识更多的朋友，增进自己的社交能力，更好地适应社会，更好地为社会服务。

3. 增进心理健康

交往需求在人的需求结构中占有相当重要的位置。如果这一需求得不到满足，就会出现孤独、忧伤、惊恐、急躁等情绪，从而导致心理疾病。有人研究了孤儿院的儿童，发现孤儿们由于过着平静而孤单的生活以及缺乏应得的爱抚和社会的交往机会，不仅在智力、言语能力上低于同龄儿童，而且社交能力差，缺乏社交愿望或狂热地要求他人的爱抚。由此可见，人际交往也正是人之维持精神健康的基本需要。一般来说，交往时间较多、交往空间范围较大的人，往往精神生活更丰富、更愉快。因此，人际交往对个人来说是生活中不可缺少的行为，从生到死都不能停止，充分的良好的人际交往是保障个体心理发展与健康的重要手段。

二、大学生的人际交往

（一）大学生人际交往的内涵

广义上的大学生人际交往是指大学生在上学这个年纪与其有关的一切周边人群的相处关系，包括与老师、同学、家长以及社会人员的交往。狭义的大学生人际交往是指大学生在学校期间与他们生活有关的周边个体或群体相处，主要指的是与老师和同学的交往。

（二）大学生人际关系的类型

一般来说，可以将大学生的人际关系分为以下三种类型：

1. 师生型

教师和大学生之间的交往关系是大学校园中基本的人际关系，即师生型人际关系。尊师爱生是师生关系的具体表现。大学生要顺利完成学业，就必须与这

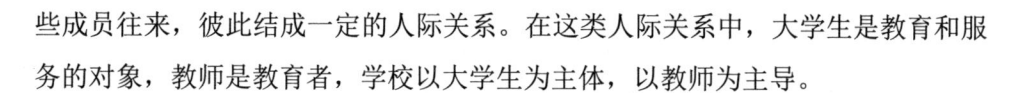

些成员往来,彼此结成一定的人际关系。在这类人际关系中,大学生是教育和服务的对象,教师是教育者,学校以大学生为主体,以教师为主导。

2. 学生型

由于年龄结构、知识水平等大致相同,大学生之间的感情最容易沟通。大学生型交往关系包括两种。

(1)正式群体内同学之间的交往。正式群体内同学之间的交往,如专业、年级、班级、宿舍内的交往。

(2)正式群体之外同学之间的交往。正式群体之外同学之间的交往是由某种共同的爱好、兴趣,或某种需要、某种偶然因素引起的。

大学中的同学关系具有特别的重要意义,处理得好,集体和个人都会受益。特别是在良好的班集体中,同学们可以互相帮助,团结友爱,对个人的身心健康有调节作用。

3. 社会型

社会型的人际关系就是大学生和校园外的团体和个人之间的交往关系。近年来,青年大学生纷纷走出校门,他们在同社会各界交往过程中,更多地了解了国情,了解了人民群众的思想感情,了解了新型的人际关系,对增长才干起到了补充和促进作用。但是,大学生片面追求"探索"和培养"活动能力",热衷于校外的、与学习无关的活动,会导致学业荒废,甚至留级、降级、被迫退学等。这一点应引起大学生的警惕。

(三)大学生人际交往的特点

作为一个特殊的群体,大学生的人际交往具有显著的特点,概括来说主要包括以下四方面。

1. 人际交往的迫切性

大学生是社会中一个较为特殊的群体,年轻活泼,思想活跃,认识事物的能力较强,自主意识也较强,精力充沛。由于绝大多数大学生脱离了家庭的生活圈子,所以一般都有较迫切的人际交往的愿望,想认识与熟悉更多的人,想交新的朋友。

2. 人际交往的情感性

大学生交往的对象以同学为主体，交往中涉及的内容主要是学习、生活、思想、各种集体活动、娱乐等，增进感情和友谊是交往的主要目的。

3. 人际交往的不成熟性

处于青年时期的大学生虽已具备了成年人的体格及种种生理功能，但其在家长的过度保护下，涉世未深，心智尚未成熟。

4. 与异性交往的强烈性和拘谨性

大学生正处于青春发展的高峰期，尤其是性心理逐步趋向成熟。他们在心理上产生了与异性交往的兴趣与愿望，并不断增强，他们希望了解异性，得到异性的理解、尊重和爱慕。但在实际男女生的交往中，多数大学生行为显得很拘谨，不能落落大方，怕人说闲话，因而制约了男女间的正常交往。

（四）大学生人际交往的尺度

1. 大学生的交往广度要适当

大学生的交往广度一定要适当。目前，很多大学生已经充分认识到人际交往的重要性，几乎每个人都有自己能够亲密交往的交际圈，但如果仅限于自己的交际圈，形成排他性，疏远可交的益友，就不利于信息渠道的畅通，妨碍了正常交往。另外，大学生交往的范围也不要太广，如果范围太大，人数太多，必然分散自己的精力，影响学习。

2. 大学生的交往方向要明确

刚入校的大学生，思想相对来说比较单纯，因此在人际交往过程中，同哪些人交往，交往的目的是什么，如何把握方向，就显得尤为重要。交往方向的不明确会直接影响人的健康发展。大学生一定要明确自己的交往方向，以保证自己的健康发展。

3. 大学生的交往程度要适度

大学生的交往程度要适度，主要表现在以下三方面，具体如表9-1所示。

表 9-1　大学生交往程度要适度的表现

大学生交往程度要适度的表现	具体阐述
交往的距离要适度	有的同学交往，关系好时形影不离，关系不好时就老死不相往来，甚至还互相攻击，这对大学生的身心发展都是极为不利的。因此，大学生一定要注意把握适度的原则，对于人际交往，不必短期全线突击，也不必利益稍有冲突就互相攻击，应该疏密有度
交往的时间要适度	在大学生的社会性需要中，除了交往外，还有劳动、学习等内容。当然，必要的交往有利于大学生的身心发展，但也应看到，有些时候人际交往会和学习等存在冲突的情况，因此，大学生在时间安排上就要把握好适度的原则
与异性交往要适度	正常的异性交往会有助于大学生的身心健康和人格发展。如果大学生过分沉迷于尚不成熟的异性恋情，就会疏于学习和参加丰富多彩的社团活动，缩小了与其他同学接触的机会，影响了自己的进步与发展。因此，对于异性交往，大学生一定要把握好适度原则

（五）大学生人际交往的技巧

1. 给人以友善的微笑

大学生在与同学的交往中，真诚的微笑也会给人留下美好而深刻的印象。尤其对那些受到老师或父母压力的人，一个笑容能够帮助他们了解一切都是有希望的，也就是世界是有欢乐的。

2. 记住对方的名字

在人际交往中，若是把对方的名字忘了，或写错了，就会令自己处于非常不利的地位。事实上，记住对方的名字，说明对方在你心目中是重要的。所以，大学生在人际交往中一定要注意记住你想交往对象的名字，这样会取得事半功倍的效果。

3. 给人以真诚的赞美

会赞美别人是一种能力，要想使赞美取得好的效果，必须要做到以下三方面。

第一，赞美要具体实在。比如，如果你要赞美一位女同学，与其说"我喜欢你"，不如说"我非常喜欢你今天的打扮"等，这样会让人觉得比较实在和真诚，言不由衷的赞美只会让人生厌。

第二,赞美要选准角度、恰如其分。假如你要向一位女同学表示赞美,而这位同学相貌平平,与其说她貌美如花,不如说她心地善良等。否则可能会让对方体会到讽刺的意味,从而不利于交往。

第三,赞美要讲究艺术。有时大学生在交往时不小心说错一句话就可能会伤害其他人,赞扬也是一样的。比如,一个男生在和两个女生聊天,他想赞美一下两名女生,如果他对一名女生说"你虽然没有她美,但你却比她聪明",这样的话语一出,就将两名女生全部得罪了。所以,赞美一定要讲究艺术,否则只会适得其反。

(六)大学生人际交往的意义

大学生人际交往具有重要意义,概括来说主要包括以下四方面:

1. 有助于提高大学生的智力

智力的开发、学习效率的提高,离不开人际交往,如果一个班集体或者寝室里人际关系紧张,这样的生活环境会让人觉得压抑,而不开心的情绪也会影响大学生的学习和生活。但是如果这个寝室或者班集体的氛围是健康、和谐的,那么生活在这样集体中的大学生心情是愉悦的,而心情愉悦了学习劲头才能十足。因此,良好的人际关系能使大学生之间互相帮助,互相启发,从而使大家的视野不断开拓,知识互相补充和促进,学习积极性不断增强和提高。

2. 是生存与安全的需要

根据马斯洛的需要层次理论,在个体发展过程中,生理需要、安全需要、社交需要、尊重的需要、自我实现的需要是人们赖以生存的五种最基本的需要。这五种需要共同构成了不同的等级或水平,并成为激励和指引个体行为的力量。每个人都需要别人的关怀和帮助,需要一种稳定的安全感,它表现为人们追求稳定、安全的环境,希望得到保护,能够免除恐惧和焦虑心理等。这种需要是一种精神上的需要。因此,大学生人际交往的需要是人的一种基本的精神需要。

3. 有利于大学生沟通信息

人际交往的重要功能之一是可以使交往双方能够获得大量的信息。一个人的信息量、知识面是有限的,通过良好的人际交往,人就可以克服信息量的有限性,以各种方式迅速取得信息,通过人际交往获得信息具有更直接和速度更快捷的特点。

4. 有利于促进大学生社会化进程

每个人的社会化进程都是在人际交往中进行的，人际交往是社会化的起点。随着大学生人际交往范围的不断扩大，他们就会从交往中不断积累深化社会经验，促使自我个性不断成熟，使自己不至于在不久的将来正式走向社会后遇到各种复杂的人际关系问题时措手不及。

三、大学生人际交往心理的一般规律

所谓人际交往，就是"人们通过一定的方式而进行的信息沟通、情感交流和物质交换，从而在心理上、行为上相互影响、相互作用的过程"。大学生相比其他社会群体来说，在人际交往过程中会呈现出特殊的心理，并具有一定的规律性。

（一）大学生人际交往的心理效应

大学生在进行人际交往时，往往会受到一些心理效应的影响，其中较为主要的有以下六个。

1. 首因效应

所谓首因效应，就是人际交往双方在交往过程中给对方留下的首次或最先的印象（即所谓的第一印象）对日后交往活动的影响。它所强调的是第一印象的影响和效果，也就是日常所说的"先入为主"的效果。比如，当某人在首次见面给人们留下了良好的印象时，即使过了一段时间，人们在对他的心理与行为特征进行解释时，也会以这种印象为依据。由此可知，第一印象是十分鲜明且稳固的。但是，第一印象并不总是正确的，随着交往的深入、认识的增多，第一印象会不断得到修正或是改变。

首因效应是客观存在的，它的产生主要是由于人们在对他人和事物进行认知的过程中，知觉往往会起到十分重要的作用。而人的直觉具有综合性特点，因此在第一印象得以产生的有限信息基础上，会利用思维对不完全的信息进行贯穿和填补，从而使对对象的认知成为一个统一的整体，进而对对象形成一个整体的印象。但是，这一印象在很大程度上是通过思维、想象而不是直接的接触和认知获得的，而且这一印象会影响到后面对对象的认知，即与这一印象相符合的，很容易进行强化；与这一印象不相符合的，很容易产生冲突。因此，首因效应是一

种正常的心理偏差,但也存在一定的片面性。对此,大学生应有清醒的认知,同时要特别注意以下两个方面:

首先,在初次与他人交往时,要尽可能减少首因效应对自己的影响,以便自己能够正确地对他人进行认知。

其次,要对首因效应进行有效利用,注意在初次与他人交往时给其留下良好的印象,以便日后能够顺利地进行深入交往。

2. 近因效应

所谓近因效应,就是交往中最后的印象对于交往活动的影响。近因效应与首因效应并不矛盾,因为在人际交往中,第一印象固然重要,最后印象也起着十分重要的作用。一般来说,首因效应在与陌生人的交往中会表现得比较明显;近因效应则在与熟人的交往中会表现得比较明显。

在大学生的人际交往中,近因效应也经常会产生重要的影响。比如,平时不注重宿舍卫生,而一旦有卫生检查便突击整理一下,以争取给人留下一个良好的印象。由此也可以知道,近因效应也存在一定的片面性,会对人们正确认识他人造成一定的妨碍。

3. 投射效应

所谓投射效应,就是"在人际交往中,认知者在形成对别人的印象时总是假设他人与自己有相同的倾向,即把自己的特征投射到其他人身上"。比如,一个爱说谎的人总以为别人也时常说谎;一个有邪念的人总以为别人也都有邪念等。

一般来说,投射可以分为两种情况。一种是个人将自身具有但并未意识到的一些特征强加到他人身上。比如,某人对另一个人怀有敌意,则会感觉对方总是对自己带有敌意、十分痛恨,认为对方的一举一动都有挑衅色彩。另一种是个人将自身具有且意识到的一些特征强加到他人身上。比如,一个想在考试中作弊的大学生,总感觉其他同学也在作弊,自己要是不作弊就太吃亏了。

投射效应在人际交往中产生的影响往往是较为消极的,当然,投射效应在人际交往中也会产生一定的积极影响,如帮助人们更好地进行相互理解。对此,大学生应有清醒认知,并尽可能克服其对自己的人际交往的不良影响。

4. 晕轮效应

晕轮效应又称"光环效应",就是人们在人际交往中往往将对方所具有的某一特征泛化到其他有关的一系列特征上。这与人们日常生活中所说的"爱屋及乌""情人眼里出西施""厌恶和尚,恨及袈裟"是较为类似的。

晕轮效应对不同的人所产生的影响,在程度上会有一定的差异。具体来说,晕轮效应对有较强的独立性和灵活性的人所产生的影响往往较小,而对适应性较差且情绪不稳定的人所产生的影响往往较大。另外,在人际交往中,晕轮效应会产生一定的负面影响,最为鲜明的一个便是会对人辨别好坏、真伪产生一定的妨碍,而这可能导致某一人被其他人利用。此外,在人际交往中,晕轮效应会导致对他人认识的偏见、歪曲他人的形象、对他人进行不正确的评价,继而导致人际交往无法顺利进行。

因此,大学生在人际交往中,应具备一定的设防意识,并有意识地训练自己从不同的角度和方面对他人进行观察和评价,以尽可能减少晕轮效应对自己的影响。

此外,大学生在人际交往中防止自己受晕轮效应影响的同时,还要注意对晕轮效应进行有效运用。比如,大学生可以通过对自身言行进行优化、对自身良好外在形象进行塑造的方式,使自己的人际交往能够顺利进行,并取得更加理想的效果。

5. 刻板效应

所谓刻板效应,就是认知主体对认知客体形成了一种既概括又固定的看法,且这一看法会对认知主体日后对该类客体进行知觉产生重要的影响。

刻板印象是以人们的经验为基础产生的,并始终在人们的意识中潜藏着。比如,由于刻板印象的影响,人们普遍地认为北方人高大,而南方人娇小;山东人魁梧、豪爽、实在,而江浙人机灵、应变能力强等。

人们一旦形成了刻板印象,便会在不自觉中受到影响,对某一人产生不正确的认知,并不论其是否表现出某一类群体的特征便将其简单地归到某一类人群中,并将该类群体的评价强加到他的身上。在人际交往中,若是存在这种刻板印象,很容易导致人际交往无法顺利进行,妨碍良好人际关系的建立。当然,刻板印象在人们的认知过程中也有积极的一面,即能够使人们的认知过程得到简化,从而使人们能够以群体特征为依据对个体进行推断和认知,继而便利且迅速地对社会生活环境进行适应。但是,每一个人都是独立的个体,在具有群体特征的同时,还具有自己的个性。因此,大学生在对他人进行认知时,要尽可能避免被刻板印象影响。

6. 从众效应

所谓从众效应，就是个人迫于社会群体的压力，不坚持自己的意见，而采用大多数人都会采取的行为。比如，在一个班级中，某一具有很多优点的同学很值得自己与他交往、向他学习，但是这一同学不被其他大学生喜欢，于是自己便不与他交往。

在人际交往中，从众效应也会产生重要的影响，即会使一个人的人际交往活动处于被动状态，无法积极、主动地去建立自己的人际关系。在其影响下，人际交往必然无法顺利进行，同时也会对人的内心造成压力，从而既无法建立起良好的人际关系，也不利于自己身心的健康发展。因此，大学生在进行人际交往时，要尽可能减少从众效应对自己的影响。

（二）大学生人际交往的发展趋势

在当前，大学生所处的时代是不断变革和发展的，新技术不断出现，社会生活不断发生变化。这使得大学生不论是在思想方面，还是在观念和行为方面，都会不断发生变化。而在其影响下，大学生的人际交往活动也会呈现出一些新的特点和趋势。具体来说，大学生人际交往的趋势主要表现在以下六个方面。

1. 人际交往范围不断扩大

在大学生的人际交往中，地域限制的影响变得越来越小。这是因为，随着社会的不断发展和科学技术水平的日益提高，现代通讯和交通获得了迅速发展。在其影响下，大学生的人际交往范围得到了大大扩展。

2. 人际交往的方式不断丰富

现代的大学生在进行人际交往时，往往可以运用多种多样的工具，如手机、互联网、信件等。而随着科学技术的不断发展，大学生的人际交往方式还将不断得到丰富。

3. 人际交往的群体不断扩展

在以前，大学生的人际交往群体主要是现实生活中真实存在的群体，如班级、社团、同乡会、兴趣小组等。而在现代，大学生的人际交往群体除了包括现实生活中真实存在的群体外,还有很多虚拟的群体,如微信群、QQ群、网上社区、网上论坛等。由此可知,大学生的人际交往群体正不断得到扩展。

4. 人际交往的自由度不断加大

在以前,大学生的人际交往具有一个十分鲜明的特征,即依赖性。具体来说就是,大学生的人际交往需要在师长的指导、同学的协助下进行,否则便无法得到实现。而在现代,大学生随着独立意识的不断增强,在进行人际交往时不再依赖于师长和同学,而且不论是选择交往对象、交往范围还是交往方式,都有着越来越大的自由度。由此可知,大学生人际交往的自由度正不断得到加大。

5. 人际交往的内容不断多样化

在之前,大学生的人际交往内容是较为单一的,概括来说主要有三个方面:一是交流感情;二是寻求友谊;三是寻觅爱情。而在现代,随着社会生活的不断丰富,大学生的人际交往内容也越来越多样化,几乎在衣、食、住、行、工作、学习、娱乐等方面都有所涉及。

6. 人际交往的心理存在较大差异

现代的大学生在进行人际交往时,在交往心理方面往往存在较大的差异。具体来说,大学生人际交往的心理差异主要表现在以下两个方面。

首先,大学生的性格不同,在进行人际交往时会表现出不同交往偏好。比如,一个拥有沉静性格的大学生,往往不愿意与锋芒毕露的人交往;另一个拥有泼辣、果断性格的大学生,往往不愿意与优柔寡断的人交往等。

其次,大学生的自我成熟水平不同,在进行人际交往时也会有所差异,具体来说,自我成熟水平比较高的大学生,在进行人际交往时往往会拥有较为有利的位置,既能通过人际交往获得不俗的回报,也能使自己未来生活成功的概率得以增加;而自我成熟水平较差的大学生,通常人格发展不够完善、对自己的认知也存在一定的偏差,因而在进行人际交往时往往会错失交往机会、无法顺利地建立起良好的人际关系等,从而对未来的生活产生一定的不利影响。

(三)大学生人际交往的变化过程

大学生在进行人际交往时,要想与他人形成良好的人际关系,需要经过一系列的变化过程。具体来说,大学生在进行人际交往时,通常会经历以下四个阶段。

1. 定向阶段

大学生人际交往的定向阶段包含着大学生多方面的心理活动，如注意交往对象、选择交往对象、与交往对象进行初步沟通。

当两个人互相没有意识到对方的存在时，则两个人之间是没有任何关系的，更谈不上任何个人意义的情感联系。也就是说，此时的两人处于完全无接触的状态。而如果两人中有一人开始注意到对方，或是两人都互相注意到彼此，则两人之间便会开始相互作用，或是一方对另一方形成初步的印象，或是双方对彼此形成初步的印象。但是，此时的双方还不存在直接的接触，只是处于旁观者的立场。直到两人开始进行直接的语言沟通，相互之间才开始产生直接的接触。不过，此时的接触大多是十分表面的，情感投入不多。

2. 情感探索阶段

大学生的人际交往在进入情感探索阶段后，随着双方逐渐发现他们共同具有的情感领域，两人的沟通也会不断广泛和深入。

在这一阶段，双方会不断从广度和深度两个方面进行自我暴露，但是不会对自己根本的方面有所涉及，且讨论的话题以不触及对方的私密领域为前提。也就是说，处于这一阶段的双方对自己表现仍十分注意，并尽可能对自己的表现进行规范。

3. 感情交流阶段

大学生的人际交往在进入感情交流阶段后，双方关系开始在性质上发生实质性的变化。此时，双方对彼此已经十分信任，安全感也大大增强。因此，双方在进行谈话或交流时，对自我的涉及会越来越广泛和深入，并开始有较深的情感卷入。这就使双方会对另一方进行真诚的赞赏和批评，并将自己对另一方的真实评价信息进行反馈，对另一方提出一定的建议，以便其能够不断得到完善。

由于在人际交往的感情交流阶段双方会投入非常多的情感，因而人际关系若在这一阶段破裂，将会对双方的心理产生一定的不良影响。

4. 稳定交往阶段

大学生的人际交往在进入稳定交往阶段后，双方会进一步增强对彼此的心理相容性，也会在更为广泛和深刻的程度上进行自我暴露，还会允许对方在谈话中涉及自己的最高私密领域，对自己的生活空间进行分享。

这里要特别指出的是，大学生在现实生活中的人际交往是很难达到这一阶段的，即一直停留在感情交流阶段。

第二节 大学生常见的人际交往心理问题

一、大学生出现人际交往问题的原因

（一）自身原因

随着生理、心理的迅速发展，大学生的参与意识逐渐增强，渴望认识社会、参与社会，扩大自己的生存空间；大学生远离家庭生活，与亲人分离，情感失落，由于情感补偿的需要，他们渴望与人交往，珍视友谊。这些因素构成了大学生交往需要的内在因素。但大学生在人际交往的过程中也容易出现问题，其中突出的自身原因在于自我评价不当。过低评价自己，产生自卑心理，自卑心理又会进一步导致羞怯心理；过高评价自己，则产生自负心理，自负心理又会进一步导致傲慢心理。自我评价的偏差导致人际交往过程中的失败。

（二）社会原因

当今的中国社会正处于一个迅速发展时期，随着改革开放的深入和现代化进程的加快，人们的思想观念和生活方式都在发生着深刻的变化。过去的封闭式生活与今天的信息时代已经格格不入，生活在既有竞争又有合作的现代社会，人们必须交流信息以获得知识，必须协调行动以提高活动效率，这些客观要求就使得人们必须加强相互间的交往。实行对外开放，不仅引进了国外的先进技术，促进了经济发展，而且增加了与国外的文化交流，开阔了人们的视野，活跃了人们的思想，增添了人们的生活情趣，丰富了人们的交往内容。由此可见，今天的社会生活背景是当代大学生交往需要迫切性的客观原因，也是交往内容丰富性的现实基础。我们的社会正处在变革之中，新观念正在确立，旧观念并未完全消除，至今仍在影响着人们的思想。例如，传统观念轻视乃至鄙视社会交往，把善于交往的人称作"混子"，而将不善于交往的人誉为"老实"等。当代大学生已不会再明确赞同这些观点，但这些观念仍在不知不觉地发挥作用，严重抑制大学生交往的主动性。

社会对大学生的影响是一种自发影响，既有积极影响，也有消极影响。社会上一些人互相利用，编织关系网；一些人拉帮结派，搞小集团；一些人任人唯亲，排斥异己；一些人不讲原则，只徇私情。这些不良的社会交往，对大学生起着潜移默化的作用，是哥们义气的社会根源。

（三）学校原因

大学生注重横向交往是由他们之间的接近性因素和相似性因素决定的。大学生之间朝夕相处，为相互交往提供了客观条件。同学之间年龄、经历相同，生理、心理发展水平相当，理想信念一致，兴趣爱好类同，这些相似的自身条件使同学之间容易发生情感共鸣。所以，大学生乐于横向交往。与之不同的是，师生之间年龄有差别，地位也不同，高校老师与大学生相互接触机会不多，主要限于上课时间，课外交流较少；交流的内容也比较单一，主要限于传播知识，情感交流相对缺乏。所以，大学生缺少发展师生间的纵向交往。

大学生的哥们义气主要存在于非正式群体之中。大学生非正式群体十分普遍，非正式群体是由情投意合者自发形成，不像正式群体那样有明确的规章制度和行为准则，而是靠情感相维系，以情感来调节，非理性成分相当大。如果得不到正确的引导，由于非正式群体感情色彩浓重，加上大学生感情自控能力较弱，往往容易失去正确的交往准则，被感情左右，养成哥们义气的作风。

大学生交往障碍普遍存在，与他们涉世不深、经验不足有关，由于缺乏交往方面的心理教育和技术教育，大学生在交往中容易受挫，受挫之后再得不到及时的指导和调适，导致回避与人交往，自我封闭限制了交往能力的发展，反过来又加重交往障碍，造成恶性循环。

二、大学生常见的人际交往问题

（一）孤独心理

孤独心理是一种经常独处或受到孤立而很少与人接触而产生的孤单、无依靠的心理。孤独心理产生的原因是多种多样的，概括来说主要包括以下三个方面。

第一，性格过于内向，又不愿与人交往的人极易产生孤独感。

第二，个人性格的孤僻，拒绝别人的友谊。由于不愿与人交往，所以孤僻性格的人会产生孤独感。

第三，因与众人不和，受人打击，遭到他人有意的孤立而产生孤独的心理。

大学生孤独心理的产生，较多的情况源于个性内向，再加上生病无人照顾，吃不到可口的饭菜等原因，很容易产生孤独心理。

（二）羞怯心理

羞怯心理是大学生中比较常见的人际交往障碍。具有这种心理的大学生，在交往中过多地约束自己的言行，阻碍了人际关系的正常发展，造成了自己心理上的压抑和负担，不利于人格的完善和发展。事实上，与嫉妒一样，羞怯也是每个人都会体验到的。因为人际交往行为的发展过程中，在发展未达成熟之前往往都会有羞怯的倾向。只要羞怯适度便不会出现严重的后果，但如果羞怯过度，则会导致大学生出现严重的心理问题。

（三）嫉妒心理

嫉妒心理是指在意识到自己对某人、某物品的占有心理或占有意识受到现实的、潜在的威胁时，所产生的抱怨、憎恨等不健康的情感和行为。嫉妒心理的成因主要包括以下两个方面。

1. 错误的认知

第一，认为别人取得成绩就说明自己没有成绩，别人成功了就说明自己失败了。

第二，认为别人的成功是对自己利益的侵害。

这两种错误的认知导致很多大学生个体接受不了别人的进步和成功，从而激发了情绪和心理上的抵触反应。

2. 心胸狭窄

嫉妒是一种见不得别人比自己好，总希望所有人都不如自己的狭隘心理。有嫉妒心理的人往往虚荣心强、好出风头，凡事总想高人一等。如果万众瞩目的焦点不是自己，就会产生失落感。

就大学生来说，嫉妒心理主要表现为以下三个方面：

第一，对他人的成绩和长处不服，从而嫉恨在心。

第二，看到别人表现突出而不甘心，总希望别人比自己落后。

第三，看到别人处于劣势则感到莫大的安慰。

（四）自卑心理

自卑感是一种因个人自认为不如别人而产生的一种轻视自己的不良心理。影响着大学生的学习、工作和生活等各个方面，对正常的人际交往影响极大。自卑心理的成因主要包括以下四个方面：

1. 过大的心理落差

有些大学生在小学、中学阶段，由于成绩很好，会成为出类拔萃的佼佼者，成为老师宠爱、同学羡慕的对象，处于中心地位。上了高校后，面对同样优秀的同学，自己则显得非常平凡，甚至在某些方面落后于他人，这种强烈的落差感使大学生在评价自己时可能产生一定的偏差。

2. 消极的生活经验

大学生在人际交往中，因为某种生理、心理或社会生活的原因，可能会受到他人的嘲笑。大学生在生活中也可能遭遇到一些挫折，如失恋、考试作弊受到处分等，如果大学生心理调节能力不强，这些嘲笑和挫折很可能让大学生产生自我否定，产生自卑心理。

3. 不当的自我评价

大学生在入校后，他们的生活内容日益丰富，自己也会在越来越多的方面与他人进行比较，由于缺乏正确的理念，大学生有时会拿自己的短处与他人的长处相比较，并将这种差距泛化，夸大自己的不足，觉得自己处处不如别人，从而产生自卑心理。

4. 消极的自我暗示

有自卑心理的大学生，往往习惯于消极的自我暗示，他们经常会有"我是一个不讨人喜欢的人，还是不要与陌生人说话，免得又多一个人讨厌我""从来就没有人愿意与我交朋友"等想法，在人际交往中对自己的期望值很低，心态比较消极。

自卑心理的表现主要包括以下几方面：

第一，有自卑心理的大学生缺乏自信，容易自惭形秽，做事经常采取逃避、闪躲的方式。

第二，自卑心理强的大学生凡事期望值过高，惧怕丢丑、受挫或遭到他人的拒绝与耻笑。

第三，自卑心理强的大学生极度缺乏自信，认为自己各方面都不如人，怀疑别人小瞧自己。

第四，自卑心理强的大学生为了掩饰自己极度的自卑心理，反而表现出狂妄自大、目中无人的行为特征，给人一种缺乏朝气、缺乏能力的印象。

（五）闭锁心理

闭锁心理是指青少年进入青春期后自觉或不自觉地封闭自己的心理活动，不轻易外露自己的内心世界和情感，甚至把自己与别人隔绝起来的心理现象。

大学生产生闭锁心理的原因是多方面的，既有性格方面的原因，也有挫折经历、环境的影响以及家庭与学校教育方式等方面的原因。生长在和谐融洽的家庭、经常得到父母的关心、接受民主型教育方式的大学生，其闭锁心理表现不明显；相反，与父母关系紧张、或父母只关心学业而忽略其他方面的发展或放任溺爱的家庭中成长起来的大学生，其闭锁心理表现明显。在残缺家庭中长大的大学生心理封锁现象尤其普遍。大学生中与老师关系融洽友好、与同学亲密无间、好朋友较多的大学生很少表现出闭锁心理；相反，与老师关系紧张情绪对立、缺少朋友的大学生，其闭锁心理表现显著。学习成绩不理想的大学生，其闭锁心理表现也较突出。

（六）猜疑心理

猜疑心理是由主观推测而产生不信任的一种复杂的不良心理。猜疑心理重的人不但在社交中不信任他人，而且严重的会产生心理病变。猜疑心理形成的原因主要包括以下两方面：

1. 错误的思维

猜疑者总是从假想目标开始，最后又回到假想目标，就像一个圆圈一样，越画越圆。

2. 个性中缺乏自信

一个不自信的人，看到别人在背后议论，就以为在议论自己。因为内心深处对自己的不自信，才会对他人产生不信任感，进而把所有的人都当成迫害自己的人。

有猜疑心理的人在思想上经常进行毫无事实根据和缺乏逻辑的判断推理，经常无中生有。在情感上表现为疑心重重，对他人言行极度敏感。有猜疑心理的人认为谁都不可信，谁都不可交。因此在交往中他们时刻隐瞒自己的真实思想或行为，给人一种心胸狭窄、很有心机的印象。

（七）"自我中心"心理

以自我为中心的人在交往中具有以下三个方面的特征：

1. 唯我独尊

以自我为中心的人总是将自己的意志强加到别人的头上，以自己的态度作为他人态度的"向导"，认为别人都应该和他有一致的看法或意见。以自我为中心的人很难引起别人的共鸣，因而其交往只能停留在较低的水平上。

2. 很少关心别人

以自我为中心的人很少关心别人，总是与别人很疏远。这种人凡事都从自己的利益出发，从来都不顾及别人的感受，所以当有事求别人时才会临时抱佛脚，而如果没事求人时，则总是一副高高在上的样子，很少关心别人，对别人没有丝毫的热情，感觉别人都是要为他服务一样。对于这种人，没有人愿意与其交往，久而久之就成为大家疏远的对象了。

3. 自尊心过分强烈

以自我为中心的人有很强的自尊心，在别人看来可能很小的一件事，在他们身上都会产生强烈的自尊心受挫的感觉。他们不愿损伤自己的自尊心，于是不择手段地来维护自己的自尊心。

第三节 大学生人际交往问题的健康调节

一、孤独心理的调适

孤独的心理是一种不良心理，大学生可以通过以下两种方式来调适自己的孤独心理。

（一）不断自我反省

当受到别人孤立时，要剖析自我，分析是否是自己的原因。如果原因在于自己，应积极改正自己的不足，并主动向对方道歉；如果原因不在自己，则可暂时摆脱这个小圈子，转移或扩大自己交往的方向与范围，从新的人际交往中寻求精神支持。

（二）逐渐改变孤僻的性格

第一，要认识到不良的性格给自己带来的不利影响，要多与同学来往，逐步学会怎样与别人沟通交流。

第二，要多参加社会实践，扩大交往的范围，在集体中体验与感受温暖和友情。

二、羞怯心理的调适

（一）转移注意目标

不少同学在与人交往或发表自己的见解时，总是过分地担心自己的外表形象，并且常不切实际地幻想给别人留下一个完美无缺的印象。这方面的意识过强，在活动之初就会表现得很拘谨，甚至想方设法地掩饰自己，结果往往是越掩饰越糟糕。因此，大学生应该学会转移自己注意的目标，例如把注意力集中在双方交流的内容上，这样就无暇去顾及自己的外表形象，对克服羞怯心理具有积极作用。

（二）客观地评价自己

易害羞或有退缩行为的同学，往往喜欢拿自己与别人比，看到别人比自己优秀，就妄自菲薄，以致失去勇气。其实，每个人都有自己的长处，大学生应该多看到自己的长处，减少自责与挑剔。总之，大学生要客观地评价自己。

（三）积极参加集体活动

害羞的一个主要原因是信心不足，担心自己说话或办事不周。参加集体活动是帮助克服羞怯感、退缩行为的好办法。因此，具有羞怯心理的大学生一定要放下思想的包袱，平时注意多参加集体活动，并在活动中发挥自己的特长，从而使自己进一步融入群体中，增加自己的自信心。

（四）掌握一定的训练方法

1. 积极地自我暗示

积极地自我暗示是指通过默念一些积极的指令性语言来增强自己的信心。如反复默念"我不紧张"等。这种暗示可起到消除过度紧张、放松情绪的作用。

2. 演习和排练

有羞怯心理的大学生要多进行自我训练，即训练在不同社交场合如何讲话以"打破僵局"，可以先拟好"开场白"，甚至编好整个底稿、在镜前演练，并试着正眼盯着"对面的人"，请求帮助。

三、嫉妒心理的调适

嫉妒是一种十分有害的不良心理，对这种不良心理的调适主要从以下两个方面入手。

（一）学会欣赏别人的成功

没有人是绝对完美的，在某些方面，别人领先自己是正常的，要正视别人的优点和自己的缺点。要知道在任何一个群体里，总有人比较优秀，也总有人相对落后，不必患得患失。

（二）要克服极端利己主义的思想

嫉妒心理是极端利己主义思想在作祟，有嫉妒心理者往往目光狭窄、处处只考虑自己。要克服这种思想，就要学会去接纳别人的进步和发展，释怀自己与他人的差距。

四、自卑心理的调适

（一）正确认识自己

自卑者有一个共同的特点，只要叫他说说自己的长处，往往说不出来，但是如果要让其说说自己的短处，他就会说出很多，同时对于别人给他提出的长处，也不能很好地接受。因此，自卑者要走出自卑的心理阴影，必须学会从多个角度了解自己，并能客观公平地评价自己，做到既不妄自菲薄，也不心高气傲。每个人都无法做到完美，我们必须学会接纳自我，学会正确地比较，做到扬长避短，以弥补自己的不足。

(二) 进行积极的自我暗示

要经常对自己说:"我能行!我可以的!"就会产生积极向上的力量,增加自信和乐观,形成良性循环。

(三) 观察和学习自信的人

自卑的人应当在交往中多观察、学习自信的人的行为方式及表现。经常观察自信的人的言语表情和非言语表情之后,可以选择一位作为自己的模仿对象,当自己自卑的时候,就回想或者想象自信的人应该是怎样的表现。

(四) 制订合适的理想目标

现实与理想间的差距太大往往让人自卑失落。摆脱自卑心理的一种重要方法,就是制订合适的理想目标,在对自身现实条件和发展潜力进行认真细致分析与预测的基础上,本着通过努力能够实现的原则,科学地确立未来的理想与目标。只有这样,人们才能在实践中不断取得成功,增强自信心。如果确立的理想过高而难以实现,会让人因受挫而失去信心;如果确立的理想过低,又会因为目标太容易实现而不愿去努力。因此,一定要制订合适的理想目标。

五、闭锁心理的调适

闭锁心理作为大学生心理发展过程中存在的一种心理现象,对其顺利实现社会化有着消极影响。因此,克服闭锁心理,对于大学生适应社会有着重要意义。概括来说,大学生可以通过以下两种方法来对闭锁心理进行调适。

(一) 摆正自己的位置

健康的交往是建立在双方平等基础之上的,尊重别人的同时保持自尊,因此,孤僻者只有正确地认识自己,摆正自己的位置,在与人交往时才会感到坦然。

(二) 正确认识自我

正确认识自我是矫正孤僻心理的突破口,孤僻者大多对于自我有不正确的认识,有些人自命不凡,将自己的孤僻视为个性,因而通过自我反省来正确认识自己尤其重要。孤僻者要有意识地挖掘生活中美好的事物,发现那些感人的真爱,要求自己尽量以热情的方式待人,逐步放开自己的心灵。

六、猜疑心理的调适

猜疑会导致人际交往无法正常进行，因为猜疑者会在人际交往中一味地以自己的方式对待别人，会伤害他人感情，无事生非，同时也会使自己处于不良的心态之中。可以通过以下四种方法来对猜疑心理进行调适。

（一）培养自信心

自信心是对自己实力的认可，也是必胜的信念，自信心的培养有助于看到自己的希望并转移对别人的胡乱猜疑。

（二）强化事业心

一个致力追求事业的人，在现实中是不会为人际关系中的一些琐事而自寻烦恼的。相反，事业心较差的人，极易萌生猜疑之念。

（三）学会自我调剂

人生漫长几十年，与他人产生误会、遭到别人的非议和流言是在所难免的事情，不必大惊小怪。如果过分拘泥于一些生活琐事，那岂不是要徒增许多烦恼。

（四）学会识别人

有猜疑心的人常常不信任别人，这种不信任一方面是客观上不了解别人，另一方面是主观上不愿意了解别人。所以，主观上要多与周围的同学、教师乃至亲朋好友接触，在交往中学会观察、了解、识别他人，并结合间接了解得到的信息，可以得到较为全面客观的评价。

七、"自我中心"心理的调适

大学生可以通过以下三种方法来对"自我中心"心理进行调适：

（一）平等相处

平等相处是要求自我中心的人以一个普通人的心态和身份与别人相处，这样才能使人际交往的天平始终处于平衡的状态，也只有这样才能和别人友好相处。

（二）淡化自我

人与人相处中的"自我淡化"很重要，自我中心的人往往计较别人的一言一行，这种过于敏感的自我评价，常常同他们心目中的自我地位的膨胀有关，心

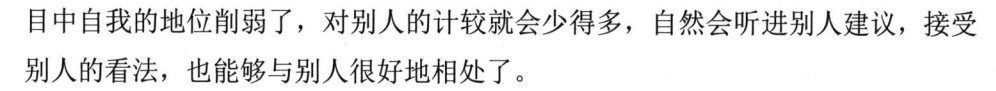

目中自我的地位削弱了,对别人的计较就会少得多,自然会听进别人建议,接受别人的看法,也能够与别人很好地相处了。

(三)学会接受批评

只有能够接受别人正确的意见,承认自己的错误,才有可能通过批评改掉过去固执己见、唯我独尊的形象。

第十章 大学生应对压力与挫折的健康教育

第一节 压力与挫折相关理论分析

一、压力的内涵及相关理论

（一）压力的内涵

压力，也称精神压力，是一种内部的精神紧张状态，个体在面对难以适应的环境要求或威胁时会产生压力。

压力的产生与个体的需要密切相关。生活中，每个人都会有各种各样的需要。人本主义心理学家马斯洛提出了著名的需要层次理论，认为人有生理需要、安全需要、爱和归属需要、尊重需要、自我实现需要五个层次的需要。需要的这五个层次，是由低到高逐级形成并逐级得以满足的。人在需要的推动下产生一定的行为。当需要得不到满足或目标实现可能会有困难时，就会产生压力。人们每天都会有许多各种各样的需要，所以压力的产生是必然的，也是普遍存在的。

（二）压力的分类

对压力进行分类的方法很多，比如从压力产生的客观事件来源分，可以将压力分为情感压力、经济压力、就业压力、学业压力等；也可以将其分为外在压力与内在压力，因为压力产生的主要原因可能是由于客观实际状况，也可能是由于人的主观认知、判断。较为常见的压力种类有以下三种。

1. 积极压力与消极压力

一些心理学家认为人如果完全脱离压力就等于死亡，过高或过低的压力对

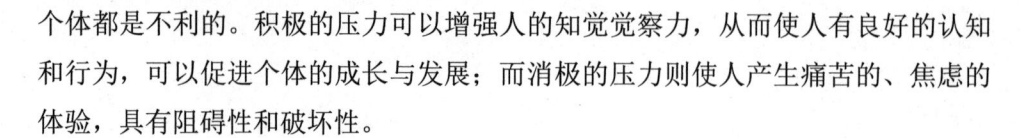

个体都是不利的。积极的压力可以增强人的知觉觉察力,从而使人有良好的认知和行为,可以促进个体的成长与发展;而消极的压力则使人产生痛苦的、焦虑的体验,具有阻碍性和破坏性。

2. 长期压力与短期压力

长期压力来自灾难或困苦,比如身患不治之症或者生活条件、经济状况艰苦。但是也有的压力来自看似积极的、幸运的事件,比如大学生学习成绩优异、影视演员成为明星,对于这样的个人,要想保持这种好成绩或明星地位,他所要做的努力也不是轻而易举的,而且,荣誉和炫耀随后的就是压力和挑战。而有的压力则是短期的,是由一些短期事件造成的,比如期末考试、等级考试等学习任务,这些是短期的客观要求,只要你已经完成了就不会再感受到这个任务带给你的压力感。

3. 细砾模式与巨砾模式

细砾模式研究的是一些小麻烦、小烦恼的积累,细砾虽然小,却积劳成疾。在日常生活中,细砾压力几乎无处不在,比如每天的课业、考试以及看似平常的人际交往、噪声、牙疼、交通堵塞、空间狭窄、环境卫生差等,这些小问题都可以使人产生长期的、挥之不去的压力感,积累到一定程度也会引发健康问题。巨砾模式研究的是巨大的压力,比如死亡、离婚和破产等灾难性事件,虽不经常,但是巨大且难以处理,还常常会引发躯体疾病。

(三)压力的反应

1. 生理反应

当个体压力情况发生时,人们会根据人类长期演化而来的紧急性压力响应机制,对压力情况进行生理调控,以缓解压力对个人的影响。人脑作为"总指挥",其功能主要由自主神经系统及下丘脑—垂体—肾上腺系统两个主要的生理系统共同调控。这一调节方式主要通过如下途径进行:

第一,通过脑中的压力信号,传递给下丘脑、肾上腺和甲状腺,让它们产生激素,增强身体的活力,加快身体的代谢。此时,心脏跳动速度增加,腹腔中的血管收缩,心脏、大脑和骨骼肌肉的血管舒张,从而使血液中的葡萄糖含量增加,使骨骼肌肉的疲劳感得到缓解。

第二，将来自大脑的压力信息传递到心肺等重要脏器，提升心跳、血压、呼吸等各项功能，加速血液循环，加速支气管的快速扩张，为人体在剧烈运动中提供充足的能量和氧气。与此同时，身体的一些临时不必要的生理机能也被压制了。

第三，当压力信号由脑部传递至肌肉及骨头时，肌肉的血管便会快速扩张，让肌肉活动时有足够的供血，同时也能为接下来的运动做好准备。

上述各种应激反应需要自主神经系统在数秒内迅速启动，在"打还是逃"警报发出后20～30秒内基本完成，在压力刺激消失后一小时内，人体各项机能会恢复正常。

2. 心理反应

（1）压力对人的认知活动的影响。压力对人的认知活动的影响主要包括以下四方面：

第一，思维阻塞，突然遗忘正在谈论的话题线索或资料，或者面对试卷脑子里出现空白。

第二，注意力下降，难以聚精会神，经常会视而不见、听而不闻，常常出现强迫性分心。

第三，思维紊乱，分析能力、判断能力、决策能力全面下降，言语表述缺乏逻辑性等。

第四，短期或长期的记忆力衰退，信息提取速度减慢，信息再认或再现的错误率加大。

（2）压力对人的情绪及情感活动的影响。压力对人的情绪、情感活动的影响主要包括以下五方面：

第一，经常出现疑病或幻想，喜欢夸大病痛的感觉。

第二，出现精神紧张、焦虑或烦恼。

第三，情感、情绪的自控力下降，极端性情绪的发生率增加，经常出现敌意、攻击、愤怒、暴躁不安甚至是歇斯底里。

第四，性格发生明显变化，神经过敏，防卫心理增加，原有的良好个性突然一反常态，令人不可思议，而原有的不良性格则变得日趋严重。

第五，郁郁寡欢，悲观失望，伤神哭泣，死气沉沉，自我评价降低，无助与无能感上升，精神萎靡不振等。

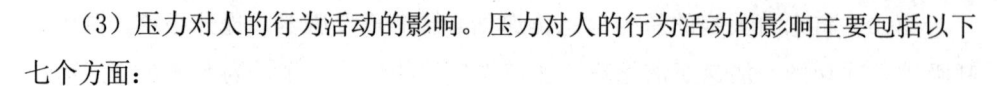

(3)压力对人的行为活动的影响。压力对人的行为活动的影响主要包括以下七个方面：

第一，逃避困难，失去上进的信心和勇气。

第二，对新鲜事物失去敏感性，行为懒散，办事拖拉，被动应付，不愿承担责任。

第三，对工作、学习与生活的兴趣和热情大幅度下降，做什么事都觉得索然无味。

第四，行为活动的计划性、目标感降低，经常出现顾此失彼、疲于奔命的被动局面。

第五，沉默寡言，不愿与人交流，喜欢独自发呆；行为古怪，不合群，人际矛盾增加。

第六，借酒浇愁，吸烟量增加，面部扭曲，无意识的多余动作增多。

第七，持续失眠，精力不足，经常出现在上课或上班时打瞌睡的现象等。

以上种种由压力所带来的不良的身心反应，其警示性是相当明显的。而且对同一个体来说，反应模式也是相当稳定的，并且会重复出现的。因此，善于关注、识别并严密监视自身的压力反应，是有效应对压力、维护心理健康、防止个体受到身心伤害的重要一环。

二、挫折的内涵及相关理论

（一）挫折的内涵

挫折指的是当个体在通向目标的过程中，遇到了难以克服的障碍或干扰，导致其动机不能实现、需要得不到满足时，所产生的紧张状态或消极情绪反应。从总体上讲，挫折的概念应该包括挫折情境、挫折认知和挫折反应三个层面。

1. 挫折情境

挫折情境是人在有目的性的行为过程中，因内部和外部的障碍或干扰而产生的一种境况。挫折情景可分为实际挫折情境与想象挫折情境两种。

（1）实际挫折情境。实际挫折情境是实际遭遇到的挫折情境。它对人的影响是有形的、有限的、可估量的。

（2）想象挫折情境。想象挫折情境是想象中可能出现的挫折情境。有的同学认为自己的能力和学习不如别人，在未去参与校大学生会干部竞选之前，先想象自己肯定会失败,别人不会投自己的赞成票,而不敢去参加竞选。想象挫折情境对人的影响是同样是无形的、无限的、不可估量的,它会随人的想象泛化。想象挫折情境常常在人的行动之前就把人先击倒,所以想象挫折情境要比实际挫折情境对人的影响更大。

2. 挫折认知

挫折认知是对挫折情境的知觉、认识和评价。由于不同的人的认知能力和认知水平不同,对相同的挫折情境所产生的主观的心理压力是不尽相同的。例如,有两位大学生因经常倒饭菜受到老师的批评,大学生甲认为老师的批评是实事求是的,是对自己的关心和爱护,自己浪费粮食确实不对,应该注意改正。大学生乙却认为老师的批评是故意跟自己过不去,饭菜是用自己的钱买的,吃或倒是自己的事情,老师批评是多管闲事,其自尊心因此而受到损伤。由此可见,个人的认知水平会影响对挫折情景的知觉判断,对人具有重要影响。

3. 挫折反应

挫折反应是指主体伴随着挫折认知,对于自己的需要不能得到满足而产生的情绪和行为反应。一个人对挫折的反应主要有理智的反应和非理智的反应两种。

(1) 理智的反应。理智的反应是指受挫后采取冷静的态度,客观地分析,避免或减少焦虑的反应。它主要表现为坚持目标,矢志不移;调整目标,继续努力;身处逆境,奋起升华;降低目标,改换目标等方式。

(2) 非理智的反应。非理智的反应是指受挫时伴随着强烈的情绪性的消极的情绪和行为反应。它主要表现为退缩、焦虑、攻击、退化、幻想、冷漠、固执等方式。挫折反应是否理智以及强弱、长短往往取决于一个人的挫折承受力的高低,挫折承受力的高低与一个人的挫折阈值的高低成正比。挫折阈限指引起挫折的最小刺激量。挫折阈限高挫折承受力必然强,挫折阈限小挫折承受力必然差。

(二) 挫折理论

在西方,挫折一直是心理学研究的热点,并产生了许多理论流派。具有代表性的有以下五种:

1. 社会文化理论

社会文化理论强调文化和社会条件对个体的挫折的产生及其反应的影响,其代表人物是新精神分析学派的代表人物H·沙利文和人本主义心理学派的罗杰斯。这种理论重视社会环境和文化因素对个体行为和人格特征的影响，认为挫折产生的原因是个体"向上意向""自我实现"受到压抑。为了防止出现挫败感，新精神分析学派提倡充分发挥自身的整合与调适功能，重视个人的自尊心与对未来的乐观态度；人文精神学派强调要重视人的价值、人的创造性和人与人之间的关系等。

2. 挫折—攻击理论

美国耶鲁大学的多德拉和其他几位社会心理学者都认为，攻击行为通常都是由于受挫产生的。通常挫折的存在会成为攻击行为产生的先决条件，并且挫折的存在也会导致一些攻击行为的出现。他们做了一个"剥夺睡眠"的实验，实验中发现，被实验者在24小时内被剥夺了睡眠，不允许自己行动，不能吃早餐的情况下，会用一种很不友善的语气和别人说话，或者是质问别人。挫折的这种作用在各种社交关系中都能得到充分体现。例如，当人们无法找到工作，无法购买自己所需的东西，在生活中处处受限时，就会产生各种各样的攻击行为。

哈弗兰德等人在进行了历史研究后，提出了一种"挫折—攻击"理论，即进攻的发生与其所受到的挫折的强度和范围、先前所遭受的挫折的频率，以及对其影响的评估等因素密切相关。

伯科威茨于1969年对"挫折—攻击"理论做了很大修改，认为"挫折"与"被剥夺"是两个完全不同的概念。一个人受挫并不是由于某件事，而是由于他在所处的环境中得不到其所希望得到的东西，然后才会遭遇挫折。

3. 挫折的本能学说

美国心理学家麦·独孤（Mc Dougall W.）研究认为，一个人在遇到困难时所采取的行动，都是由他的本能引起的。在《社会心理学引论》中，他这样定义直觉："本能是一种遗传的或与生俱来的心物倾向，确定了具有这种倾向的人对某一类别的客体的感觉和关注，并在感觉过程中体验到一种特别的情感的波动，并对其做出一种特殊形式的运动，或者至少是体验着这种运动的冲动。"他还主张，人与兽皆有目的性，只是在目的的强弱上有所不同。所有的行动都有其特定的目标，而推动和维系这种目标的动机就是人的本能。没有了这种本能倾向和强大的冲动感，生物体就不会进行任何形式的活动。另外，本能与情绪是紧密联系的。麦·独孤认为，人类在现实生活中受到的挫折所引起的情绪，以及由此引起的种种挫折行为反应，都是一种人的本能冲动。

4. 需要和紧张的心理系统理论

需要和紧张的心理系统理论是说明需要与挫折的关系，其代表人物是著名的心理学家勒温。勒温相信，满足需求对于避免挫折是一个很重要的前提。他认为，当人的需求得不到满足时，人就会出现紧张、焦虑等心理状况，进而导致人的心理失衡，出现一种失败的情感体验，也就是所谓的挫败感。在他看来，人的心理环境中，真正对人的精神状态产生作用的，是人的精神需求，而人的精神需求正是行为的动力。当人们处于需求压力时，会表现出一种精神上的紧张感，从而激发起一种要求满足需要的动机，从而获得一种心理上的平衡感。当需求被满足了，精神上的压力也就被消除了，不然就会产生挫折体验。

5. 精神分析学派的挫折理论

弗洛伊德是精神分析学派的创始人，他认为，人的一切行为都是以性力为动力的。如果心理性欲的发展过程不能顺利进行，那么就有可能造成行为异常。因此，一切精神疾病的根源也就在于这种心理性欲受到压抑或阻碍，即受到挫折。而弗洛伊德的大学生阿德勒则强调社会因素的作用，重视权力意志的实现。在他看来，人的所有行动都是在"权力意志"的控制下进行的，要求自己比别人优越；人类的所有活动的动力，都指向对征服和超越的追求。当这种动力受到挫折时，就会产生一种自卑感。缺乏补偿的自卑情绪会导致心理变态和反社会的行为。

荣格认为，每个人的个性都是在发展中的，人们往往会为了自己的将来而努力，从而使自己的个性在各个层面上都得到协调与完美。在自我实现得不到满足的时候，就会出现挫折感。

（三）挫折的分类

1. 根据挫折的现实性进行分类

根据挫折的现实性，可将挫折分为想象性挫折和实际性挫折两大类。

（1）想象性挫折。想象性挫折是指在现实生活中，并没有真正发生过的挫折，只是个人对将来会发生挫折的一种想象。对挫折进行适当的想象，有一定的正面作用，但如果想象超过了实际，对挫折情景或后果的想象太多，就会让人陷入极度的紧张、焦虑，对身心造成负面的影响。由于想象中的挫折感，其影响是看不见摸不着、无穷无尽、无法衡量的，会被人的想象所泛化和扩大，因此常常比现实中所受到的挫折感更加恐怖，甚至能将一切都吞没。只有克服了想象性挫折，才能最终克服现实中的挫折。

（2）实际性挫折。实际性挫折是指人的工作、学习或生活中实际遭受的挫折。

2. 根据挫折的严重程度进行分类

根据挫折的严重程度，可将挫折分为一般性挫折和严重性挫折两大类。

（1）一般性挫折。一般性挫折是指人们在不太重要的事情上遇到的挫折，它对人们的身心影响不大，持续的时间也不长。如婴儿要学会独立行走，就可能跌倒，跌倒就是一般性挫折。

（2）严重性挫折。严重性挫折是指人们在与自己关系极为密切或意义重大的事件上受到的挫折，常常引起强烈的情绪反应，对人的影响较大。如学业失败、病重病危、婚恋失败、亲人死亡则属于严重性挫折。

3. 根据挫折的持续性进行分类

根据挫折的持续性，可将挫折分为持续性挫折和短暂性挫折两大类。

（1）持续性挫折。持续性挫折是指持续时间较长或连续发生的挫折，使人处于长期、持续的紧张状态和挫折感之中，对人的身心健康十分不利，应加以关注。

（2）短暂性挫折。短暂性挫折是指持续时间较短、暂时性的挫折，对人的身心影响不大。

4. 根据挫折性质进行分类

根据挫折的性质，可将挫折分为自然性挫折和社会性挫折。

（1）自然性挫折。自然性挫折如地震、旱灾、水灾、风灾、衰老、疾病、死亡。

（2）社会性挫折。社会性挫折如经济性挫折、政治性挫折、文化挫折（由于法律、道德、宗教、习俗等限制而引起的挫折）。

5. 根据挫折的准备状况进行分类

根据挫折的准备状况，可将挫折分为意料中挫折和意料外挫折两大类。

（1）意料中挫折。事前有所觉察或戒备的挫折是意料中的挫折。

（2）意料外挫折。在人们毫无准备的状态下，突然遇到的挫折是意料外的挫折。

伯克威（I. Berkowitz）用人作为被试者，发现由没有预料到的挫折情境所引起的挫折要比由可以预料到的挫折情境所引起的挫折更为严重。

6. 根据挫折产生的原因进行分类

根据挫折产生的原因，可将挫折分为内部挫折和外部挫折。

（1）内部挫折。内部挫折是指由于自身条件的限制所产生的挫折。

（2）外部挫折。外部挫折是指由于外部条件的限制所产生的挫折。

日本学者大桥正夫根据所遇到障碍的性质，把挫折分为内部挫折和外部挫折。内部挫折包括缺陷、损伤和抑制；外部挫折包括缺乏、损失和障碍。

7. 罗森茨威格分类法

美国的罗森茨威格（S. Rosenzweig）根据引发挫折的构成因素，将挫折分为以下三大类：

（1）阻碍性挫折。当个体的需要与目标之间出现阻碍或干扰时，所带来的心理挫折叫阻碍性挫折。这种挫折可能是客观的、物质的，也可能是思想上的、社会性的。

（2）缺乏性挫折。生活中我们有很多东西想要拥有，但是往往事与愿违，我们不可能拥有我们想要的一切，因而我们会经常体验到这种缺乏所带来的挫折感受，这就是缺乏性挫折。

（3）损失性挫折。从出生到现在，我们所拥有过或者正在拥有着很多东西，有些东西会陪伴我们一生，但有些却比较短暂。那些我们原来拥有，但现在出于某种原因不能继续拥有的，都属于损失性挫折。

（四）挫折产生的条件

具体来说，产生挫折的条件主要有以下五方面：

（1）有挫折的情境发生。只要动机与目标能够顺利得到满足与达成，就没有什么挫折可言。在现实生活中，即使在实现目标的过程中遇到了一些障碍，但是可以通过改变自己的行为，绕过这些障碍，最终达到目标。或者，这些障碍虽不能克服，但是可以及时地改变自己的目标与行动方向，这样也不会出现挫折情绪。只有当达到目标的路上遇到挫折而无法克服时，才会形成挫折情境。没达到是情境，只是尝试而没达到则不构成挫折情境。

（2）有行动动机和明确的行动目标。动机是促使个人为实现某种目标而采取行动的内在动力,如果没有某种动机或目标,就不会出现挫折情绪。

(3)有满足动机和达到目标的手段或行动。一个人所感到的真实的挫折感,来自他为了满足某种需要而采取的具体的行动。如果没有途径、行为来满足自己的需求、实现自己的目标,那么无论目标多么崇高,无论动机多么强大,都不会感到挫折,或者仅仅是一种想象中的挫折。

(4)必须对知觉和体验产生紧张的状态和情绪反应。具体来说,行为主体在受挫后往往有焦虑、恐惧、紧张、愤懑等。

(5)主体必须对目标受阻有知觉。这是指当一个人的行动遇到了阻碍,或者遇到了挫折,他一定会产生一定的知觉和认识。如果有一个客观的阻碍,但是人没有意识到它的存在,那么就不能成为挫折。

(五)挫折产生的原因

1. 主观原因

(1)生理因素。生理因素是指人的先天条件,如身体、外貌、健康状况、生理缺陷等对人的身体造成的限制。比如,体质差的大学生很难成为好的运动员;相貌平平的大学生,在人际交往等社会活动中,可能会处于不利地位,往往不能在社交场合中施展自己的才华,甚至会影响到正常的交友,让自己陷入孤独的境地等,这都会给大学生造成一定的挫折感。

(2)不适应生活环境。当前,高校大学生的平均年龄普遍在 18～22 岁,他们的身体大部分已经发育成熟,但是他们的心理发展还远远没有成熟,还存在着一些冲动、幼稚和依赖性。很多同学初次离家,来到一个陌生的环境,很难很好地适应自己的角色,导致一些同学在生活中遇到了一些小问题,或者是一些不尽如人意的事,就会出现挫折心理,表现出孤独、苦闷、烦恼、忧伤等不良的心理。同时,这段时间也是从青少年到成人的转折点,他们的独立意识和自主性还不够成熟,很多大学生还不能很好地适应新的生活。除此之外,随着年龄的增长,大学生们会越来越感受到学习上的持续紧张与竞争的压力,许多大学生的心理压力会变得更大,他们很容易产生茫然、空虚、压抑、紧张和无所适从感,所有这些都会非常容易导致心理挫折感的出现。

(3)自我认知偏差。大学生因为没有太多的社会阅历,所以对自己的认知常常不够准确,因此在遭遇到挫折和失败的时候,就会产生一种挫折感,或者是一种焦虑和痛苦的情绪，从而对自己产生了轻视，甚至是对自己产生了怀疑和否定。大学生一旦有了一些成就，就会对自己有更高的评价。比如，一个刚刚进入大学的大学生，给自己定了一个高标准：要获得一级奖学金，要做一个三好大学生。但是，由于不能适应大学生和中大学生在学习方法上、评定标准上的不同，认为自己只需要努力学习就可以了，主观和盲目地给自己设定了过高的目标，最终的结果自然是达不到，这对一年级的大学生来说，无疑是一次不大不小的挫折。

（4）动机冲突。此外，动机冲突也是导致大学生受挫的一个重要因素。丰富的校园生活，社会转型时期的良好机会，在为大学生的全面发展创造了良好的条件和广阔的发展空间的同时，也给他们在政治、经济、专业取向、恋爱、社会交往、择业等方面提出了选择问题。在多种动机因素并存的情况下，人们很难做出选择，于是就产生了动机冲突，进而导致大学生往往会出现"进退两难"，内心产生激烈冲突和焦虑不安的情绪。一些大学生因此而寝食难安，心烦意乱，学习效率降低。随着社会的进步，大学生的自由选择范围将日益扩大，由此而产生的动机冲突也必将增多。高校大学生在学习过程中存在着多种类型的动机冲突，具体来说，主要可以分为以下四种形式：

双趋避冲突。双趋避冲突也被称为双重正负冲突，是指同时有两个目标，存在着两种选择，但两个目标各有所长、各有所短，使人左顾右盼，产生难以抉择的心态。

双趋冲突。双趋冲突又称正正冲突，是指一个人同时拥有两个都很吸引人的目标，但是这两个目标却不能兼得，很难取舍。在大学生群体中，双趋冲突最为普遍。当两种目标都与需求相适应，动机的强弱程度相当，而两者又不能同时满足时，就会产生一种难以抉择的矛盾和冲突。

双避冲突。双避冲突又称负负冲突，是指在同一时间，有两个可能对个体具有威胁性、不利的事情发生，这两种情况都想避免，但是受到条件的限制，他们只能避开其中一种，接受其中一种。在做选择的时候，他们的内心会产生矛盾和痛苦，就像是进入前有狼后有虎的两难境地。

趋避冲突。趋避冲突又称正负冲突，是指对同一个事物既有趋近心理，又有回避心理。它既能满足人们的一些需要，也能对人们造成一定的危害，具有吸引和排斥两种力量，给人们带来了一种难以抉择的心理困境。

（5）恋爱与性问题。在高校中，很多重大的问题都是由于感情受挫引起的。

因为性机能的成熟、性意识的觉醒、性心理的发育，所以在大学生活中，大学生们也创造了许多的交往机会，他们都希望能够交到更多的朋友，因此，大学生恋爱在高校中都是被认可的。恋爱中出现的"单恋""被动卷入"和"失恋"等情感问题，会使大学生产生更多的心理挫折。大学生在向成年转变的过程中，有着强烈的性生理、性心理需求，但受学校规章制度、社会文化、家长的约束等因素的限制，他们的性需求很多时候都只能推迟到毕业后，以结婚的方式来合法地满足，由此而产生的挫折感对他们的身心健康发展有着极为深远的影响。

2. 客观原因

（1）自然环境因素。自然因素是指非人力所能及的一切客观因素。对大学生来说，疾病、家庭遭自然灾害导致贫困等都可以导致挫折。

（2）社会环境因素。个体在社会活动中受到的政治、经济、道德、风俗、习惯以及人际关系等条件的限制就是这里所说的社会环境因素。

社会对大学生身份的认同感降低，他们已经不再是天之骄子，而是没有实践经验、动手能力差的劳动者。大学生毕业前后价值认同的落差，让其产生强烈的心理落差造成挫折感。

就业压力大，大学生需要通过供需见面、双向选择、择优录用等方式寻找工作。由于社会竞争的加剧和经济危机，就业市场的不景气，择业的竞争必然会使大学生心理上产生困惑和不安定感，这使得大学生的人格弱点浮现出来，形成心理疾患，许多心理问题也随之产生。

（3）家庭因素。家庭结构、教育方式、养育方式、人际关系、父母自身的素质，都会直接或间接地影响到大学生的心理挫折感。家庭的社会经济条件会对大学生的心理造成潜移默化的影响。在此过程中，不仅要面对个人发展和就业方面的压力，贫困大学生还面临着很大的生活压力和经济压力。如果因为经济问题而影响到他们的学业发展和个人发展，就会造成更多的心理冲突，进而产生挫折的情绪。

（4）学校环境因素。高校教育制度的变革给大学生的心理造成了很大的影响。伴随着高校教育改革的持续深入，对奖学金和贷学金制度进行了改革，对上学交费制度进行了实施，对淘汰机制进行了推行等，这些心理脆弱、社会经验不足的大学生，必然会在不同程度上受到心理影响。

第一，高校的校园环境建设还不够完善。大学生通常都会对自己的大学校园和大学生活充满了美好的向往。但是，在现实生活中，很多学校的校园设施并不完善，住宿条件、就餐环境等后勤保障都无法跟上大学生的需要，这导致了大学生们的不满情绪不断上升。特别是在扩大招生之后，随着大学生的数量越来越多，学校对大学生上课、自习教室等的安排显然跟不上大学生的主动学习需要，这给大学生的学习造成了负面的影响，让他们在心理上产生了挫折感。

第二，校园文化偏差。高校校园文化是一种亚文化，直接、深刻地影响着高校大学生的心理健康。近几年来，随着大学生学习负担的加重，就业压力的增加，校园文化呈现出品位不高、气氛不浓、频度不足的特点，很多大学生社团都是有名无实。校园中的人际关系也变得越来越庸俗化，这就导致了大学生的内心深处出现了一种孤独的感觉，同学们之间的相互猜疑、猜忌、小团体主义、个人主义的现象时有发生，人与人之间的金钱关系、利益关系也或多或少地存在着，这些现象让很多大学生感到了一种孤寂和强烈的不适应。

第三，高校教育内容和管理方法的落后。大学生具有很强的求知欲和成就动机，他们经常想要了解最新的知识，想要在社会上有所作为。然而，因为种种原因，一些大学的课程内容已经落后于现实社会的变化与发展，这让他们产生了失望、沮丧的情绪。除此之外，因为学校不能以新的社会发展为基础，及时地对大学生的教育内容进行调整，不能以大学生的个性发展、心理特征为依据，及时地对大学生的管理方法进行调整，经常会在管理过程中使用过强的共性约束，导致大学生的个性发展被压制，从而导致大学生非常容易出现不满意的心理，从而增加了他们的挫折感。

（六）挫折对大学生成才的积极影响

1. 挫折有利于增强大学生的聪明才智

失败乃成功之母。人在受到挫折后，往往会进行自我反思，认真地总结自己的经验教训，分析造成失败的原因，寻求走出困境的办法。所以，挫折经验对大学生来说是非常有价值的。它能让大学生学会反思，学会思考，学会总结，学会探索，学会创造，学会提高自己的知识，学会增长自己的智慧。

2. 挫折有利于激发大学生的进取精神

对有抱负的大学生而言，遇到挫折，就会激起其斗志，激发其进取精神。

在这个错综复杂的世界里,成功和挫折、失败并不是绝对的,它们之间只有一步之遥,这一次的失败,很可能会影响到下一次的成功。如果不接受失败,就不会迎来成功。所以,最好的防止失败的办法,就是有取得成功的决心。挫折是一个人走向成功的一种催化剂。每次挫折的洗礼,都有助于激励大学生理解为人处世之道,使他们对自身的认识,尤其是对自身的错误与缺点的认识,使他们在思想上和行为上更加成熟,并最终获得成功。

3. 挫折有利于增强大学生的耐受力

目前,大部分的大学生都是家里的独生子女,在父母的关爱下,他们的成长过程和成长之路通常是平坦的,因此导致他们的承受能力较低。在某些情况下,挫折会毫不留情地打击到大学生的自傲心理,让他们不得不反思自己的过去,进而消除或降低自己的骄傲,变得更加谦虚,为人处世更加谨慎。不似从前那般自视清高,反而虚心求教,善于取长补短。

4. 挫折有利于磨砺大学生的意志

挫折是一种打击,也是一种压力,是一种磨炼,可以提高人的意志力。古往今来,一帆风顺,取得巨大成绩者,少之又少,而真正卓越者,多半是经过了艰难困苦,在挫折中锻炼了坚强的意志力,在逆境中进行了不屈不挠的斗争。越王勾践隐忍三年,终于报仇雪恨;尽管身体残缺,罗斯福仍以其广博的学识、睿智的头脑和自强不息的精神赢得了人们的支持,并在美国连续四任总统的任期中赢得了广泛的赞誉。挫折是人生的一种财富,只有对自己的行为进行深刻的反省,对自己以往所犯的错误进行深刻的反思,找出错误产生的原因,并提出改正和预防错误的方法,这样才能让人少走弯路,并最终登上成功的顶峰。

第二节 大学生常见的压力与挫折问题分析

一、大学生常见的压力问题

(一)学业压力

学业压力是每一个大学生都要面临的主题,随着就业压力的增加,新的学习压力也在不断增加。大学生要想成为一个多才多艺的人,就必须要有足够的知识储备,才能在工作中取得足够的成绩。但是,一个人的精力就那么多,经常会顾此失彼,最后落得一事无成的下场。同时,高校对课本的更新也存在一定的滞后性,使大学生的课业负担加重。大学生们一边要学那些早已过时的学校课程,一边要找一些未来可以用得上的课程,再加上各种各样的考试,让他们应接不暇。由于就业压力的存在,更多的大学生选择了继续攻读硕士和博士学位,许多人在毕业之前的一两年就已经开始为考研做准备了,现在有了各种各样的考研培训班,大学生不仅要花时间,还要花钱。另外,由于大学扩招,如今的很多大学生已经不像过去的大学生那样拥有扎实的学习基础,他们对新知识的接受能力较低,但课本仍然是一样的深奥,一些基础不好的大学生就像是在听天书一样,这让那些拿着旧课本教书的老师们感到很无奈。

(二)经济压力

感受到经济压力的大部分都是贫穷家庭的大学生。很多偏远山区的农村家庭,为了供一个孩子读书,常常负债累累,这些孩子在上学的时候,更多的是要考虑到自己的生存问题,以及怎样筹集学费。空闲的时候,他们也会去打工赚钱。虽然有了助学贷款,但他们也会有一定的经济负担,毕竟他们才刚刚毕业,连一份工作都找不到,更别说还贷款了。随着年级的增长,大学生的各种开销也在不断地上涨,这让不少大学生都有些担心。和家人开口要,张不开嘴;节衣缩食的话,毕竟钱是有限的,而且穿的要像样,还要应酬,不能节省。靠自己去挣钱?财源不广,偶尔有些外快,也是应对一时而已。

(三)交际压力

"风声雨声读书声,我不吱声;家事国事天下事,关我何事。""宿舍里面不吭气,互联网上诉衷肠。"这几句顺口溜其实反映出了不少大学生的交际状况。当代大学生的交际障碍主要体现在,不能独立地生活,不善于与他人交流,不懂得交流的技巧和原则。有些大学生有孤独感,不愿意和别人交流;有些大学生为了交流而交流,不计原则性地随大流。

(四)自理压力

在这个时代,大学生们在高考前最重要的事情就是读书,读书才是他们人生的全部,至于怎么管理自己的人生,怎么与人相处,怎么处理事情,这些都是他们不熟悉的科目。由于不能与人和谐相处,不少大学生产生了很大的心理压力,严重的还会患上精神方面的疾病,从而使他们的性格变得孤僻,脾气暴躁,影响了他们的正常学习。在遇到挫折时,他们无法调整自己,不能很好地适应新的环境,也会产生新的心理压力。

(五)就业压力

中国社会研究中心对大学生的心理健康进行了一次调查,结果表明:75%的大学生认为,社会就业是导致他们产生压力的主要原因。50%的大学生对未来的发展方向感到困惑,没有明确的目标;41.7%的大学生认为现在还不需要考虑这个问题;仅有8.3%的受访者对自己的将来有清晰的目标和自信。很显然,每一个刚踏入大学校园的大学生都会想到找工作。作为一个人口众多的国家,中国高校毕业生的数量在不断增加,但就业机会的数量并没有太大的改变。据预测,今后几年内,中国新增的年轻劳动力将以1500万~2200万的速度增长,这一增长趋势将持续下去,而高校毕业生的首次就业率也将不断降低,这将直接造成大学生就业压力的持续增大。

二、大学生常见的挫折问题

(一)适应挫折

适应挫折往往发生在大一、大二的大学生中。绝大多数大学生都是独生子女,生活自理能力较差。在进入大学之前,什么事情都是父母安排好,不用自己操心,如今一切全要自己上阵;第一次住集体宿舍,不知如何与人相处,很难适应他人;大学的校园环境、教学方式等都与过去有着较大的差异,确实需要比较强的适应力,才能驾驭大学的学习、生活。另外,过去的自己非常优秀,可现在到了大学,人才济济,已经习惯于做羊群里的骆驼,而今却是骆驼群的一只小羊,这种感觉实在令大学生们接受不了。大学带给大学生们巨大的冲击,很多大学生出现了这样那样的不适应,一些大学生甚至会出现适应不良综合征。

(二)学习挫折

大学的学习与中学的学习有显著的不同,有的同学因为大学的学习目标、学习方式、学习内容、学习条件不适应而产生挫折心理。比如，大学新生上英语课，大学老师全英语授课，而且信息量大，有的大学生听不懂，有的大学生消化不良，许多大学生因此而十分焦急，产生严重的挫败感。

（三）情感挫折

感情的获得和满足对每个人来说都必不可少。但大学生涉世未深，思想单纯并且承受能力有限，把感情看得过重，对感情过于执着，就极易受到伤害，受伤害后又承受不了挫折打击，结果就导致了苦闷、抑郁。我们可以将大学生的情感挫折分为两类。

1. 亲情挫折

大学生与父母、长辈之间由于年龄不同，生活圈子不同，接触的事物、人物各异，在思维方式、价值观念、行为方式和道德标准的选取方面存在较大的差异。如果这种差异不加以改善而让它扩大，两代人之间便会形成一堵无形的墙，出现心理学上所说的世代隔阂，即"代沟"。代沟困扰大学生与亲人间的交流与沟通，导致青年大学生对亲人特别是父母产生偏见和歧视——轻则与亲人互不理解，重则抱有敌意，甚至以不满、顶撞、反抗、违法等方式试图摆脱成人或社会的监护。另外，家庭的变故如亲人去世、父母离异或不睦等也易使大学生受到亲情挫折。

2. 爱情挫折

高校大学生在恋爱中产生的情感危机是导致他们出现心理问题的主要原因。爱情的挫折常常会引起大学生的心理变化，有些人会因为爱情的挫折而走上极端，最终酿成悲剧。从心理学的角度来说，我们每一个人都有自己的感情需求，也有爱人和被爱的权力，但是，这份感情最后能否被接纳，却是一种心理互动的过程。在现实生活中，因为每一位大学生的理想、信念、人生观、价值观都不一样，所以他们的感情很有可能无法和另一个人相匹配，这时就会出现情感挫折。在情感受挫的情况下，大学生往往有两种反应：一种是把挫折向外释放，引发暴力行为；另一种是产生强烈的自卑感，因此产生自虐、自闭心理。

（四）专业挫折

近年来，专业挫折已成为大学生挫折心理的一个主要方面。大学生在填报高考志愿时往往都不是非常了解自己将要学习的专业，有些大学生的志愿根本就不是自己的意愿，而是父母、老师的意愿。进入大学后，很多大学生才发现自己并不喜欢所学的专业。尽管现在有些高校允许转专业，但改变专业不是轻意就可以达成的。高校转专业的比例相当小，而且对有意转专业的同学成绩要求也比较高。所以对于一般的大学生，转专业的愿望是不太可能实现的。一些大学生学习成绩差，对学习没有兴趣，其中一个重要原因就是专业思想不认同导致的，没能就读自己渴望的专业，或就读于冷门专业，感到没前途，学习没动力，情绪低落。

（五）生活挫折

大学生在校读书，虽然离开了父母、家庭，但还是不完全独立，主要的经济来源还得靠父母。家庭经济收入的差异，必然导致大学生经济状况的差异。不少大学生来自农村的贫困家庭或者是城市的下岗职工家庭，经济上相对拮据。近些年来，经济贫困的大学生往往心理上也很贫困，成为社会关注的"双困生"，尽管社会、学校想方设法采取了一些措施，不让任何一位大学生因为经济困难而辍学，但是看到身边同学的阔绰，相对于自己的寒酸，大学生很容易心理失衡。经济条件好的大学生可以把课余生活安排得丰富多彩，生活得很潇洒，而经济拮据的大学生在与同学的交往中因囊中羞涩，特别害怕过周末。另外，家庭中的重大变故、常见的心理疾病以及生理疾病等，这些对大学生的不良影响也是不可低估的，容易使大学生产生挫折感和自卑感。

（六）就业挫折

大学是步入社会的一个重要转折时期，毕业后莘莘学子就要走上工作岗位。而随着大学生择业与市场经济体制的接轨，自谋职业成为今天的天之骄子们走出象牙塔、走入社会的主要模式。近几年来高校扩招，"供大于求"的状况使现代大学生的就业压力越来越沉重，特别是大四毕业班的大学生在就业的过程中常常会体验到就业挫折。比如，有些大学生盲目自信，对一些单位看不上眼，或者由于自己的犹豫不决，没能把握机遇，结果错过了一些好单位。有的大学生应聘多家单位，可是无一家单位愿意录用他，这使他的自信心受到重大打击，失去了再应聘的勇气。更有甚者，由于平时的学习不努力，成绩一塌糊涂，等到了该就业的时候，徘徊在"双选会"会场之外，焦虑不安，连去面试的勇气都没有。就业挫折是对大学生特别是毕业班大学生心理的一次锤炼。

（七）交往挫折

不少大学新生从充满亲情和乡情的人际环境中走出来，不知道如何与来自五湖四海、语言不同、性格各异、习惯不同的同学和老师交往。有的同学在交往中不善于处理人际矛盾，与同寝室同学关系搞得很僵，也不善于与老师沟通，有时被老师误解，心情十分苦闷。有的同学面对大学复杂的人际环境不知所措，有的同学在人际交往中处处碰壁。有的同学在中学阶段是班干部、三好大学生，被家长宠爱，被老师器重，有一种心理优越感，但进入大学以后，在人才济济的大学生群体中不被同学老师认可，因竞选干部失败、学习成绩不突出等问题导致心理失衡，感到孤独和失败，也就产生了挫折心理。

第三节　大学生应对压力与挫折的正确方法

一、大学生应对压力的方法

（一）运动疗法

运动对于缓解压力有重要的作用。大学生们在学习和生活中遇到的紧张和不安都沉淀在身体中，而通过运动就可以把这些能量释放出去，无论是肌肉的紧张还是心情的紧张，都可以在运动中得到释放。

锻炼初始，要坚持每天锻炼，运动锻炼一定要坚持才会有效，如果已经比较健康了就可以每周3次，每次至少坚持20分钟。在锻炼的过程中，心率要达到一定水平才有效，最简单的计算方法是用190减去你的年龄数目，得到的是不可逾越的上限，再减20就是下限。初始锻炼时保持在下限水平，以后随着锻炼增加。

（二）音乐疗法

音乐疗法是一种系统化的介入过程。音乐能直接触及人的心灵深处，影响情绪、身体以及行为，对人身心压力的缓解大有帮助。对被治疗者来说，在音乐的感染下，痛苦的情感体验和生活经历逐渐转化为一种悲剧式的审美体验得到升华，最终成为自己人生不可多得的精神财富，其人格也因此走向成熟。合适的音乐对生理也产生影响。比如，可以刺激和增加人体激素性物质，还可以调节植物神经。

（三）情感释放疗法

释放不仅是要向外宣泄和表达，还包括向内深入地体验。也就是说，我们可以通过放声痛哭、向知音倾诉等方式把不良的情绪适当地排解出去，也应该学会把生活中分秒的、点滴的积极情感与美好感受深入地体会和吸收进来。开放自己的情感世界，与他人、与环境、与整个世界都有情感交流和贯通。这样的境界和感受可以使人逐渐培养起积极乐观的心态、陶冶情操、悦纳自己、和谐人际。

（四）放松训练疗法

散步、慢跑、钓鱼等一般的放松方法都可以使我们感觉到一定程度的身心放松。而放松训练疗法是有一套操作动作和步骤的。放松训练疗法是为达到肌肉和精神放松目的所采用的一类行为治疗方法。在进行这种疗法时，首先应选择一个安静的环境，并且有充足的时间，然后找到一个合适的姿势坐好。当你坐好后，闭上眼睛，平静而均匀地呼吸，一切都是那么自然而缓慢。把注意力放在自己的呼吸上，一呼一吸都清晰可观。然后握紧右手、右臂，直到肩膀也感觉到僵直了，接着再轻轻地松弛下来，这时你感觉到从手指尖到肩膀在一步步地松弛；然后换左手，如此这样地紧张再松弛，如此进行几次。依此类推，你也可以做全身的放松。

（五）冥想疗法

冥想，指的是"闭目沉思"。在冥想的时候，大脑会平静下来，精神也会变得安定，身体逐渐放松，体内的β-内啡肽、吗啡、多巴胺等激素的分泌也会更加旺盛，身体的抵抗力会得到增强。并且，冥想还能让人改变自己的坏习惯，变得更加理智，更加沉稳，记忆力、思维能力、创造力都会得到极大的提升。这里有一些基础的冥想方式。

（1）注意吐纳方式，寻找呼吸与身体、精神的统一。除此之外，还可以利用外物来辅助自己的冥想。

（2）穿着宽松的衣服，做一些舒缓压力的运动。首先，用手轻轻捏紧，然后轻轻地揉捏腹部，使身体慢慢地放松下来。随后，在地上滚动躯体，让全身的肌肉都放松下来。最后，让自己沉浸在一片光明中，感受到幸福与安宁。

(3)选一种瑜伽的静坐姿势,两只手的拇指与食指相对,另外三根手指伸展开来,两只手的手掌向上,放在两只脚的膝盖上。然后,将全身的肌肉都放松下来,慢慢地缓解身体的紧张。

(4)冥想约20分钟后,做腹式呼吸5分钟。平躺,双手轻轻地按在肚脐上,伴随着呼吸的频率,收缩腹部肌肉,尽可能地将肺里的气体排出。掌握了腹式呼吸法后,就可以开始进入冥想的状态。

二、大学生应对挫折的方法

(一)树立榜样

当一个人有了坚定的信念,有了积极的行为,有了对未来的期望,有了成功的憧憬后,就会有无与伦比的勇气。因为,当一个人战胜了一切困难,就能看到希望。以这样的一个人为榜样,有意识地去观察和学习这个人的处世态度、反应模式以及面对挫折的心态和反应模式,这对于激发大学生的潜能,从而能够成功地应对挫折都是非常有利的。

(二)建立和谐的人际关系

良好的人际关系是一个人很重要的社会支持系统。社会支持系统是指当一个人处于困境时,能够获得帮助的一种社会支持力量。而对于那些抗挫折能力较差的人来说,则需要较多的社会支持系统来帮助其度过这个心理危机。因此,在高校中构建起自身的这一社会支撑系统是非常重要的。

(三)合理运用心理防卫机制

心理防卫机制是在遭遇挫折的时候,自觉或不自觉地寻找方法,来消除因挫折而引起的心理压力,减轻心理痛苦,恢复正常的情绪和心理平衡,从而进行自我调整和自我保护的方法。作为一种自发的心理调节功能,心理防卫机制一方面能够发挥出让人适应挫折、缓解精神痛苦、促进发展的功能,但另一方面也会让人选择逃避现实,减少对生活的适应性,进而造成更大的挫折,严重的还会引发心理疾病。恰当地使用挫折防卫机制,能够有效地减轻个人的情感痛苦,提升个人对挫折的承受能力,为个人最后战胜挫折创造条件。尤其是,积极的挫折防卫机制还能够促进个人正视现实,积极进取,战胜挫折。

（四）提高情绪管理能力

学习倾诉、转移注意力、运动、升华、理性思考、音乐调节、饮食调节等情感疏导方式。如果心情烦躁，可以做做瑜伽，放松一下，或者看看自己喜欢的书、电影、电视剧。如果可以的话，最好能经常出去旅行。在情绪低落的时候，要多参加一些户外运动，比如打球、散步，和好朋友聊聊天等。

（五）提高挫折认知水平

在遭遇挫折的时候，要看到它的正面和负面两个方向。挫折具有正向效应，可以加强个人的情感反应能力，增加个人的承受能力，提高个人的认知水平；但同时，挫折也会给人带来负面效应，例如，它会使人失去积极性，使人失去追求目标的动力，使人的身体和心理都受到损害。所以，对挫折的二重性进行辩证地对待，力争把不利的条件变成有利的条件，把负面的条件变成正面的条件，把挫折向积极的方面进行转化。

（六）充实而有规律的生活

有规律的作息有助于精神健康。劳逸结合，脑力与体力的交替运用，不仅可以缓解精神上的疲倦，还可以调节心理压力，使身体和精神上的失衡得到平衡。在此期间，一定要有一种平和的心态，在面对困难的时候要及时地调整自己的心理状态，要始终以一种乐观、坚强、自信的态度去面对人生。

（七）优化自身人格品质

大学生的挫折承受力与他们的人格特征有着一定的关联。那些脾气急躁的、心胸狭隘的、意志薄弱的或自我偏颇的人比较容易体验到挫折感。大学生在平时的学习生活中要积极主动地培养自信、热情、乐观、自强、进取、宽容、豁达、开朗、灵活等良好的人格特质；努力改变自卑、悲观、任性、退缩、狭隘、冷漠、偏执、孤僻等不良的人格特质。大学生要提高自己的挫折承受力，培养自身良好的人格特质、意志品质、心理品质等。这些良好的人格特质有助于大学生克服困难，战胜挫折，最终走向人生的辉煌。

（八）用行动的力量克服困难

当我们遇到困难时，选择积极应对比选择消极逃避，所能获得的成功概率大很多。比如贫困生，不要只是自卑，应利用课外时间打工赚些生活费，减轻家庭的负担。要主动参与校内外的社会活动，比如做一些协会工作，做一些班级工作，参加一些志愿者的活动，甚至可以自发地组织一些群体活动，在工作中成长，在工作中接受教育。在学习的过程中，应充分利用有限资源提高自己的知识面和综合素质。

（九）构建成熟的心理防卫机制

积极的心理防御机制，如升华、补偿、幽默等，可以更有效地帮助个体度过心理挫折。"升华"可以将心中的痛苦转化为动力，让自己变得更好，能够以更好的状态进行学习，这是受挫后最好的解决办法。其他的心理防御机制，如补偿、幽默等，可以让人在挫折之后得到心理上的平衡，维护自己的自尊心，缓解内心的疼痛与焦虑，因此也被认为是挫折之后比较理想的心理防卫手段。建立健全的心理防卫机制，不仅有利于增强大学生的心理素质，而且有利于锻炼他们的意志，增强他们的自信心。

（十）通过改善外部环境来减少挫折发生的概率

对于大学生而言，社会、学校、家庭等与他们有着密切的关系。社会、学校和家庭应该为他们的健康成长创造良好的环境，有责任帮助他们摆脱困境，战胜挫折。事实上，外部环境是大学生挫折心理产生的重要挫折源，大学生的很多挫折来自外部环境。大学生是国家未来的栋梁，是一个比较特殊的群体，社会各界包括学校、家庭都要十分重视他们的成长与发展，十分努力地减少他们遭受挫折的机会，对于大学生的挫折行为及其反应给予充分的宽容和理解，要想方设法改善外部环境对大学生的消极影响，减少挫折的发生率。

（十一）积极总结经验教训

挫折给人以压力、痛苦，但只要善于总结经验与教训，它也能给人以智慧。总结经验教训时应注意以下四个方面。

1. 目标是否恰当

如果个体已经尽了全力，仍未达到目标，这时个体应检查主观的智力、能力、体力等水平是否适应目标的达成。若目标过高，就要及时调整目标，既可以降低目标，也可以改换目标，甚至应学会放弃。

2. 方法是否稳妥

若目标确属可行，就要检查达到目标的途径、方法是否稳妥。如发现"此路不通"，就要另辟蹊径，以免错失良机。

3. 寻找阻力的根源

有时目标可行，方法妥当，但还是失败，这时要进一步分析造成挫折的原因，是自然因素还是人为因素。要想方设法排除阻力，化阻力为助力。

4. 正视失败，不懈追求

如果经受过挫折，尝受过苦果，对挫折仍漠然视之，若无其事；或是打肿脸充胖子，把错误当正确；或是灰心丧气，自暴自弃，都不可能将消极情绪变为积极情绪。只有正视挫折，认真吸取挫折教训的人，才不会因暂时的挫折而气馁。只有在总结经验与教训的基础上不懈地追求，才有可能取得成功。

第十一章 大学生心理健康教育的实践探索

第一节 大学生心理健康教育课程与活动设定

一、大学生心理健康教育课程

课程教学是对大学生进行心理素质教育的主渠道，是高校心理素质教育的重要组成部分。大学生心理健康教育课程不同于高校的其他学科课程，大学生心理健康教育课程的教学内容和教学方法要体现大学生良好心理素质培养的总目标。因此，探索和创新大学生心理健康教育课程建设，是高校心理素质教育的重要任务。

（一）心理健康教育课程的建设理念

课程的教育理念是课程建设的核心，它决定了教学目标、教学内容的建构以及教学方法的选择。建设大学生心理健康教育课程应当遵循的理念主要包括以下四个方面：

1. 课程教育的重点是大学生

大学生心理健康教育课程关注的是人，是大学生这些活生生的人的心理健康。人是课程设计的出发点，理论和知识都是为人服务的，不能本末倒置。关注人的课程价值理念就是要在课程内容设置上研究大学生的心理发展特点、大学生心理成长发展的需要以及大学生心理发展的困惑，以大学生为中心选择课程内容，选取相应的心理学理论；关注人的课程价值理念就是要研究大学生喜欢和可以接受的教学方法，使大学生真正愿意学、喜欢学，使其学习的内容可以用于自己身上，达到人格的完善和心理的健康发展。

2. 课程关注学生生命的成长

关注大学生生命成长的积极取向为整个课程内容的立足点。从人的心理健康的发展来看，心理健康有三种不同层次的标准。

第一种是底线标准，即心理健康就是心理的非病状态。

第二种是心理健康就是良好的适应状态。

第三种是较高要求的标准，即负责任、成熟、积极的状态。目前心理健康标准大多是第二种，即心理健康就是良好的适应状态，而第三种鲜有涉及，这会使大学生误认为心理健康教育是针对有心理疾病的人或易产生心理疾病的人，所以一般大学生不愿积极主动地参与，因此没能起到很好的教育效果。引导人们关注和挖掘个体和群体中积极的品质和潜能才是使人更幸福的关键，是心理教育关注的重点。

因此，心理健康教育课不管在教育取向还是在教学内容上都需要重新调整：变呈现问题、谈论危害、提出解决之道的消极应对模式为发现问题背后的意义、自我接纳、增强正向能量的积极成长模式，提倡素质和潜力的培养，激发大学生的潜能而不是问题行为的矫正。从人的心理发展来看，人的心理是不断变化发展的，处于成长阶段的大学生更是如此。他们在成长过程中会遇到各种心理困扰，但同时又具有巨大的心理潜能。

教师要相信通过心理素质教育课程的教育一定会使大学生发生积极的改变，即使外在改变不明显，其内在生态系统的改变也一定会发生。另外，促进大学生心理发展还要积极引导大学生。教师的教学设计和要求要稍高于大学生现有的心理发展水平，让大学生通过努力可以达到目标，体验成长的快乐，激发大学生的主观能动性，不断开发大学生的心理潜能。此外，促进大学生心理发展需要大学生心理健康教育课程的内容、教学方法、课程风格及展现形式根据时代的发展、大学生的接受水平不断进行调整，将心理健康领域最新的研究进展、适合大学生成长的健康理念传递给大学生，从而引导大学生走向自我实现之路。

3. 课程激发大学生主动学习

大学心理健康教学的核心是促进大学生了解自己，让大学生在原有的基础上变得更加积极主动，投入生活，学会为自己负责，为自己做选择，做决定。而大学生要做出这样的改变，既不是靠教师的讲授，也不是靠教师从外部的灌输可以完成的，必须经由其由内而外的心理转化才能达到。因此，只有充分重视和尊重大学生的内心世界，才能促使其去发现并接受真正的自我，学会为自己负责，并做出适合自我个性的选择。这个过程只有靠激发大学生内在的主动性，让其从"要我学"到"我要学"，使他们从单纯接受者的角色转变为学习过程的主体，从接受式学习转变为发现式学习、探究式学习。激发大学生的学习欲望，提升大学生的学习兴趣，培养大学生的创新思维和创新能力，使大学生以积极主动的状态参与教学活动。

心理健康教育课程重在关注生命成长，即让心理健康教育课程的学习成为师生人生中一段重要的生命经历，成为其生命中有意义的构成部分。一方面，关注生命不仅要尊重每一位大学生，注重让大学生在课堂上积极参与，使他们在体验中感悟，在感悟中收获成长，还要在传授心理调节知识和技能的同时，培养大学生健全的心智与健康的人格，充分领悟和体验生命的意义和生活的价值；另一方面，课堂教学是教师职业生涯中的重要组成部分，课堂上大学生与大学生之间的分享、师生之间的互动，大学生的疑问和反思都可能成为教师专业成长、情感升华、体验到生命价值的重要契机。心理健康教育课程让课堂焕发生命，成为大学生和教师体验生命价值、感受自我成长、进行生命实践的重要舞台，对教师和大学生的生命成长都具有重要的意义。

4. 课程提倡回归现实生活

心理健康教育课程如果要帮助大学生获得更好的心理发展、更好的生命成长，就必须回归生活，在课堂学习时注重理论联系实际，使大学生在学习后将所学的理论方法付诸实践，使自己在生活、学习上更适应，拥有幸福感。心理健康教育课程若想回归生活，就要以真实的生活环境为中心设计教学内容和教学活动，通过对大学生在生活实际中遇到的适应问题、人际关系困扰、情绪管理、生命困惑、危机事件等给予指导，帮助大学生将所学的心理调适之道应用于生活中，关注生活、体验生活，提升生活品质，成为自己身体健康与心理潜能的开发者。

心理健康教育课程回归生活，就要敢于直面大学生在心理发展中的热点问题。对于大学生提出的热点及敏感话题，不回避，不说教，而是从关爱出发，引导大学生讨论，让大学生学会为自己、为他人负责，从而正确地做出选择。回归生活主要从以下四个方面来理解：

（1）课程价值取向方面。心理健康教育课程培养的是热爱生活、接纳自我、身心和谐的人，而不是进行心理学研究的研究者。心理健康与大学生的学习、生活息息相关，是生活中的重要构成要素。通过心理健康教育课程，可以帮助大学生对生活经验进行整理、反思和丰富，在课程生活和整体生活的互动中成为一个身心健康的人。

（2）课程目标方面。心理健康教育课程致力于人与人、人与自然、人与社会的和谐健康发展，培养大学生悦纳自我，热爱生活，积极交往，形成健康向上的情感态度价值观，同时注重大学生一致性与差异性的统一，培养大学生尊重彼此的差异性，学会欣赏别人，处理好大学生在生活中的各种人际关系。

（3）课程内容方面。在课程内容方面，将大学生在生活中不可避免会遇到的心理困扰及其关注热点引入心理健康课堂，主要包括生活适应、学习适应、情绪管理、人际关系、恋爱与性、珍爱生命、应对挫折、转换生活视角等。心理健康生态课程内容不仅存在于课本中，生活是更广泛的课程内容，心理素质教育课程就是让大学生针对生活中的各种问题，学习心理调适之道，并将所学知识应用于生活实践，从而提高大学生的适应能力，达到人与自然、人与社会的和谐统一。

（4）学习效果评估方面。从学习效果评估方面，分别以自我评估、教师评估、大学生评估三种方式对大学生进行评估。不仅要评估大学生对课堂上学到的心理健康知识和心理调适方法的掌握情况，更要重视大学生的知识获取及应用能力，即大学生是否能在日常生活中关注自己和他人身心健康，通过阅读方式、开展或参与心理素质教育活动等方式提高自己的心理健康水平，以及主动将所学知识应用于生活实践。此外，课程评估不仅要评估大学生学习心理素质教育课程的结果，还要关注在整个学习过程中大学生参与课堂及课外活动的积极性及态度。

（二）心理健康教育课程的教学内容

1. 课程内容选择的原则

心理健康教育课程要从大学生实际的心理需要出发，针对他们在成长过程中可能遇到的心理困扰，整合心理学相关理论，设计适合大学生身心发展规律的教学内容，提高其心理素质及解决问题、完善自我、感受幸福的能力。为了使课程内容选择更符合教学目标，符合课程教学本身的内在规律，需要了解课程内容选择的有关知识。

心理健康相关课程内容选择原则主要包括：①大学生必须具有相关的行为经验。②使大学生在实现目标的行为中获得满足感。③使大学生具有积极投入的动机。④使大学生看到自己以往反应方式的不当之处，激励大学生尝试新的行为反应方式。⑤大学生在尝试学习新的行为时,应该得到某种指导。⑥大学生具有从事上述活动所需要的学习材料。⑦大学生有足够的时间学习与实践,直到新的行为反应方式成为他的一部分技能。⑧大学生有机会循序渐进地从事大量实践活动,而不只是简单地重复。⑨为每个大学生制订超出他原有水平但又能达到的标准。⑩使大学生能够判断学习结果,在没有教师的情况下能够自学。

综上所述,心理健康教育课程内容选择原则的核心是从大学生实际出发,根据大学生的最近发展去设计出让大学生有更多体验的课程内容,调动大学生的积极性,发挥其潜能,让大学生在学习中体验到成就感,并培养其自主学习的能力。

2. 课程内容构建的特点

大学生心理健康教育课程的内容构建,主要体现在以下三个方面:

(1)以需求和应用为导引构建课堂内容。传统的专业课程是以传授知识为目的,按照理论知识的内在逻辑构建课程内容。而大学生心理健康教育课程内容的构建是以大学生心理发展的需求、以大学生的实践应用为逻辑。课程内容的构架是以大学生成长最需要的心理品质和心理发展能力为其内在逻辑的。课堂内容包括:对大学生心理健康理论的概述,大学生自我意识的培养,大学生学习心理的调整,大学生人际关系的和谐,大学生情绪的管理,大学生抗挫折能力的培养,大学生性心理和恋爱心理的调解,大学生的生命教育以及大学生的职业生涯发展等。

以需求和应用为导引构建课堂内容,不仅体现在课程整体内容的构建上,也体现在具体内容的构建上。这就要打破知识体系本身的严密逻辑性、系统完整性,选取以促进大学生生命发展为目的且最适合大学生应用的心理学理论和方法,让知识服从于大学生的生命发展。

(2)整合相关理论构建课堂内容。大学生心理素质教育课程中所选用的心理学理论不是一种单一的心理学理论流派,而是根据大学生的需要整合心理学的相关理论。如基础心理学、心理卫生学、发展心理学、社会心理学、心理咨询与心理治疗等理论的相关内容和观点。在这些理论的选取中,既要重视经典理论的使用,又要不断吸取国内外心理学的最新理论研究成果,从而让大学生不断接收到新的信息。同时,要帮助大学生认识理解自己心理特点的形成与发展,学会在社会生活中运用它;在课程内容上,除了整合心理学的相关理论知识外,还要选用相关的其他学科,如哲学、社会学、教育学、人类学等学科的相关知识,以开阔大学生的视野,丰富大学生的认知。

(3) 拓展实践资源构建课堂内容。大学生心理素质教育课程注重理论联系实际，因此，它强调的是知、情、意、行的统一性，重视认知与行为改变。

通过课堂内外的互动结合，把心理健康教育的内容和目标具体化为可以训练养成的行为特征，化为内部的心智操作活动，提升心理品质，完善人格结构，让大学生在实践活动中亲身体验，获得成长与发展。因此，在课程内容上，要密切联系大学生的实际，设计相关的实践活动，如案例分析、心理训练等；课程内容既要配合课内教学，也要安排大学生实践。例如，大学生自信心训练、人际沟通、情绪自我调节的训练作业，设计、组织、参与学校或班级的心理健康教育活动，为社会提供心理服务等。

（三）心理健康教育课程的教学方法

教学方法服从于教学目标，是教师为达成教学目标而搭建的教师的教与大学生的学之间的桥梁。它不仅涉及教师如何教，也涉及大学生如何学和怎样真正学。为使大学生心理健康课程真正帮助大学生在学习并掌握心理健康知识的基础上，将其运用于自己的学习生活中，形成良好的心理素质，提高心理发展的技能，就必须改革传统的教师单向向大学生灌输理论知识的教学方法，探索新的教学方法，主要包括以下五个方面：

1. 多元互动式的课堂教学

"多元互动"教学是在对"教"与"学"关系进行检讨与反思的基础上，根据建构主义、认知学习等理论，提出的一种新型的"教"与"学"关系的教学模式。互动式教学提倡在教学过程中，教师和大学生之间进行交流、沟通、协商和探讨，在彼此平等、倾听、接受和坦诚的前提下，让不同的观点进行碰撞和融合，从而激发出教师和大学生的积极性，让大学生能够更好地构建自己的知识体系，发展自己的创新思维，从而提升教学效果。相对于传统的教学模式而言，多元互动式教学模式最大的特点就在于它的互动性。从教育学和心理学的角度来看，互动式教学主要包括以下几个方面：

（1）教师和大学生的积极参与。传统的课堂教学以教师为中心，以教师为主体，而大学生为被动接受者。而在互动教学中，大学生由被动地接受变成了主动地学习，由"要我学"变成了"我要学"，由被动地学习变成了发现、探究地学习，从而激发了大学生的创造意识和创造欲望，增强了他们的创造兴趣，培养了他们的创造力。所以，在心理健康教育的教学活动中，教师和大学生都是一种有意识的、能动的交换或传递者，他们都以一种积极的、主动的状态来参与到活动中。

（2）教师和大学生的共同参与。与传统的"老师讲，大学生听"的静态教学模式相比，互动教学更注重一个"动"字，就是让大学生在课堂上进行手动、脑动、情动，让大学生在"动"的过程中体会、理解、内化所学的知识，并将其运用到实际中，实现理论联系实际的目的，从而提升大学生的理论知识与实际知识相结合的能力。所谓的"动"指的是，创设不同的教学情境，进行不同的教学活动，例如，师生角色互换、情景模拟、小组讨论、个案分析、游戏活动、课外实习等。这是一种将各种形式的教学方法与老师的授课相结合的方式，实现了课内与课外相结合，使大学生的理论与实践相结合，培养了大学生的创造力，增强了他们的动手能力。

（3）教师与大学生之间的多元互动。与传统的教学相比，互动式教学是指在教学中多种构成因素的多元互动，具体包含了教师与大学生之间的互动、大学生与大学生之间的互动、人与情境的互动等内容。这种相互之间的多元互动，让教师和大学生可以得到更多的信息，让他们可以互相教育、互相触动、互相启发、互相学习，从而达到自我提高和成长的目的。

在心理健康教育课程上，教师们运用的互动教学方法主要包括以下六个方面：

第一，课前情感分享。课前情感分享即在讲授正式课程内容前，让同学们分享个人最近的生活感受，主要是积极正向的感受，也可以谈个人的压力感受。在这个过程中，一方面，可为同学们创造情感交流的空间，增进彼此的相互了解；另一方面，也可以使同学们在表达和倾听彼此的感受与看法中，拥有一个发现不同、向他人学习和完善自己的机会。情感分享可使大学生由外在的互动转化为内心的互动，从而受到启发，得到成长。

第二，专题短讲。专题短讲让大学生将所学到的心理学知识与生活实践结合起来，谈自己的认识、理解和解决方案。专题短讲不仅可以调动大学生自主学习的热情，也可以使大学生在学习中获得自主解决心理问题的能力。

第三，课堂讨论。课堂讨论有多种形式：一是邻近座位的2～3人的讨论，这种方式比较随意、便捷，可随时进行，互动性强，每个人都有发言机会，而且由于位置邻近、人数少、安全性强，大学生顾虑少，参与性更强。二是小组讨论，一般8～10人一组。小组可以有固定的小组成员，也可以根据课程内容和课堂情境随机分成小组。教师根据课程内容提出问题让小组讨论，可以就课程中的体验活动引发的感悟和理解展开讨论。在讨论中鼓励大学生畅所欲言，各抒己见，让大学生在充分讨论中获得对某个理论内容的深入理解，或获得对某个问题的多种解决方式，从而拓展思维的深度和广度，增加更多的适应性。根据各高校上心理健康课的教师人数少、课堂大学生人数多的实际情况，小组讨论学习的方式比大班讨论更为适宜。

第四，全班讨论。全班讨论通常是在小组讨论的基础上，让各小组代表或选个小组代表表达本组讨论的结果。这种方式可利用更大范围的互动扩展同学的思维。有时教师也可以在全班提出问题，直接交由同学讨论。在这种情况下，那些思维活跃的同学会表达自己的意见，带领大家学习。无论哪种形式的讨论，教师都可以适时、适度地参与，表达自己的感受和观点，形成师生互动，对大学生进行积极引导的局面。

第五，热点辩论。热点辩论是教师就当前大学生在心理发展中遇到的一些困惑、有不同观点的热点问题，引导大学生进行辩论。辩论时分正方、反方两组，各组就话题展开辩论。在辩论前，大学生们查阅相关文献，搜集实例，为辩论做准备。在辩论中，大学生们旁征博引，对各自观点进行阐述和辨析，这一过程可加深对相关理论的理解，找到处理问题的方法。

第六，操作训练。为了提高大学生自我关爱、自我调解、自我完善、自我发展的能力，教师可以配合教学内容为大学生设计一些体验式活动，让大学生在参与中互动交流。

2. 体验内化式的课堂教学

大学生心理素质教育课程不是为了让大学生记住多少心理学的理论与方法，而是要让他们将这些理论和方法内化为自我的认识，再由认识转化为完善自我的行动。当代建构主义倡导的体验式教学为人们提供了一种体验内化的教学方法。

体验式教学注重"体验"，也就是在个体经历中领悟、理解，它不仅是个体学习的过程，而且也是个体学习的成果。体验式教学就是在教学的过程中，通过对活动和情景的精心设计，让大学生在体验、观察、反思、分享、理解和建构知识的过程中，不断地提升自己的能力，并将所学的知识应用于实际生活中。建构主义认为，学习并不是一个从外部吸收知识的过程，而是一个学习者建构知识的过程，每一个大学生都在自己原有的知识经验的基础上，构建自己的理解。在具体操作层面上，体验式教学主要包括以下方面：

（1）创设体验情境。创设体验情境是指创设一些情境和活动。大学生心理健康课教学常用的体验活动有冥想、案例分析、心理测试、电影（视频）赏析、心理游戏、角色扮演、心理情景剧等，是设置某一种活动情境让大学生参与其中并从中获得经验的过程。

（2）观察反思。观察反思是指大学生在情境中感知、观察、体验、思考，这是一个在内在发生的过程。大学生进入教学情境之后，为了让他们对经验有更深的体验，教师对其引导，丰富他们的生命体验，促进其觉察与反思。教师可以就事实和感受两个层面对大学生进行引导。教师注重引导大学生在互动活动中关注自己和他人的感受和体验。大学生就会从对这一具体活动的关注中产生对课程内容的兴趣，继而被激起热烈的情绪而投入到课堂学习中，大学生也会把对这一具体情境的体验性学习带入生活中的各种情境，从而学会观察生活、观察自己、观察他人，感受自己、感受他人、感受生活。他们会从生活中学习改变与成长。

（3）总结提升。总结提升是将大学生所获得的体验、觉察、认识，用心理学的理论来引导思考和分析，使他们形成新的人生经验。总结提升是把以前自己得到和从分享交流中获得的片段而零散的新体验、新感受、新认识进行统一调整、提升并赋予新意义的过程。这个过程很重要，例如，大学生在分享了用表情、动作进行交流时的感受后，总结出了"非语言是人的内心表达""观察可以增进人际交往""语言表达可以直接交流，避免误解"。这一阶段可以采用大学生的自我总结、大学生团体总结和教师总结的方式。

（4）迁移应用。迁移应用是指大学生如何将获得的体验应用在学习及生活中。大学生获得了新的认识和经验后，最重要的是去应用，将其用到自己的日常生活学习中，转化为自己的行动。这既是对所学到的心理学理论和方法的实践验证，更是对自我的改变与提升。为了促进大学生把学到的新经验更好地应用于生活中，教师可以提出问题对其进行引导。教师也可以给大学生布置作业，强化大学生的应用。

3. 动态生成式的课堂教学

动态生成式教学是指课堂上要根据大学生实际情况灵活调整或改变原来预设的教学计划，针对大学生的问题与想法展开教学，使课堂处于动态和不断生成的过程中。要使师生在教学中成长，就要把师生的教学活动当作不可剥离、相互锁定的有机整体，把教学过程看作师生为实现教学任务和目的，围绕教学内容共同参与、沟通和合作活动，产生交互影响，以动态生成的方式推进教学活动的过程。心理健康教育课程很重视课程的动态生成性，根据大学生实际生活中遇到的问题生成教学内容，通过师生之间的互动、体验与分享，提升大学生的心理保健意识，培养大学生解决家庭生活、学校生活、社会生活中遇到的各种困扰的能力。

　　需要注意的是，动态生成的生态课程观并不是不需要预设成功，即提前备课，顺利完成教学计划。预设是有效教学的基础，因为教学是一个有目标、有计划的活动，教师必须在课前对教学任务有一个清晰、理性的思考与安排。只有预设教学内容、教学设计，进行备教材、备教案、备大学生，才能更好地在课堂发挥教师的主导作用和大学生的主体作用，提高教学效率。因此，心理健康教育课程要将动态生成和预设成功有效地结合起来。教师根据大学生在生活中可能会遇到的问题做好充分的预设和充足的准备，这样才能对整个课堂有更强的掌控力；同时，要适时关注课堂生成的新问题、新内容、新方法，体验师生之间、生生之间思维碰撞、心灵沟通、情感融合的生命活动历程以及随之而来的意外收获。

4. 学生实践式的课堂教学

　　行动学习注重培养大学生在行动实践中解决实际问题的能力。大学生心理健康课程是应用性课程，必须注重引导大学生参与解决自身心理问题，学会运用心理学理论帮助自己成长，使大学生成为学习者和实践者，将理论应用于实际。

　　引导大学生行动实践，可以在课堂上或课后进行，让大学生反思并提出令自己或大学生群体困惑的心理问题，然后小组研讨解决方案，个人再按照这一方案实施，在实践一段时间后，再进行个人和小组的总结反思，最后在全班组织分享报告。这种方式能够使大学生在学中用，在用中学，将普遍的理论方法沉淀为心理素质，内化为自身的心理发展能力，如人际交往、情绪管理的能力等。

　　引导大学生行动实践还包括引导大学生在课外参与并开展各项心理素质教育活动，例如参与组织心理社团，担任朋友辅导员、心理委员等，组织班级和学校的心理素质教育活动，让他们在这些实践中运用所学，向同学普及宣传心理健康知识，帮助同学健康成长。同时也组织他们参与社会心理服务活动，让他们通过参加实践，培养他们的人际沟通能力、理解他人的能力、调控自己情绪的能力，并在与他人的互动中学会认识自我、完善自我。

5. 现代网络化的课堂教学

　　随着现代网络科学技术的发展，大学生们使用网络的普遍性提高，网络平台延伸了课堂教学与大学生之间的沟通，弥补了大班教学、课时有限等问题的不足。采用网络的方式符合大学生的使用习惯，把课程带到网络的同时也是带到大学生的实际生活中。由于网络的隐匿性和去束缚性等特点，在班级课堂上表现不出众的大学生很可能在网络上很受欢迎，这样的形式对于发现并鼓励这部分大学生具有极其重要的意义。学校可以充分利用学校现有的网络学堂平台，并且通过微博、邮件等形式提高大学生对课程的参与程度。因此，运用现代网络技术进行大学生心理健康课程的教学既可以使教学方式更为现代，拓宽教育渠道，也可以拓展教育资源，同时这也符合大学生的心理特点，从而能够提高课程的教育效果。利用网络平台进行心理健康课程的方式主要包括以下方面：

（1）拓展教学内容。课堂教学的时间毕竟有限，网络资源库的建设能够提供更多的资源，以满足大学生进一步学习的需要。教师应及时更新资料并在学校的网络学堂平台上发布，使之成为一个丰富的教学资料库，供大学生浏览。

（2）利用网络答疑疏解。为了与大学生更紧密地联系，教师可以利用邮件或微信平台进行答疑和疏解，开辟心理健康教育课堂教学的另一个网络途径。为此，教师可以建一个专门的公共邮箱或微信群，并在开课之前就公布这个公共邮箱或微信群，以便大学生沟通和联系。教师可以通过邮件或微信解答大学生的个别问题，用邮件或微信进行答疑或心理辅导，及时帮助一些同学解决具体的问题。

（3）建立能力导向考核体系。大学生心理健康教育课程的目标是培养大学生良好的心理素质，培养大学生的心理自我调节、自我完善、自我发展的能力，因此，要围绕这一目标，建立以能力考核为核心的课程考核与评价体系。

以能力为核心的考核评价体系是一个多维的综合体系，通常包括的因素为：①出勤情况。课堂出勤表明大学生的学习态度，在考核中占一定的比例。②课堂参与互动情况。考核大学生参与课堂互动的主动性，以及其发言的质量，看其是否真正积极、主动地投入学习，而且获得了领悟与成长。③平时课后实践作业，包括文本或视频等，考察其学以致用的情况。④课程结束时的卷面成绩。通常这样的考试是开放式的，让大学生就学习的某一课程内容专题，从理论联系实际谈自己的理解和运用。这样既考察了他们对理论知识的学习和理解，也考察了他们实际运用的情况。这些考察成分的权重侧重于课堂互动和实际应用。

以能力为核心的考核评价体系的作用，一是培养大学生为自己负责的学习观，使其认识到学习是为自己学，是增强自己、完善自我、发展自我的能力，满足自身适应社会所应具备的心理素质和能力，激起大学生内在的学习动机；二是培养大学生学以致用的能力。通过考核，激励和培养大学生将所学的心理健康的理论和方法运用于自己生活、学习的实际，让他们动手、动脑，在"做中学"，在参与活动中锻炼自己的能力。

例如，在以能力为核心的考核评价体系中，将大学生课堂参与讨论、发言情况，课后围绕课程内容完成的文本作业、视频制作等，或者是自我反思作业等纳入考核，而不只是死背知识，使大学生注重日常学习的学习态度和学习习惯，而不是只关注期末的最后一次考试。此外，以能力考核为核心的课程考核与评价体系也为大学生训练、展示自己的能力搭建了一个实践平台。

二、大学生心理健康教育活动

（一）心理健康教育活动的设计原则

如何使高校心理健康教育活动开展得更有效，使活动更能切合大学生的心理特点，满足大学生的心理成长需要，发挥心理健康教育的功能，在设计及实施心理健康教育活动时注意以下原则：

1. 活动设计的主体性原则

心理健康教育活动的目的是提升大学生的心理素质，是以大学生为主体的，在设计及实施心理健康教育活动时，一定要尊重大学生主体的需要，主要表现在以下方面：

（1）活动内容设计贴近大学生需求。活动内容应符合大学生心理发展水平和特征。大学生心理素质的发展必须以他们已有的身心发展水平为依托；同时，每个大学生对主客观世界的认识方式和作用方式均受到其已形成的思维模式和行为习惯的影响，表现出个体的特征。因此，在进行心理健康教育活动时，活动内容必须适合不同年龄阶段大学生的心理发展水平和特征。只有这样，才能调动他们的主动性和参与性。

（2）充分调动大学生积极参与活动。充分调动大学生参与活动的独立性、能动性和创造性，让每一个大学生都成为活动的积极参与者。在活动过程中，教师只能起指导作用，不能包办代替。要注意防止两种倾向：一是对活动插手过多，大学生失去了自主性，只能按教师意图行事，最终失去对活动的兴趣；二是将活动看成大学生自己的事而袖手旁观，听之任之，这实质上是一种不负责任的表现。教师既要确定大学生在活动中的主体地位，又不能放弃自己的主导作用。

（3）充分体现大学生的自主性。大学生在心理健康教育活动中的自主性主要表现在以下两个方面：

第一，活动方式选择的自主性。要允许大学生凭自己的经验、兴趣去选择自己认为最好的活动方式；或者在主动参与中获得成功，从而掌握某种经验；或者在协同参与中获得兴趣，从而认识到探索的价值；或者在被动参与中得到启发，从而获得某种情感体验。教师的主要任务是让每一个大学生都能自主地参与活动。

第二，活动过程中主体的自主性。心理健康教育活动是一种由下而上的活动，所以，教师应将那些自上而下的指令更多地转化为在与大学生平等互动中的渗透。只有当大学生感到教师也在与他们一起平等参与，没有感受到压力时，他们才能从活动中获得最大的情感体验，才能最大限度地发挥自己的潜能。

2. 活动设计的开放性原则

心理健康教育活动的开放性表现在以下两个方面：

（1）形式上的开放性。在形式上，心理健康教育活动可以向不同的对象开放，尽可能地将能够促进大学生心理素质提升的资源整合起来，主要包括以下三个方面：

第一，向校内开放。以班级集体活动为例，既向同年级开放，又向其他年级开放，这样既可加强班际联系，又可促进集体活动质量的提高。为此，可设计为兄弟班联谊、手拉手年级竞赛等。

第二，向家庭开放。活动可以延伸至家庭，请家长也来参加。有时家长忙，不便参加活动，则可请家长献计献策，指导大学生搞好活动，这样做既得到了家长的帮助和指导，又提高了家长对心理健康教育的认识。

第三，向社会开放。走向社会，既能提高大学生参与活动的兴趣，又可引导大学生正确地认识社会。因此，在设计争取社会力量配合的活动时，可采取"请进来""走出去"的方法；或者请先进人物来校来班作报告、座谈；或走出去调查、参观、访问、提供社会服务等。

（2）内容上的开放性。内容上的开放是指在设计活动时要善于从大学生的学习、生活实践中选材，主要包括：①从平凡的生活中挖掘活动素材。作为活动设计者，应做到独具慧眼，对生活中的小事深入开掘、巧妙策划，设计出相应的活动。例如，"寻找最美的笑容"摄影活动，就是通过收集笑容的照片，促进大学生发现生活中的美好。②从周围的环境中寻找活动素材。大学生总是生活在一定的社会空间里，每一个社区都有自己独特的自然风光、风土人情和悠久历史，其中蕴含着丰富的教育资源，只要能因地制宜、有的放矢地选择，就可以找出相应的活动内容。

3. 活动设计的有效性原则

为了使活动有效，在设计心理健康教育活动时，一方面，要能针对大学生的实际来设计活动。例如，针对刚入学的大学生，开展新生班级辅导活动，促进大学生更快融入大学校园。另一方面，设计时要考虑所设计活动的可操作性。为此，要注意活动规模不宜太大，活动节奏要适度，比如针对失恋者的团体辅导应以8～10人的小团体连续多次的活动为宜；而新生班级辅导则可以在几十人的班级中开展，并且一次2小时的活动就会收到较好效果。

4. 活动设计的系统性原则

大学生心理素质的提升不是可以轻易实现的，是一个系统工程。在设计心理健康教育活动时，要注意内容的系统性，使单个活动组成系列活动，具有指向集中、主题鲜明、内容丰富的特点，从而使全体大学生都受到深刻的心理健康教育，也注重大学生知、情、意、行诸方面的全面发展。例如，在入学时开展新生班级辅导活动；在大二、大三时开展自我探索、确定职业发展的活动；在大四时开展求职辅导、使大学生适应社会的活动。

（二）心理健康教育活动的类型划分

1. 根据活动组织时间划分

（1）日常性心理健康教育活动。日常性的心理健康教育活动指不受时间限制，高校日常开展的心理健康教育宣传活动，主要有心理报刊、心理橱窗、心理网页的宣传，心理讲座、团体辅导活动、各种志愿者活动的开展等。这些活动没有时间限制，根据同学需要随时开展。日常性的心理健康教育活动可以随时让大学生学习到心理健康知识，起到对大学生的心理教育不断重复、不断强化的作用，日积月累，润物细无声，大学生们逐渐增长了心理健康意识，学会关心自我和他人的心理健康，学会自助与助人。

（2）集中性心理健康教育活动。集中性的心理健康教育活动指高校在限定的时间内，集中组织的系列心理素质教育活动。集中性健康教育活动的好处是能够形成一种宣传教育的强大影响力,如果在同一时间段内进行丰富多彩的心理教育活动,能够引起大学生更多的关注,引发大学生积极参与的兴趣。

2. 根据活动人群范围划分

(1) 个人层面开展活动。在个人层面开展的心理健康教育活动主要是面向个体开展的,注重个体在活动中的体验及参与,旨在提高个体的心理健康意识,增强个体对自我的认识、理解和接纳,提升心理适应能力。如心理专题讲座、现场心理咨询、心理测试、心理电影赏析、心理读书会、心理对对碰、微博短故事征集大赛等活动。

(2) 宿舍层面开展活动。宿舍是大学生学习、生活、休息、社交的重要场所。宿舍人际关系是大学生的一种特殊的人际关系,一个宿舍的成员大多是同一个班级或年级的同学。一方面,距离的优势为大学生之间的交往创造了频繁接触、相互熟悉的环境;另一方面,距离的邻近也影响着相互之间的利害关系。由宿舍成员共同营造的宿舍文化氛围潜移默化地影响着大学生人生观、世界观、价值观的形成和水平。大学宿舍人际关系如何直接影响着大学生的心理健康与成长。以宿舍为单位开展心理健康教育活动对大学生的个性塑造、心理健康具有深远的意义,它不仅可以减少宿舍矛盾和冲突,促进宿舍成员之间的理解和接纳,而且可以营造温馨和睦的宿舍氛围,增强归属感,从而促进个体情绪管理能力、人际交往能力等心理素质的提升。在宿舍层面开展的心理健康教育活动主要有:幸福宿舍评比、宿舍团体活动、宿舍心理微电影等。

(3) 班级层面开展活动。大学中的班级是大学生活的基本单位,是学校、学院开展工作的终端,是大学生共同学习、共同生活的基础,因此,在班级中开展心理健康教育活动可以促进班级凝聚力的提升,增强同学的归属感,促进个体情绪管理能力、人际交往能力等心理素质的提升。在班级层面开展的心理健康教育活动主要有:心理班会、班级心理健康知识竞赛、优秀班级活动评选等。

(4) 校园层面开展活动。校园文化是一种社会亚文化,是社会文化的有机组成部分,校园文化具有育人功能、导向功能、娱乐功能和辐射功能。心理素质教育活动是高校校园文化的重要组成部分。在全校层面开展心理健康教育宣传及实践活动对于构建良好的心理生态环境非常重要:一方面,充分利用报刊、网络、电台、电视等宣传手段,在全校宣传心理健康知识,营造积极、健康的文化氛围;另一方面,在全校层面开展心理素质拓展、心理情景剧表演、心理团体辅导等活动,营造特定的校园心理氛围与环境,由于渗透面广,这能够让更多的大学生了解、知晓心理健康理念,让大学生在有意或无意中受到教育,对大学生积极心态的形成、乐观向上生活态度的培养以及和谐人际关系的建立,都产生着综合影响。高校日常的心理健康知识的普及宣传教育都在营造一种良好的校园心理文化氛围,帮助大学生健康成长。

3. 根据活动形式划分

在实践中,高校教师和大学生们创新了许多高校心理素质教育活动形式,主要包括以下方面:

(1)心理素质拓展训练。心理素质拓展训练是体验式学习的一种,它是借助教育学、心理学、组织行为学等相关学科成果,针对社会的需求和大学生身心特点设计出来的一种体验式培训活动方案,旨在通过模拟自然的环境,让大学生体验经过设计的活动项目,接受个人潜力激发和团队凝聚力的挑战,然后经过回顾反思和交流分享,加深对自我和团队合作的认识与领悟,并将活动中的认知和积极体验迁移到生活中的一种训练活动。

素质拓展训练借助于拓展训练的设施,由专业的素质拓展培训师带领,运用团体心理辅导技术、心理素质拓展训练技术,设计各种形式的富有挑战性和探索性的素质拓展训练课程和活动项目,对大学生进行素质拓展训练。大学生们在训练中通过体验式的培训,激发潜能、提高团体的凝聚力;学会了相互信任、分享情感、与人合作和相处;学习认识自我和接纳自我,提升了自信;学习解决问题和正确决策的技巧、学会承担责任;开发了个人潜能、增强了领导思维和协调意识。总之,素质拓展训练让大学生在轻松快乐的氛围中提升了心理素质。

高校在组织素质拓展训练中,要注意运用团体心理辅导的理论和方法,不能仅是组织大学生进行体育活动和娱乐,如果把素质拓展训练等同于体育锻炼和娱乐活动,就会偏离心理素质教育的目的。

(2)心理讲座。心理讲座是高校常用的、最普遍的心理素质活动。心理讲座的组织一般是由教师调查大学生们的需求,根据大学生的需要邀请校内外专家就大学生最关注的话题讲解相关的心理健康知识,对大学生的心理发展进行指导。例如,大学生自信心的培养、大学生的人际沟通与人际交往、大学生的情绪管理、大学生的恋爱心理等。此外,也会有心理危机的识别与预防等专题。许多高校都有"心理大讲堂"活动,每月举办一次专家讲座。

（3）心理健康知识竞赛。心理健康知识竞赛是普及心理健康知识的一项活动，这项活动的重点并不在于比赛的结果，而是大学生们在准备比赛过程中学习心理健康知识。在比赛前，教师把大学生应知应会的心理健康知识和最常用的心理调节方法编制成小册，发给同学学习，例如，心理健康的标准、认识自我的方法、情绪的种类和情绪调节的方法、人际交往的作用和人际交往的原则和方法等。在此基础上，编写出竞赛题目。通常竞赛题分为基本知识理解题和实际应用题。实际应用题是让大学生运用心理学的理论与方法解决大学生常见的心理问题。实际应用题目既考查了他们对心理调节方法的掌握，也让他们学会用这些方法帮助自己和他人维护心理健康。

心理健康知识竞赛题中还会有大学生常见的心理疾病及心理危机的识别及心理危机预防干预程序，以普及心理危机预防干预知识。通常竞赛中也会有一些宣传学校心理咨询机构的题目，例如，学校心理咨询中心所在的位置、电话等。让同学知晓这些信息，学会主动运用学校心理咨询的资源，可以帮助自己和同学心理成长。在大学生充分学习、准备的基础上，再举行初赛、复赛和决赛。这个层层比赛的过程是进一步强化对心理健康知识学习的过程。心理健康知识竞赛是一项集学习、竞争、趣味为一体的普及心理健康知识的活动，大学生参与热情很高，这成为各高校大学生心理素质教育的传统活动。

（4）心理情景剧。校园心理情景剧是广受大学生们欢迎的一种新型的心理素质教育活动形式。心理情景剧是大学生们在教师的指导下，运用心理剧的基本原理和方法，将大学生自己在学习、生活中遇到的一些心理冲突及其解决方案自编、自导、自演成为情景剧，再现校园生活中类似的情景和经历。例如，大学生活中常见的宿舍人际冲突的解决、恋爱中各种情感矛盾的处理、大学新生不适应的解决等。由于心理情景剧是由大学生自编自导，心理剧的素材来源于校园现实生活，内容反映的是大学生的生活实际，更容易引起大学生的共鸣，也更易于被大学生接受。

在校园心理情景剧的编排过程中，参与者不断地再现情景和体验各角色的感受，尝试不同的解决办法，并与同伴交流、分享，形成解决方案，同时也受到了实际的教育。舞台上的投入表演使他们展示了个性及表演才能，提升了自信。在排演的过程中，他们不断调整着个人与他人的关系，相互合作、相互配合，增进了彼此的了解和交往；排演过程中的反复训练磨炼了他们的意志；尤其是许多高校举办的班级心理情景剧比赛，把班级建设和心理情景剧的编排、演出结合在一起，调动了全班同学的积极性，增进了同学的相互了解，增强了班级的凝聚力。

高校在运用心理情景剧进行心理素质教育的过程中，要注意正确处理教育性和艺术性的关系。与专业的演出相比，大学生情景剧更注重内容的教育性，注重反映大学生常见的心理冲突的出现及解决而非表演技巧本身，如果教师对大学生进行表演技巧指导，提高大学生的表演能力，能够更好地表现教育内容本身，会收到更好的教育效果，但是，从心理素质教育的目的来看，教育内容是最重要的，表演才能是次要的。

（5）团体辅导活动。团体辅导活动是以活动为载体，通过在团体活动中团体成员的互动，促使成员在交往中通过观察、学习、体验，认识自我、探讨自我、接纳自我，调整和改善与他人的关系，学习新的态度与行为方式，以更好地适应生活。团队辅导活动的作用是将活动作为情景，让大学生在参与活动中获得体验、感悟、理解，从而达到心理成长。活动本身的趣味性、新鲜感能够吸引大学生参加，激发他们积极参加的兴趣，大学生们远离了成人式逻辑思维，回到了自然状态，凭兴趣、直觉去行动，可以进入无意识状态，能认识自己内心真实的需要和自己的心理特点，达到对自己更深入的了解。

同学们在共同参与活动的互动中，又会通过对别人的观察、了解，透过别人的反馈，学习别人的积极品质和能力，完善自己的不足，获得自我的完善和提升。团体辅导活动可用于各种主题的心理健康教育。教师要有意识、有目的、有计划地选择、设计、构建适合于教育目的、教育内容的活动。例如，自我认识、人际交往、情绪管理、压力管理、生命教育等。这些活动中蕴含着心理教育的内容，大学生们在参与中能够通过对自我和他人的观察和体验，达到对自己和他人的新认识，从而调整自己的行为，达到自我完善、自我成长。

活动选择宜精不宜多。使用活动不是单纯为了让大学生有兴趣，重要的是让大学生在游戏活动中体验，活动后的分享讨论是重点。教师要充分挖掘游戏中蕴含的心理教育因素，结合大学生的讨论，学习相关的心理学理论，使大学生在玩、做、乐中理解和掌握心理学的理论与方法。当团体领导者陷入机械性地利用活动时，活动就成了玩游戏。不加区别地利用活动会增加团体的抗拒程度。

团体辅导活动不是大学生游戏的带领者，也不仅是为了用活动来使大学生放松和快乐，它的主要目的是让大学生通过活动的方式更好地理解和掌握心理健康知识，获得心理的成长。团体辅导活动的带领教师起着重要的作用。因此，在带领团体辅导活动时，教师首先要准备好自己，保持自身的心理健康；其次要具备团体辅导的技能。这些技能既包括对心理学理论和知识本身掌握和运用的技能，也包括团体辅导所要求的独特的技能。

4. 根据教育途径划分

从教育的途径来划分，心理健康教育的宣传活动可分为实体的宣传教育活动和网络宣传教育。实体的宣传教育途径包括创办心理健康教育宣传报刊、心理宣传橱窗、电视、广播等。各高校都有自己的心理健康教育宣传刊物或报纸。这些报刊一般都由大学生自己编写，内容主要是宣传心理健康知识，介绍大学生心理调节的方法、大学生常见的心理问题、心理危机识别知识等。由于这些刊物由同学自己编写，内容贴近大学生的心理需求，编写形式图文并茂，很受大学生的欢迎。宣传橱窗、学校电视和广播则是宣传心理健康知识的重要渠道。

网络宣传包括学校或大学生心理社团建立的心理健康网站或网页，心理沟通的微博、手机微信平台，学校可以通过这些网络媒体宣传心理健康知识，搭建同学心理沟通平台，疏导大学生的情绪，发展健康心理。随着现代网络技术的发展，网络由于具有快捷性和方便性的特点，被大学生喜爱和广泛使用，运用网络途径进行心理宣传教育也越来越成为高校广泛采用的教育形式。

（三）心理健康教育活动的实施策略

如何实施心理健康教育活动，是提高活动质量、保证教育效果的重要环节。为了提高学校心理健康教育活动的实施效果，结合实践经验，应该注意以下四个方面的问题：

1. 把握活动实施的时机

在学校中开展心理健康教育，存在着抓住时机的问题。实践证明，把握好开展活动的时间，能让大学生在参与活动中情绪饱满，兴趣浓厚，注意力高度集中。所以，在时机还没有到来的时候，要有耐心；时机一到，就要抓住；对于错失的机会，要擅长迂回。这样，就可以从质量上确保大学生心理健康教育的成效。所谓把握时机，主要是包括以下方面：

（1）新的生活开始时。大学生的感知易受外界事物的暗示，新事物、新景象或新生活作为一种强烈的刺激，会使大学生产生好奇心和求知欲。利用这一特点，当新学期开始，大学生与新教师、新同学接触交往时，或当新的景象涌现时，教师都可相继开展心理健康教育活动，以帮助大学生适应新生活，增强自信心。

（2）享受成功的喜悦时。当大学生经过不懈的努力取得成功时，心情格外激动，自信心也随之增强。如能因势利导地在这一时机开展恰当的心理健康教育活动，让大学生在享受成功的快乐时提出更高的奋斗目标，可以引导他们为取得更大的成绩而继续进取。

（3）遭遇困难和失败时。人在遭遇困难时最需要别人的理解和支持，要抓住这一时机开展心理健康教育活动，教育大学生正确地面对困难和失败，帮助他们树立信心，鼓励他们以实际行动去战胜困难，必将有助于他们战胜挫折、走向成功。

（4）产生浓厚的兴趣时。当大学生对某种事物或某项活动产生兴趣时，就会产生一种积极探求的内驱力，主动、自觉地投入其中，直至取得成功。所以，当大学生产生浓厚兴趣时，教师要抓住机遇，及时组织活动，使大学生能长久地保持兴趣，并使大学生的兴趣循着有趣—乐趣—志趣的轨道发展。

2. 精心准备相关活动

除应有较好的设计方案外，还必须认真准备，准备得越充分、细致，就越能取得预期的效果。准备工作包括以下方面：

（1）心理准备工作。心理健康教育活动的成功开展有赖于大学生参与人数的多寡及参与的程度。参与的人数越多，程度越深，成功率越高。因此，教师的首要工作是使大学生做好心理准备，激发其参与意识。教师在指导大学生做好参与活动准备时，要注意留心观察，仔细分析，把握每个大学生对活动所持的态度，有针对性地激发那些持消极观望态度或有不满情绪大学生的参与意识。对那些没有被分配到活动具体事务的大学生，应设法使之有事可做（如让他们参谋、评价某些准备工作）；对那些因没有得到自己想做的活动或具体事务而心怀不满的大学生，应使他们体验到其所做工作的重要性。

（2）物质准备工作。物质准备工作主要是指把活动要用的东西及时准备好。由于活动所需的物质条件在设计方案时已周密考虑过并交代大学生去具体落实，因此，教师此时应按其重要程度和困难程度逐一检查落实，诸如活动的具体地点、活动的环境布置、活动所需的器材、活动所需的技能技巧等，都要逐一过问。总之，在活动准备阶段，教师要善于把自己的心理健康教育的要求和打算转化为每一个大学生自我教育的愿望与要求。教师要通过启发和引导，充分调动和发挥每一个大学生投身于准备工作的主动性和积极性。

3. 认真实施具体互动

教师在具体进行活动时要做到以下方面：

（1）再次检查准备工作。再次检查准备工作的目的是当发现有不足之处时，能及时弥补。值得注意的是，即使发现有不足之处，教师万不可在活动开始之前责怪大学生，教师应尽量帮助和鼓励大学生克服困难，争取把活动搞好。

（2）亲临活动现场指导。教师要自始至终亲临活动现场，不能以任何理由缺席。教师亲自参与活动表明了其对活动的重视，对大学生也是一种鼓舞。当然，教师只能以普通参与者的身份出现，不能干预主持人的工作，不应随意改变活动主题、进程，不应随便插话和打断大学生的讨论与发言，不可于活动中途发表评论。教师如要发言，必须得到主持人准许；如活动偏题，只能通过主持人以建议的方式加以引导。总之，教师要明晰其在大学生中的特殊地位，因而需要谨言慎行，以免对大学生的心理产生不良影响，干扰活动的正常进行。

（3）辅导大学生主持活动。在大学生主持活动前，教师要帮助其认真细致地进行准备，并鼓励其大胆主持和学会临场应变。在活动过程中，教师要通过自己的口头语言和体势语言对主持大学生进行点拨、提示、鼓励。但这些举动不宜太多，如果太多会使主持人无所适从，从而影响活动效果。

（4）慎重处理突发事件。尽管事前考虑十分周密，但临时不免有意外事情发生。一旦出现了意外，教师应处变不惊。这既能显示教师的机智，也是对大学生进行现场的心理健康教育。总之，对意外事件的处理应及时、彻底，以确保活动继续进行。

（5）坚持全程有效指导。在活动过程中，教师在指导活动全程方面要做到：①充分发挥大学生干部和骨干分子的积极性和创造性，把他们推到主人翁地位，自己组织、自己主持，教师只是从旁参谋、辅导，帮助他们取得成功。②要充分发挥每一个大学生的个性，使大学生在活动过程中人人有岗位、个个有任务，人人有角色、个个做贡献。要注意协助大学生机动灵活地安排活动顺序，把握活动进程。③要充分发挥教师本人的主导作用，注意引导每个大学生紧紧围绕活动主题，用自己的语言来表达自己所思、所想。④要仔细观察和记录活动的过程．对大学生的情绪、意志、兴趣、爱好、性格等都要清清楚楚地记录，以便发现某些教育契机。

4.进行活动的总结工作

总结是对活动进行一次认真的回顾,肯定成功方面,找出问题和不足,吸取教训,明确今后努力方向,找出规律性的认识。总结的要求主要有以下方面:

(1)明确目的,端正态度。总结的目的是更好地教育大学生,因此,总结者更应坚持实事求是、认真负责的态度。只有这样,才能在客观、实际的基础上寻找到规律性的认识。

(2)语言准确、行文简明。总结是一种应用文体,语言表达一定要准确,不能模棱两可、似是而非。总结的结构要严密,层次要清楚,例证要确凿,行文要简明。总结撰写的格式是:①标题,即总结的名称。主要包括活动的名称、总结类别(全部活动总结或专题活动总结)、时限。②正文,即总结的内容,一般包括:a.活动的基本情况:简要叙述开展某项活动的情况,要求是重点突出,有数据资料,避免空话与套话。b.经验体会:这是总结的中心部分,是全文的主体。在写作方法上可先叙后议或夹叙夹议。c.存在的问题和教训。③具名,具名在总结末后右下方,具名下面注明总结日期。

活动总结除了上述书面总结外,还包括:①评述:对活动各方面加以评论。②办刊:把活动中的心得、体会、感受等形成文字,办成墙报。③座谈:以小组为单位或全班座谈,谈自己的收获和体会。④训练:将学到的技能训练成熟。⑤锻炼:提出行为规范和行为准则并加以实践。

第二节 大学生心理咨询与辅导员团队建设探究

一、大学生心理咨询

心理咨询指的是来访者就自己存在的心理不适或心理障碍,用语言、文字等交流手段,向具有专业素质的咨询员诉说、询问和商讨,在他的支持和协助下,经过探讨,找到导致心理问题产生的原因,并对问题的症结进行分析,从而寻找出走出困境和解决问题的条件和方法,使来访者能够重新获得心理上的平衡,从而提升自己对环境的适应性,实现自己的身心健康。

（一）心理咨询的主要模式

心理咨询的模式是指导高校心理咨询工作的基础，它既与整个心理科学的理论发展有密切联系，又与学校心理咨询自身的需要息息相关。一般认为，心理咨询模式主要包括发展模式、教育模式、社会影响模式和医学模式四种。

1. 发展模式

发展模式意味着，心理咨询应该按照个体心理发展的普遍规律，根据大学生在各个发展时期所面对的任务、矛盾以及个体的差异，引导他们正确地处理好心理矛盾，充分地发挥他们的心理潜力，使他们的人格品质达到和谐发展，从而成功地完成他们的任务和责任。

发展模式的基本特征是注重对大学生发展历程、发展障碍和发展规律的了解，强调咨询师的间接咨询功能。具体而言，发展模式包括三方面的特征：一是发展模式不仅在一个时间横断面上要了解大学生心理发展的性质与状态，更强调在时间延续性上考查大学生心理发展的潜力与水平；二是发展模式注意对大学生发展障碍的早期发现和预防，尤其重视心理危机的早期觉察和干预；三是发展模式试图使大学生在日常生活情境中就能从教师、家长等成年人那里获得科学的辅导和帮助。

2. 教育模式

教育模式又被称作指导模式，是指咨询者在对大学生的素质、专长、兴趣、性格和其他人格特质进行全面了解的基础上，对来访大学生的学习、适应、升学、就业等方面进行的综合性指导。

其主要特点是重视对大学生的心理特征、心理问题的认识，重视对大学生心理健康发展的合理引导作用。其主要特点包括：一是重视来访者的稳态特性（如基因、智力、经历、性格、行为习惯等）对来访者行为的影响；二是强调辅导员的引导功能；三是教育模式重视对来访大学生解决问题和做出决定的技能训练，并使其将学到的技能迁移到实际学习和生活中，以促进来访大学生的适应；四是教育模式注重信息收集，尤其是有关职业指导方面的信息收集。

3. 社会影响模式

社会影响模式指的是在心理咨询过程中，咨询师根据社会心理学的相关原则，重视咨访双方的社会角色、性别差异、文化素养、价值观念、个性倾向、社会习俗等各种社会因素和社会环境对咨询的效果产生的影响，从而提升咨询的效果，并对咨询的结果进行强化。

社会影响模式的特点表现为，从人际交流、社会因素等角度，对心理咨询的条件、方法进行了探索。具体来说，其特点主要表现在三方面：一是关注不同的社会文化环境对心理咨询活动的影响；二是强调人际互动的社会互动方式，强调人际互动的结果（包括人际互动的价值观念、人格倾向、角色心理、沟通方式等）在心理咨询中的作用；三是社会影响模式强调了咨询过程中所处的社会情境对咨询效果的作用。

4. 医学模式

医学模式又被称作治疗模式，是指在咨询的过程中，咨询师从医者的角度，对求助的心理异常者进行严谨的心理诊断，并进行耐心的心理治疗，充分发挥治疗对象在治疗过程中的积极作用，从而减少来访者的心理压力和精神痛苦，使他们的心理机能得到有效的恢复和协调。

医学模式的一个重要特点就是将心理咨询视为咨询者与患者的一种治疗性关系，运用多种临床心理学方法来处理病人的心理偏差。具体来说，其特点主要表现为三方面：一是医学模式中的咨询师比一般的心理咨询过程中的咨询师更多地考虑临床心理学各个方面的使用；二是医学模式注重来访者的自我选择和自我矫治；三是医学模式强调咨访双方的体谅、信任、合作和坚持精神。

（二）心理咨询的遵循原则

在心理咨询工作中，必须要坚持以下三项原则，这样才能有效地为来访者排忧解难，实现来访者的自立自强。

1. 职业要求方面的原则

心理咨询是一项非常专业、非常特殊的工作，对其专业化、伦理道德和职业道德方面都有很高的要求。咨询师应严格遵守相关准则，这是进行心理咨询的首要前提。

（1）保密原则。心理咨询是人与人之间的心灵交流，也是一门人际交流的艺术。在向心理咨询师倾诉自己内心深处的迷茫与烦恼时，想要得到心理咨询师的理解，想让心理咨询师分担他的痛苦，也希望对方不要把自己的私密与烦恼说出去。因此，保密不仅是专业伦理的需要，而且是咨询能够有效开展的最基本的原则。这就是心理咨询和普通朋友之间交流的区别。

（2）中立原则。咨询师在进行心理咨询的时候，应该保持一种不偏不倚的态度，保证心理咨询的客观性和公平性，不能掺杂自己的个人情绪和利益，保持一种冷静的、清醒的头脑，在咨询的过程中，不能随意地指责别人，不能将自己的价值观强加给别人。

要客观审视来访者的问题和不当行为，来访者的咨询代表着信任和接受，如果想要尊重和接受每一位来访者，就需要对人的本质抱有一种正面的信仰，要相信每一位来访者都具有独一无二的潜力，要重视他们的人格尊严和价值，只有这样，咨询师才能用一种积极的、正面的审视态度去引导来访者的转变和成长。

2. 心理咨询活动的原则

在心理咨询过程中，咨询师应坚持一些基本原则，这些原则直接影响着心理咨询是否有效。

（1）理解与支持原则。在心理咨询过程中，心理咨询师需要将自己代入心理咨询对象的心理状态中，才能对咨询对象的心理问题有更深入的认识。从职业上来说，这是一种真正的了解，是产生同感的基础。咨询师及时地肯定和支持来访者的自我反思和改造，可以让他们受到激励，重新认识自己，帮助来访者消除心中的抑郁，重新振作起来，增强自信。

（2）疏导与启发原则。咨询师要正确地引导来访者的负面情绪，给予恰当的抚慰，并在咨询过程中及时地对其表示肯定。与此同时，要注重启发性，要引导来访者正视自己面对的问题，要激发他从多个角度去考虑问题，要自觉地理解、调整、树立正确的态度，从而增强来访者的独立性。

（3）耐心细致原则。耐心和细致的原则，是指心理咨询师要对来访者的行为变化做一个较长时间的心理准备，不能因为当前的挫折和反复，而丧失对来访者的信心。因为心理咨询的难易性和弱效性问题，来访者在进行自我反思和转化时，会因为各种内外因素的影响，而表现出反复无常的行为和言论。所以，在与来访者进行交流时，必须要有一种主动的心态，用一种耐心、一丝不苟的心态与来访者展开交流。

（4）非指示原则。人文主义流派主张，心理咨询在本质上是一种启发和推动内在成长的关系，而非外在的引导和灌输的关系。认为每一个人都有很大的发展潜能，而要想利用咨询来激发潜能，是不可能用几句话来解释的。非指示原则需要咨询师在咨询的过程中，对来访者保持绝对的尊重和接纳，竭力促使对方去进行独立的思考，以此来增强其自助的能力，并避免直接提供建议。

（5）预防性原则。对于有可能演变为精神疾病的心理疾病患者，咨询师应该给予提示，及早进行预防。

3. 应用咨询方法的原则

现在，全世界有超过四百种的心理咨询方式。至今各种理论流派仍层出不穷，效果也是各有千秋。目前，国内外学者普遍认为，心理咨询法根据其产生的理论，可分为三种：精神分析法、行为主义疗法和人本主义疗法。其他的方式可以被看作这三个主要类别的一个派生，或者是结合形式。所以，在运用心理咨询方法的过程中，必须遵守如下两个基本原则：

（1）综合原则。由于各种咨询方法都有其优劣之分，适合于不同的情境，所以目前还没有可以相互取代的心理咨询方法。一些学者认为，心理咨询应综合使用各种心理咨询方法，应在充分认识各种心理咨询方法的特点基础上，来访者心理问题的不同，采取相应的心理咨询方法。还有一种观点认为，心理辅导的早期主要采用人本主义疗法，中期主要采用精神分析法，后期主要采用行为主义疗法。

（2）发展性原则。人的心理活动是一个动态的发展过程，因此，心理咨询工作也是一个不断发展和变化的过程。心理咨询师应以发展与变化的眼光来对待来访者，所选用的方法应能帮助来访者的成长与发展，并能适时地进行调整。

尽管心理咨询和心理治疗之间存在着一定的差异，但是实质却是一致的。心理咨询过程本身具有某种治疗的作用，而治疗又是与心理咨询过程分不开的。所以，在心理咨询过程中，咨询师除了要向来访者解释其心理问题的成因，让他们认识到自己的不足之外，还要采取相应的措施，才能取得更好的心理咨询效果。

（三）心理咨询的会谈技术

1. 心理咨询的倾听技术

（1）专注与倾听。专注与倾听技术指的是在咨询的过程中，咨询师的语言和非语言行为都能反映出咨询师正在专心地听着来访者的语言表达，对来访者的非语言行为进行详细的解读，对来访者的遭遇表示关切，对其表示同情和重视，并愿意陪着来访者一起了解问题发生、发展的整个过程。

咨询师的专注和倾听可以划分为两个层次：一是身体上的专注和倾听，二是心理上的专注和倾听。咨询师身体的专注与倾听，包括五个基本要素，即面对来访者、身体姿势开放、身体稍微倾向来访者、良好的目光接触、身体放松。

第一，专注和倾听技巧的应用时间和需要考虑的问题。在心理咨询过程中，咨询师无论处于何种情境，都必须显示出全身心地全神贯注与聆听。因此，专注和倾听的技巧在整个咨询过程中都起着重要作用。当咨询师运用专注与倾听技术的时候，要根据来访者的语言和非语言行为的变化，适时地对自己的语言和非语言行为进行调整，并且用相同的节奏跟上来访者，这样才能体现咨询师的专注和倾听。

第二，专注与倾听技术的功能。咨询师的专注和倾听可以帮助他们建立起一种良好的咨询关系，并鼓励来访者敞开心扉，坦诚地表达自己的想法，倾听和观察来访者的语言和非语言行为，并深入了解他们的内心。

（2）询问与追问。在心理咨询程序中，询问与追问十分重要，这不但能加速咨访关系的建立，还能使来访者无法隐瞒与说谎。在面谈过程中，倾听是很重要的，而恰当地提出问题，则可以让来访者觉得咨询师是一个严肃、有责任心的人。对那些心情烦躁、思想混乱的人来说，提问也有助于他们稳定自己的情绪、理顺自己的思想和内心的语言。在运用提问技巧时，应该考虑到下列问题：

第一，要多提开放性问题，减少封闭性问题的使用。在开放性的提问中，咨询师能够获得与问题相关的特定的事实，以及来访者的情感反应、看法和推理过程。

第二，在提出开放式问题时，使用"为什么"时要谨慎。因为有时候来访者不太明白为什么要问这个问题，或者觉得很难把这个问题说出来；有些时候，在解答问题的理由时，会涉及患者的个人隐私，此时，由于咨询关系尚不成熟，无法确保患者的答案是真实的，这将给后续的咨询或治疗造成很大的困难。

第三，封闭式的提问不能连续使用。接二连三地"我问你答"，容易让来访者感觉对方在对话中占主导地位，而将解决问题的责任转交给了咨询师，导致来访者在不被询问的情况下，通常会陷入沉默，不再主动探究，对咨询师的信任程度也会下降。

第四，运用"轻微鼓励"的方法。轻微鼓励是指，在交谈的过程中，咨询师会利用一些词组，或者是复述来访者交谈中的一到两个关键词或语气词，或者是通过点头、注视等表情动作，来支持对方继续说下去。

第五，不要连续提问。在咨询师发问之后，若来访者提供了某些重要信息，咨询师应以"认同"回应，而非继续追问，因为认同会激发来访者对自我的更深层次认识和探索。

第六，要善于运用积极性提问。积极性提问是指能够让来访者在回答问题时产生积极回答的提问方式。

第七，避免判断性提问。这些带有主观色彩的问题通常都是咨询师自己对来访者的一种评价，而来访者会觉得咨询师并不了解自己。

（3）重复。所谓的重复是指咨询师根据来访者所描述的内容，挑选出最关键的一点，并将这一点重复一次，让来访者对自己所说的那一点进行更多的解释，或者按照重复的方向进行交谈。来访者的描述为对话打开了一扇门，而咨询师的复述则会把对话引向一些重要的话题，并进行更深入的讨论。

第一，重复技术的适用时机及注意事项。在咨询过程的各个阶段都可以采用重复性的方法。咨询师所复述的内容，应为来访者陈述中的重要话题，或是来访者当时的感受与想法，而非咨询师自己的重复。一般来说，来访者描述的最后一段语言的信息才是最重要的，来访者可以选择这一段内容来进行重复。

第二，重复技术的功能。重复技术的功能为：①帮助咨询师加深对来访者的认识。②帮助来访者对自己有更多的认识。③确定谈话的方向。

（4）澄清。澄清也是一种技巧。咨询师要对已经找到的漏洞进行及时的澄清，否则只会导致谎言的出现。初入心理咨询行业的人，往往会害怕澄清事实，担心来访者感到不受尊重。在事情没有弄清楚之前，先说一句："我是这么理解的，你不介意吧"之类的问题，这样能更好地解决误解，减少双方的紧张感。

第一，澄清的目的。澄清能使来访者所要传达的信息更清晰，也能证实咨询师对访问者感知的精确性。澄清的目的是：①鼓励当事人提供更多的细节。②核实来访者所讲内容是否准确。③理清模糊的信息。

第二，澄清的基本步骤。①要确认来访者的言语和非言语信息的内容。②确认任何需要检查的含糊和混淆的信息。③确定恰当的开始语，要使用疑问（不是反问）的口气。④要通过倾听和观察来访者的反应来评估澄清反应的效果。

2. 心理咨询的非言语技术

会谈，就是所谓的会面和谈话。在这种情况下，会谈的双方并不只是通过对话来进行沟通，还可以通过眼神的接触、身体的姿态等来进行沟通。在会谈中，一些来访者的话语中也会有一些暗示，尤其是当他们情绪激动的时候，咨询者需要更多的关注。

（1）目光接触与身体语言。在会谈过程中，咨询师与来访者的眼神交流和肢体动作所形成的肢体语言，是决定咨询成败的关键因素。当一个咨询师准备开始一次会谈时，应该看着他的谈话对象，并与来访者的目光保持自然的接触，以显示对他的关注。

在来访者说话的时候，如果咨询师看着来访者的眼睛，对方同样也可以了解咨询师。来访者能够了解他们的意见是否被咨询师仔细倾听，能否被接纳，能否被理解。通过他们的眼神，咨询者能够传达出诸如同情和理解，尊重和关心之类的信息。所谓眼神交流，就是指咨询师必须把注意力集中在自己的眼睛上，在咨询师听别人说话或讲述的时候，可以直视对方的眼睛；当咨询师在讲话解释时，这种视线的接触可比听对方谈话时少些。也就是说，当来访者说话的时候，咨询师必须用眼神来表达他的关注；而当咨询师在进行讲话时，视线可以适当离开来访者。

人类的肢体语言非常丰富，比如站姿、坐姿、举手投足等，都可以用肢体语言表达出来。在各自的生活经验中，人们可能会养成一些自己特有的习惯，比如习惯双手抱臂而立，或说话时爱在室内走动，或坐在自己的办公桌上，或思考问题时经常会抖动双脚，或在解释时喜欢使用多种手势等。不同文化的人们在肢体语言上也会表现出其他的差异，例如，"V"形动作暗示着胜利，耸了耸肩暗示着"无可奉告"等。

心理咨询师在面对来访者时，应该将自己的肢体语言与心理咨询活动相结合，以促进心理咨询活动的进行。较为合适的行为表达方式：第一次见面，可以握手以示欢迎和接受。如果有人不喜欢，也可以不和他握手，但需要站起来，让他坐下来。在整个咨询过程中，要让自己保持一个舒服、自在的姿势，与此同时，还要表现出对对方的重视，可以让自己与对方面对面，将身体稍稍偏向来访者，并通过点头等方式来表达自己对来访者谈话的关注。在解释问题的时候，可以通过一些肢体语言来增强语言的效果，但是要注意适度使用，不要让动作看起来太过夸张。每一次面谈后，咨询师都要站起来送客，这既是礼貌，又显示了咨询师对待来访者的主观态度。

（2）其他非言语性技巧。除眼神交流和肢体语言外，还存在着其他的非语言技巧，如说话的语气、语调和语速都是很重要的。在心理咨询过程中，更多的是依赖于咨询师的语言，这就要求咨询师能够将自己的语音、语调运用得很好。当来访者倾听咨询师说话时，咨询师所说的话是他认为合理化的东西，而他从语调和语气中感觉到的是某种态度和情感，但其实这并不仅仅只是这样，而是还能诱发来访者的情感。所以，心理咨询师的声音必须要让来访者感觉到温暖、舒服，有兴趣继续听下去。每一个人的嗓音都不一样，但重要的是，说话时要带着对对方的共情、理解和关切去讲话。只有这样，说出来的话才能吸引人的关注。

当咨询师在讲话时，也要留意使用其他技巧。比如，不能在发音上保持平静，否则就会让人觉得乏味、无趣；说话要有一定的节奏感，有变速，有停顿，这样才能让咨询师的语言更有生气，更有魅力；说话的时候，要尽可能说得清晰，让对方能听清楚，若说得模棱两可，只会让人起疑心。此外，咨询师说话的速度不能太快也不能太慢，太慢的话会让人觉得拖沓，不够简洁，太快的话又会让人跟不上节奏，所以说话的速度要适中。此外，在对话中把握好停顿，可以帮助来访者思考问题。说话停顿并不是为了给对话留出空间，其作用主要表现在三方面：①留下言语的余韵。②求得同意、领会。③增强听者的注意力，使听者真正投入到谈话中。

座位的角度也是其他非言语性技巧之一。椅子若面对面，来访者会感觉有压迫感，不理想。椅子并排，则被称为情侣坐法，但咨询师与来访者会谈时应保持一定的专业关系，故也不理想。亦有人促膝而谈，但若遇到激动的来访者，会很危险。椅子呈90°为较适宜的方式，这种坐法容易看到对方，也方便记录。

3. 心理咨询的其他通用技术

（1）结构化技术。所谓结构化技术是指对心理咨询的性质、限度、角色、目标及特殊关系所做的解释，包括心理咨询时间的限制、需要晤谈的次数、保密性问题、可能出现的其他问题和应有的期待等，也可以包括理论构架、咨询关系、咨询环境及相关程序。在心理咨询之初，就将这些情况向来访者说明和解释，可以减少来访者不当或更高的期望。

心理咨询往往需要经过多次的晤谈了解情况，而每次晤谈的间隔时间是颇有讲究的，尤其在咨询的第二阶段，既不能太长，也不能太短。每次间隔都是来访者消化前次咨询的内容、根据启发做进一步反省和领悟、实践阶段性目标要求、完成布置的作业的过程，晤谈是心理咨询的重要组成部分。间隔时间一般以1～2周为宜。间隔太长不利于整个咨询过程的连续性，容易造成前后脱节，来访者的变化过程无法得到咨询师的及时指导和帮助，从而影响咨询效果。间隔太短，则不能有效地实现间隔阶段的治疗价值，不能体现咨询师指导、帮助来访者自治的咨询本质，容易造成来访者对咨询师的过分依赖，从而影响咨询效果，也使咨询师接待来访者的时间和精力被耗费。除非是来访者处于情绪危急状态，需要咨询师助其迅速缓解以应对正常生活，在这种情况下咨询的间隔时间可以适当缩短，但这种缩短也应是暂时性的。

结构化技术的功能。具体来说，主要有：

第一，减少来访者的疑惑与不切实际的愿望。如来访者认为：咨询师是个万能的人，有能力帮助他解决任何问题；自己只需等待咨询师的建议；问题可以很快获得解决；咨询就是听咨询师分析，找出问题的原因。这些想法都是错误的。

第二，协助来访者了解咨询过程，以减少来访者的焦虑。

第三，协助来访者做准备，以利于咨询地进行。

结构化技术的适用时机及相关程序。在咨询开始时，咨询师向来访者说明从咨询开始到结束的要素；在咨询过程中，咨询师进行每一项活动时，都有必要向来访者说明活动进行的方式、来访者在活动中的角色，好让来访者决定是否同意参与。

（2）评估。咨询方法虽是咨询师与来访者共同研究选定的，但并不表明这些方法一定合适，也不能保证来访者会很好地实施，因此，需要对咨询方法进行评估。咨询方法的评估不应在问题处理终结的时候才进行，而需在运用咨询方法的同时注意收集有关资料，这样才能及时发现问题，或是调整咨询方法，或是帮助来访者改变对咨询方法使用不当、投入不够的状态。

评估通常从整体的角度出发，以咨询目标为参照点，评估来访者进步的情形。评估资料的来源则主要是来访者，而其生活环境中的重要人物也是评估的资源之一。为收集评估资料，常采用的方法有以下三种：

第一，由咨询者向来访者提出问题，要求其做出回答。

第二，由咨询师通过观察收集资料。咨询师通常可以从与来访者的晤谈中观察其现实的情绪状态、认知特点、行为方式，也可以通过来访者生活环境中的重要人物了解其认知、情绪、行为的变化情况。

第三，指导来访者用写日记或咨询体会的方式收集资料。这既可以让咨询师了解来访者运用咨询方法的情况和效果，又可以使来访者自我改变。如果自我改变的结果显示其正在朝咨询目标的方向发展，那么这对来访者来说是一种鼓励，能增强来访者的信心；反之，也会通过言语和非言语反馈给咨询师。

（3）结束咨询过程的技术。要让来访者认识到整个咨询工作即将结束，咨询关系也即将终止，这样才能让他对咨询结束后的生活有个心理准备，避免结束的突然性，以及由此而产生的恐慌。

要做到这一点，就需要让来访者知道，他们的心理问题已经基本上解决了，他们已经在咨询中积累了丰富的经验，提高了自己应对问题的能力，能够独自应对各种生活环境。同时，咨询师还应对来访者许诺，在需要的时候，可以给予他关怀和协助，让他不会有任何的后顾之忧。特别要注意的是，在对来访者提出结束咨询的问题时，要尽量用平静的语气，使来访者觉得这是一件很自然很平常的事。其实，用一种温和、委婉的语气来解释，要比用一种很热情的方法来解释，效果要好得多。

逐渐结束的方式也是一种常用的结束方式。逐渐结束的方式有两种：一是延长两次会面之间的间隔，如咨询师原本一周一次会见，在会见结束时可以延长到两个星期或一个月一次；二是把谈话的时间从原来的一次谈话一小时的时间缩短到半小时或更少。

二、大学生辅导员团队建设

（一）辅导员在心理健康中的作用

1. 促进辅导员工作科学化和专业化

大学生辅导员是大学生思想政治工作的重要组成部分，也承担着大学生管理的重任。在实际工作中，很多大学生的思想和行为问题都是由于心理问题造成的。随着时代的进步，对大学生的心理健康教育提出了更高要求。所以，对高校辅导员队伍进行培养，让他们拥有一定的心理学知识和心理咨询技巧，具备对大学生进行心理素质教育的能力，这是在新形势下，我国辅导员工作科学化、专业化的必然要求。

2. 深化并普及高校心理素质教育

辅导员是大学生思想政治工作的中坚力量。辅导员是高校的一线大学生工作教师，不仅承担着对大学生进行思想政治教育和管理的任务，还承担着对大学生进行心理辅导，促进大学生心理健康成长的任务。教师在工作中与大学生接触最多，对大学生也最熟悉，因此，教师可以更好地发现大学生存在的心理问题，并对其进行引导。依靠广大的辅导员，开展大学生的心理素质教育，并开展心理辅导，这将有助于解决由于高校心理咨询专家数量不足而造成的心理素质教育的普及性不够，以及大学生普遍存在的心理问题得不到及时的疏导等问题，从而可以有效地落实对大学生的心理素质教育。

（二）辅导员在心理健康中的角色

虽然高校辅导员开展心理辅导很重要，他们承担对大学生进行心理素质教育和对大学生一般心理问题进行辅导的功能，但是辅导员不是专业的心理咨询师，其角色与功能有别于高校心理咨询教师。高校辅导员在心理辅导工作中有其独特的角色定位和作用。在高校心理健康教育中，辅导员的角色主要有以下五个方面：

1. 大学生心理成长促进者

大学生处于人生发展的重要时期，辅导员应该结合日常大学生工作，开展丰富多彩的心理健康教育和团体成长活动，促使大学生提高自我认识、增强人际关系；培养多种能力、磨炼意志、开发潜能；使其拥有正确的人生态度，树立正确的人生理想。

2. 大学生心理困惑疏导者

辅导员工作在大学生教育第一线，是大学生工作的直接管理者。他们的工作特点使其与大学生接触更广泛、更亲密，因此更容易与大学生建立相互信任和尊重的关系，他们同大学生的接触时间长，与大学生年龄相仿，生活阅历和成长背景与大学生接近，与大学生有较多的共同兴趣爱好和话题，对大学生的个性特征、家庭状况、人际关系等方面有比较清楚的了解，便于及时发现大学生潜在的心理问题，能够对大学生常见的心理问题进行及时疏导和提供建议，帮助大学生及时解除心理困惑。在大学生心理健康日常的维护上，高校辅导员扮演着不可或缺的角色。

3. 大学生心理咨询推荐者

辅导员是大学生心理问题的第一发现人，他们可以及时推荐有严重心理问题的大学生到专业的心理咨询和心理治疗机构接受咨询和治疗。当大学生有了心理问题不能主动求助时，辅导员可以对大学生进行说服工作，帮助他们改变对心理咨询和心理治疗的不正确认识，去掉疑虑，主动寻求心理帮助。所以辅导员在大学生和心理咨询中起着重要的桥梁作用。

4. 大学生心理康复支持者

对于一些接受过心理咨询和治疗，正处于心理康复期的大学生，重要的是让他们回归正常的社会生活。辅导员应当接纳这些大学生到正常的学习生活中来，关心他们的学习和生活，解决他们的实际困难，发动周围同学给予其关爱，鼓励他们参加集体活动，培养其社会适应发展能力，协同专业机构对其进行辅导，巩固咨询和治疗效果，使其尽快恢复健康。

5. 大学生心理危机干预者

辅导员可以广泛地对大学生进行心理危机预防干预教育，及时识别有危机的大学生，对其进行及时转介和干预，可以有效预防大学生心理危机。大学生心理健康的危机事件是学校工作的重点，大学生心理健康危机事件有偶然性、突发性、伤害性大、影响面大、社会关注度强且处理过程复杂、工作难度大的特点，一个危机事件出现需要几个月甚至几年的时间来处理。

辅导员对上可以求助于学校心理中心的专业心理指导教师，对下可以调动大学生党员、干部等群众力量，对外还可以及时与家长沟通，充分调动各方面的资源，共同帮助有心理问题的大学生，因而辅导员在大学生心理健康危机事件预防和应对的具体落实上发挥着重大作用。此外，有一些辅导员还要承担一定数量的大学生心理健康课程的教学任务，因此，他们也担任着心理健康课程的教师角色。辅导员要胜任职务角色，就需要学习和借鉴心理咨询的理论与方法，接受心理辅导能力的培训。

（三）辅导员心理辅导专业技能培训

对辅导员进行心理辅导技能培训是提高辅导员心理辅导能力的重要措施。它既是辅导员自身成长的需求，也是当代辅导员在大学生工作中的需求。

1. 心理辅导专业技能培训的目的

心理辅导技能的培训是促进辅导员个人成长，保持身心健康的需要。从辅导员自身的个人成长来看，高校辅导员要承担大学生的思想政治教育、管理、资助、就业指导与生涯规划、心理健康教育、心理危机预防干预工作，还要承担相关的一些课程和研究工作，学校各部门中直接与大学生有关的工作都要通过辅导员来具体落实。大学生中危机事件的发生不仅给辅导员增添了许多工作量，也会对辅导员的身心造成影响。

除工作外,辅导员自身还承受着各种生活的压力,如个人的学习、进修、发展等。对辅导员进行心理素质教育能力的专业培训,可以帮助辅导员们运用所学的心理学理论和方法调整自己的心态,增加自我认同感和自我价值感,积极乐观地面对生活和工作,提升心理健康水平,促进个人成长。

心理辅导技能的培训也是辅导员专业化发展的需要。高校辅导员绝大多数是非心理学专业毕业的,在专业素养和专业能力方面都存在欠缺,大多缺乏系统严格的训练。在日常的大学生工作中,如何与大学生进行深层的心理沟通,如何了解各类大学生的心理特点,怎样疏导大学生的不良情绪,怎样识别精神疾病和心理危机是辅导员需要具备的工作技能,辅导员迫切需要接受心理辅导的相关培训,需要掌握心理学的相关理论和心理咨询的方法,提升自身的专业化能力,科学化地做好大学生工作。

2. 心理辅导专业技能培训的内容

高校辅导员心理辅导专业技能培训的目标包括:通过培训使高校大学生心理辅导员能够掌握与大学生心理辅导相关的专业知识;具备大学生心理辅导的操作技能;能够运用所学的心理辅导知识和技能开展本院系、本班级的心理素质教育工作,与大学生进行心理沟通,对大学生进行心理疏导及危机预防干预;促进辅导员自身心理健康与自我成长。高校辅导员心理辅导专业技能培训内容包括以下方面:

(1) 辅导员自身心理健康与成长培训。通过学习有关心理健康的理论,帮助辅导员了解心理辅导员个人成长的意义,明确辅导员的心理素质要求,学习心理调节的方法和促进心理辅导员个人成长的有效措施,使辅导员能够提升自我认识,正确处理压力,保持心理健康。

(2) 心理咨询理论与方法培训。个体心理咨询的理论与方法包括:心理咨询的定义、心理咨询的伦理道德、心理咨询关系的建立、心理咨询与思想政治教育的关系、我国高校心理咨询的发展、个体心理咨询的基本过程及常用技术(包括尊重、真诚、共情、非语言沟通技术、倾听技术、提问技术、影响技术等);心理咨询的基本过程;心理咨询计划和方案的制订与实施;心理咨询的基本理论流派(包括精神动力学理论、人本主义理论、认知行为理论等)。另外,还有团体心理咨询的理论与方法,包括团体心理咨询的基本理论、团体心理咨询的主要阶段、团体心理咨询的基本方法、班级心理辅导的组织实施等。

（3）大学生心理健康专题培训。大学生心理健康专题培训包括：大学生心理健康的概念、大学生心理健康的标准、心理健康对大学生成才发展的意义、大学生常见心理问题的表现及鉴别、大学生常见的心理问题及教育（大学生的自我意识，适应与发展、人际交往、情绪管理、恋爱心理、挫折应对等），还有开展高校心理素质教育活动的途径和方法等。

（4）大学生心理危机识别与预防干预培训。大学生心理危机的识别与预防干预包括：心理危机及心理危机干预理论；心理危机的干预模式与干预技术；心理危机的发现与识别；高校心理危机预防干预体系的实施；高校心理危机干预的流程；高校心理危机干预案例分析。此外，大学生心理测量的基本方法也是培训内容之一，包括心理测量的基本原理及应用、心理测量的伦理要求、大学生常用心理健康相关量表的使用等。

对于辅导员的心理辅导技能培训，要采取理论联系实际的方法。引导辅导员在教学过程中，结合自己的生活经历、成长过程、工作实际和心理活动进行学习和思考，自觉运用学习的相关理论，分析工作、生活、发展中遇到的实际问题。培训要有集中性的理论培训，也要注重实践环节，以培养辅导员的实际应用能力为目标，引导辅导员把学习的理论与方法运用到大学生思想政治教育之中，运用到本校心理健康教育之中，增强工作的科学性和实效性。对辅导员的学习与应用进行督导，可以帮助他们在实际工作中更好地运用心理辅导的理论和方法，因此，培训中要设置专业督导的环节。

参考文献

[1] 卞成林. 大学生职业生涯规划与就业指导[M]. 桂林：广西师范大学出版社，2019.

[2] 陈小梅. 大学生心理健康教育[M]. 厦门：厦门大学出版社，2019.

[3] 高洪，衣颖，刘昭薇. 大学生职业发展与就业指导：理论 案例 实训[M]. 北京：航空工业出版社，2020.

[4] 高阳，金欣，郑朝文. 大学生职业生涯规划与就业指导[M]. 成都：电子科技大学出版社，2020.

[5] 格桑泽仁. 大学生心理健康[M]. 2版. 成都：四川大学出版社，2019.

[6] 公丕国，张莉莉，毕洪丽. 大学生创业与就业指导[M]. 北京：北京理工大学出版社，2019.

[7] 郭帆，崔正华. 大学生职业生涯规划与就业指导[M]. 南京：东南大学出版社，2018.

[8] 郭志刚，赵四平. 大学生心理健康指南[M]. 北京：中国原子能出版传媒有限公司，2020.

[9] 何杰民，王梦梅. 大学生心理健康与积极成长[M]. 重庆：重庆大学出版社，2021.

[10] 何具海. 大学生职业生涯规划与就业指导[M]. 长春：吉林人民出版社，2019.

[11] 何文波. 大学生职业生涯规划与就业指导[M]. 湘潭：湘潭大学出版社，2019.

[12] 黄唯，冯小欢. 大学生职业生涯规划与就业指导[M]. 上海：上海交通大学出版社，2020.

[13] 姜力源，张镝. 职业生涯规划与就业创业[M]. 北京：中国医药科技出版社，2019.

[14] 金德禄. 大学生职业生涯规划与就业指导 [M]. 2版. 南京：东南大学出版社，2020.

[15] 李国庆，孙金一，张源峰. 大学生职业生涯规划与就业指导：应用型 [M]. 上海：上海交通大学出版社，2019.

[16] 李锦云. 大学生心理健康辅导 [M]. 北京：北京理工大学出版社，2020.

[17] 李晓军. 应用型高校大学生职业生涯规划与就业创业指导 [M]. 上海：上海教育出版社，2021.

[18] 刘嵋，刘岳. 大学生心理健康教育 [M]. 成都：电子科技大学出版社，2020.

[19] 刘新民. 大学生心理健康的维护与调适 [M]. 4版. 合肥：中国科学技术大学出版社，2020.

[20] 刘玉升. 大学生职业生涯规划与就业指导 [M]. 苏州：苏州大学出版社，2018.

[21] 闵杰. 当代大学生就业指导与职业生涯规划 [M]. 长春：吉林大学出版社，2020.

[22] 乔瑜，王云，童放. 心理健康教育导论 [M]. 武汉：华中科技大学出版社，2022.

[23] 沈沛汝. 大学生心理健康教育理论与实践 [M]. 北京：北京航空航天大学出版社，2020.

[24] 吉兆波. 大学生职业生涯规划与就业指导 [M]. 北京：北京邮电出版社，2020.

[25] 王刚，曹菊琴. 大学生心理健康教育 [M]. 北京：北京理工大学出版社，2020.

[26] 王珲. 大学生心理健康教育 [M]. 北京：北京理工大学出版社，2022.

[27] 王坚，谢康. 大学生心理健康教育 [M]. 苏州：苏州大学出版社，2022.

[28] 王清，王平，徐爱兵. 大学生心理健康教育 [M]. 苏州：苏州大学出版社，2022.

[29] 王祖莉，简洁. 大学生心理健康教育 [M]. 北京：北京理工大学出版社，2021.

[30] 杨惠. 大学生心理健康教育：理论与实践 [M]. 武汉：华中科技大学出版社，

2022.

[31] 张龙，梁超. 大学生心理健康研究[M]. 昆明：云南大学出版社，2022.

[32] 张萍，彭德珍，于婷. 大学生心理健康教育[M]. 重庆：重庆大学出版社，2022.

[33] 赵燃，侯舒馥，华丹. 大学生心理健康教育[M]. 哈尔滨：哈尔滨工业大学出版社，2021.

[34] 翟雨翔，王佳，杨红娟. 高校大学生职业生涯规划体系构建研究[J]. 大众标准化，2021（18）：188-190.

[35] 董兰国，宁利红. 大学生职业生涯规划能力与创新创业能力提升路径研究[J]. 科教文汇（中旬刊），2021（23）：27-29.

[36] 顾盼盼，刘政，陈玲. 新时代辅导员指导大学生就业路径探析[J]. 现代商贸工业，2021，42（32）：75-76.

[37] 韩劢. 大学生心理健康教育课程内容建构刍议[J]. 教师博览，2022（6）：11-13.

[38] 黄冬梅，王瑞欣. 基于职业生涯规划视角的大学生就业力提升路径探索[J]. 经济研究导刊，2021（13）：98-100.

[39] 季小燕. 职业生涯规划在大学生就业指导工作中的应用[J]. 现代交际，2021（15）：145-147.

[40] 景文秀，张雷. 论职业生涯规划在大学生就业指导工作中的作用[J]. 就业与保障，2021（15）：66-67.

[41] 李冰岩. 民办高校大学生心理健康问题及对策研究[J]. 中文科技期刊数据库（全文版）教育科学，2023（4）：4.

[42] 李畅. 大学生就业指导服务的多元主体协同机制创新[J]. 产业与科技论坛，2021，20（16）：227-228.

[43] 李红霞. 以职业生涯规划为核心的大学生全程就业教育体系研究[J]. 产业与科技论坛，2021（18）：271-272.

[44] 廖小慧. 新时代大学生就业指导实践创新路径[J]. 人才资源开发，2021（16）：54-55.

[45] 刘亚敏. 积极心理学视角下高校大学生心理健康教育策略分析运用[J]. 邯郸职业技术学院学报，2022，35（2）：68-71，74.

[46] 卢勃如，胡雪健."互联网+"视域下大学生就业指导分析[J].今日财富（中国知识产权），2021（8）：229-230.

[47] 马珺，黎雯霞，曹萌.大学生心理健康教育课程师生互动效果研究[J].卫生职业教育，2022，40（15）：51-53.

[48] 任小溪.互联网时代背景下大学生心理健康教育实效性提升策略研究[J].俏丽·教师，2022（7）：16-18.

[49] 宋斌.高校大学生心理健康教育体系探析[J].当代教研论丛，2019（3）：28.

[50] 宋博.公共危机视域下提升大学生心理健康的策略[J].船舶职业教育，2022，10（1）：66-69.

[51] 孙宇涵.大学生就业指导存在的问题及对策[J].教育信息化论坛，2021（8）：106-107.

[52] 汪明贺.信息时代下当代大学生心理健康分析及危机干预[J].时代人物，2022（24）：17.

[53] 王丽聪.新形势下大学生心理健康现状与教育[J].科学大众：科学教育，2020（2）：1.

[54] 王琳娜.将传统文化融入大学生心理健康教育中的意义及对策[J].传播与版权，2019（9）：141-142.

[55] 王庆林.新媒体时代大学生心理健康教育工作的思考[J].菏泽学院学报，2019，41（3）：59-62.

[56] 王文波.探究基于移动互联网的大学生心理健康服务体系构建[J].互联网周刊，2023（8）：68-70.

[57] 王学臣，周琰.大学生职业生涯规划影响因素与教育对策[J].中国成人教育，2021（17）：28-32.

[58] 谢阳熙.网络时代大学生心理健康教育的路径探索[J].食品研究与开发，2020，41（22）：247.

[59] 许芬.构建和谐社会进程中的大学生心理健康教育研究[J].中文科技期刊数据库（全文版）社会科学，2022（12）：3.